本丛书系国家社会科学基金"十三五"规划2020年度教育学一般课题"基于课程标准的学校问责模型构建与验证研究"（项目编号：BHA200124）成果

U0745282

看得见的课程丛书

总主编 张斌 朱伟强

丰富多彩

校本课程方案典型案例

主编 ◎ 杨璐

副主编 ◎ 张彩霞

山东教育出版社

·济南·

图书在版编目（CIP）数据

丰富多彩：校本课程方案典型案例 / 杨璐主编.
济南：山东教育出版社，2024.8. ——（看得见的课程丛
书 / 张斌，朱伟强总主编）.--ISBN 978-7-5701-3209-6

Ⅰ．G632.3

中国国家版本馆 CIP 数据核字第 2024KD1128 号

KANDEJIAN DE KECHENG CONGSHU
FENGFUDUOCAI：XIAOBEN KECHENG FANG'AN DIANXING ANLI

看得见的课程丛书

丰富多彩：校本课程方案典型案例

杨　璐　主编

主管单位：山东出版传媒股份有限公司
出版发行：山东教育出版社
　　　　　地址：济南市市中区二环南路 2066 号 4 区 1 号　邮编：250003
　　　　　电话：（0531）82092660　　网址：www.sjs.com.cn
印　　刷：济南百思特印业有限公司
版　　次：2024 年 8 月第 1 版
印　　次：2024 年 8 月第 1 次印刷
开　　本：710 mm×1000 mm　1/16
印　　张：22.25
字　　数：365 千
定　　价：68.00 元

（如印装质量有问题，请与印刷厂联系调换）印厂电话：0531-88931966

让课程可见

（代总序）

　　进入新世纪以来，我国的基础教育课程改革在持续推进。从国家层面来说，继2001年义务教育课程方案和相关课程的课程标准出台之后，2017年教育部颁布了《普通高中课程方案》和语文等学科课程标准，并在2020年完成了修订，2022年教育部又印发了《义务教育课程方案（2022年版）》以及语文等16个学科课程标准。国家层面课程文本的持续完善表明，国家的课程理想在持续升级，相应的正式课程也更趋近于理想，聚焦"立德树人"根本任务，围绕"培养什么人、怎样培养人和为谁培养人"的根本问题，优化了育人的课程蓝图。

　　然而，常识告诉我们，正如建筑蓝图的完成并不等同于建筑的建成，完美的课程理想以及完善的课程蓝图本身并不能确保课程自然地产生育人成效。课程要产生育人成效，唯一的路径就是与学生实现真实的互动，而且，当课程在到达学生层面时依然保持理想状态。这意味着，在国家的课程蓝图绘就之后，课程实施的各个层级（地方、学校、教师）对正式课程及其背后的课程理想的体认和领悟，对课程与学生互动的预见，以及推动课程与学生真实互动的实际行动，就成为课程取得育人成效的关键。

　　学校、教师是课程实施最关键的主体，因为课程与学生的高质量互动必然以学校和教师为中介——只有当学校、教师在实际运作课程时，学生与课程的互动才有可能发生。但是，这种互动的质量直接影响学生的课程学习体验，也决定了课程的实际育人成效。要确保课程-学生的高质量互动，学校、教师如何体认、领悟课程理想，如何预见并设计课程-学生的互动，就成了关键。

20余年课程改革的重要贡献之一是使课程进入学校、教师的视野。学校、教师不再像以前那样，只看到教材，只看到教学内容，只关注教学流程和方法，而是能看得见课程了，并且能够关注到课程方案、课程标准。然而，教师"眼中"的课程其实还是外在于教师的课程，更不能直接转化为学生体验到的课程。学生能够体验到的课程是教师"做出来"的课程，学生看得到、摸得着。而教师"做出来"的课程本应基于教师"心中"的课程，这种课程体现了教师基于对正式课程文本及其背后的课程理想的理解，基于所面对的特定学生的情况，对课程–学生的互动所作的预见和设想。正是这种预见和设想极大地影响了教师"做出来"的课程，进而极大地影响学生"体验到"的课程。遗憾的是，在很长一段时间中，教师"心中"的课程却好像是一个"黑箱"，不仅不能为外人可见，甚至自己也看不见。

在现实中，学校、教师层面的课程实施存在着一些明显的偏差：在学校层面，有些学校完全照搬国家、省一级的课程方案，没有基于本校教育哲学、学生特定需求等方面的思考，所搬还只是课程方案中的课程设置方案，缺少关于"课程"的整体设计；在教师层面，有些教师仅凭自己个人的经验或对他人实践的简单模仿来"实施课程"——其实质还是传统意义上的教学，"心中"的课程只有一个模糊的影子。教师的确会编制教案，但这依然不能算心中有课程——至多就像用激光笔在黑箱中照射，照到的那一部分倒是比较清晰，但其余部分仍然漆黑一片，见到了课时这棵树，但看不到课程这片森林。

尽管学生体验到的课程最终依赖于教师"做出来"的课程，但学校、教师在心中对课程的预想和设计则是课程实施中最具专业性的实践。如果缺失这种实践，教师的实践就丧失专业性，就会沦为一种熟能生巧的技艺；如果这种实践成为一种缄默的隐含的过程，教师的实践就会成为一种基于直觉的行动。正因如此，促使学校、教师将心中的课程变得可见——编制出学校课程规划、课程纲要、单元教学方案、课时教学方案，就成为课程实施推进中的关键抓手。

我们敏锐地意识到课程实施推进中的这一关键环节。早在2018年，笔者所在的山东省教育科学研究院项目组就尝试推进学校层面各类课程方案的编制工作，取得了良好的成效。从2020年起，我们启动了全省性的课程方案转化活动，引导广大一线校长、教师，把国家层面的课程方案、课程标准转化为学校层面的课程方案。为此，我们通过深入研究，创造性地把学校层面的课程方案划分为学校课程规划方案（A类）、基于课程标准的学科课程方案（B类）、综合实践活动类课程方案（C类）、校本课程方案（D类）四类，在参考华东师范大学崔允漷教授团队研究成果的基础上，针对每一类方案制定了编写框架、撰写要点和相应的评价标准，组织了一批课程改革专家面向全省中小学广泛开展课程方案编制的培训，并深入一线开展课程方案编制指导。经过几年的努力，不仅涌现出了一些有较高质量的成果，更在较大程度上提升了学校层面课程实施者的课程意识和课程设计的专业化水平。在省级层面上全面推进学校各类课程方案的编制，我们的尝试可以说走在全国的前列。

在近几年取得的课程设计优秀成果中，我们组织力量进行多轮遴选，最终选出一批比较典型的课程设计案例，结集成为本丛书。

本丛书分四册，按照项目组基于课程实施所设计的四个类别来组织：

第一册，学校课程规划方案。学校课程规划方案要求学校基于对国家课程政策和国家课程方案的理解，以及学校的教育哲学、学生需求、区域特色等，对三种课程类别以及各种课程要素进行系统的整体的思考。本册共收录了13所学校的学校课程规划方案。

第二册，基于课程标准的学科课程方案。聚焦国家课程中有国家课程标准的那些科目，要求超越传统意义上指向于课时的教案设计，按照"以终为始"的思路，系统一贯地呈现面向一个学期的课程纲要、面向一个单元的单元教学方案和指向具体课时的课时教学方案。本册共收录了10个团队所开发的学科课程方案。

第三册，综合实践活动类课程方案。聚焦国家课程中的综合实践活动，要求系统一贯地设计学期课程纲要、单元教学方案和课时教学方案。需要特别说明的是，由于本项目启动之时，劳动课程尚未出台国家课程标准，因此将劳动课程暂时纳入此类。本册共收录了16个团队所设计的综合实践活动类课程方案。

第四册，校本课程方案。聚焦于校本课程，要求系统一贯地设计学期课程纲要、单元教学方案和课时教学方案。本册共收录了21个团队所设计的校本课程方案。

借本丛书付梓之机，我们想对本项目启动、推进以及本丛书出版过程中做出重要贡献的众多领导、专家表示感谢！感谢山东省教育厅、山东省教育科学研究院领导对本项目的鼎力支持！感谢参与本项目培训、指导的各位专家，尤其要感谢我的导师崔允漷教授，他不仅是本项目创意的最初来源，还在本项目推进过程中提供了极为宝贵的专业指导和专业资料！感谢山东教育出版社领导和责任编辑的大力支持，没有他们的积极推进，本丛书不可能顺利面世！感谢积极参与课程方案编写的诸多学校和教师，他们的努力使得本项目成果有了品质保障！

尽管我们以及相关学校、教师做出了巨大的努力，但由于学校、教师先前的课程知识基础总体比较薄弱，可资参照的成熟范本相对欠缺——当然主要是我们自己的专业水平不足，所呈现的成果一定还存在着这样或那样的问题或不足。然而，可以确定地说，我们做这项工作的基本目标已经实现——学校、教师将心中的课程呈现出来了，为自己可见；我们将学校、教师的课程方案公开呈现了，也让他人可见。让课程为自己可见的过程实际上已经成为教师提升课程专业能力的过程，而让自己的课程为他人可见，则提供了可供分析批判的样例，能为课程改革共同体的知识发展提供一些素材。

是为序。

张 斌

2024年8月

目录

1

土豆的春梦夏实

案例点评

　　根据学校实际情况，因地取材，选择以"菜香盈四季"种植课程构建了校本课程中的慧劳课程，是一个非常棒的思路。本课程选择学生非常熟悉的土豆设计课程，聚焦土豆的种植、加工、食用，通过土豆种植整合劳动和社会实践、研究性学习，指向学生多学科素养和劳动素养的提升。整个设计从课程纲要到单元教学方案，再到课时教学方案，总体而言系统性和可操作性比较强。值得指出的是，此类课程设计在关注锻炼学生的意志和劳动技能的同时，如能关注激发学生的思维品质和创造力，并设计匹配的情境和任务以及表现性评价任务，那么本课程的品质将会更有保证。

壹 东营市广饶县丁庄街道王道小学校本课程规划方案

设计者：刘　伟　李海波　马月英　程小宁　牛玉涛

东营市广饶县丁庄街道王道小学于1944年建校，2015年现址重建，共有18个教学班，可容纳学生810人。学校秉持"体验教育"理念，以培养"勤劳素朴、重知尚能、健康向上的阳光少年"为教育目标，倡树"乐学善思博取、手脑并重践行"学风，围绕"亲近乡土田园、传承乡土文化、厚植家国情怀"的办学特色，培养学生的研究意识、动手实践能力、合作能力，全面提升学生综合素养。

一、课程依据

（一）学生需求

本校的校本课程定位于培养学生的六大核心素养，课程设计难度不大，易操作，符合小学生的年龄特征和认知水平。在本课程开设问卷调查中，有96%的学生表示对课程有浓厚的兴趣，愿意积极参与和尝试。学生需要在课程中经历真实的学习、探索、实践的过程，获得必要的关键能力、必备品格和价值观念。

（二）国家政策

《义务教育课程方案（2022年版）》规定：义务教育课程包括国家课程、地方课程和校本课程三类。以国家课程为主体，以地方课程和校本课程为拓展补充，校本课程由学校组织开发，立足学校办学传统和目标，发挥特色教育教学资源优势，以多种课程形态服务学生个性化学习需求。

（三）学校教育愿景

王道小学围绕"亲近乡土田园、传承乡土文化、厚植家国情怀"办学理念，依循"尊重差异、因材施教、赏识激励、激发潜能"课改思路，瞄准"筑梦师生成长、助力乡村振兴"办学目标，使学生有理想、有本领、有担当，培养德智体美劳全面发展的社会主义建设者和接班人。落实国家课程计划，凸显学校地方课程特色，通过建构彰显学校"王·道"文化的"王道课程"体系，培育"勤劳素朴、重知尚能、健康向上"的阳光少年。

（四）社区的发展需要

王道小学地处黄河三角洲国家农高区。2021年10月21日习近平总书记考察黄河三角洲农高区时作出的重要指示，为开展盐碱地综合利用和发展盐碱地农业指明了前进方向。我校所在的王道村是全市农林牧副渔均衡发展的先进村，为校本课程落地提供了良好的实践平台，王道村特有的劳动精神与案例为课程的开展提供了便利条件。

（五）课程资源条件

我校高度重视校内实践基地种植课程的开发，为课程实施提供了校内学习社团和校内种植实践基地，并组建了责任心强、具有创新精神的教师团队以及校内外指导专家团队，为课程的顺利开展提供了有利条件。

二、校本课程方案

（一）课程目标

为了培养有理想、有本领、有担当，德智体美劳全面发展的社会主义建设者和接班人，我校努力培养"勤劳素朴、重知尚能、健康向上"的阳光少年，将校本课程教育目标具体归纳为六个方面：

（1）通过"向善·志愿课程"学习，学会与环境、他人、自己相处，关爱他人，热心参与公益活动，增强社会责任感和历史使命感。

（2）通过"乐学·益智课程"学习，敢于质疑，乐于提问，学会在真实情境中发现问题、解决问题，具有探究能力、合作能力和创新精神，全面提升综合素养。

（3）通过"健体·运动课程"学习，强身健体，健全人格，养成体育运动习惯，掌握基本运动技能，树立生命安全与健康意识。

（4）通过"尚美·工匠课程"学习，体会传统技艺蕴含的中华传统文化，感受传统艺术的魅力，学会传统技艺的制作方法，具有健康的审美情趣和初步的艺术表现能力。

（5）通过"慧劳·种植课程"学习，掌握基本的种植技能，养成良好的劳动习惯，体会收获的喜悦和付出的快乐，形成吃苦耐劳、勤俭节约、乐于奉献的意志品质，懂得"幸福是奋斗出来的""劳动创造美好生活"的道理。

（6）通过"行知·服务课程"学习，在职业体验过程中，在特定的岗位上，亲历实践，在历练中学会担当，在成长中学会尽责。

（二）课程结构与设置

我校开发了学科素养类、生活技能类、艺体技能类、社会服务类等四种类型的课程，沟通课堂内外，连接家庭与社会，构建起"向善·志愿课程""乐学·益智课程""健体·运动课程""尚美·工匠课程""慧劳·种植课程""行知·服务课程"六大课程体系，设置了20多个子课程，形成了富有地域特色的课程群。每周三下午为校本课程上课时间，同时也充分利用节假日，结合时令灵活安排活动时间。

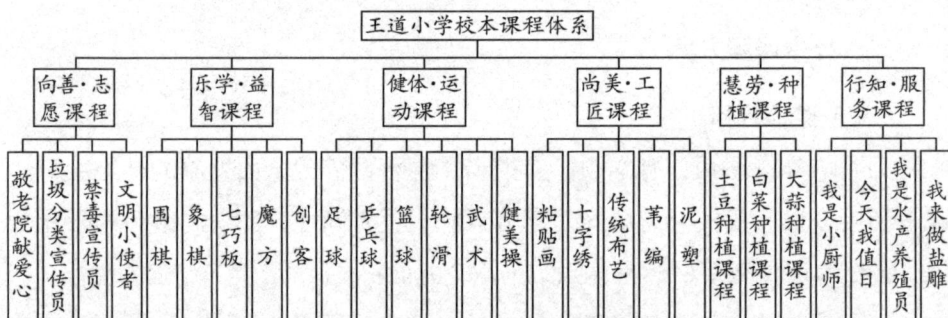

王道小学校本课程体系示意图

"慧劳·种植课程"开发了土豆种植课程、白菜种植课程、大蒜种植课程，将校园中的试验田作为学生校内的劳动实践基地，3—6月份种植土豆，8—11月份种植白菜，10月至来年5月份种植大蒜，并利用收获的蔬菜制作各种美食，可谓"菜香盈四季"。三个课程内容，以必修加活动的课时组合，将学生每周在校内劳动实践基地的劳动时间做出课时规划。在这个过程中，开设了不同活动主题：

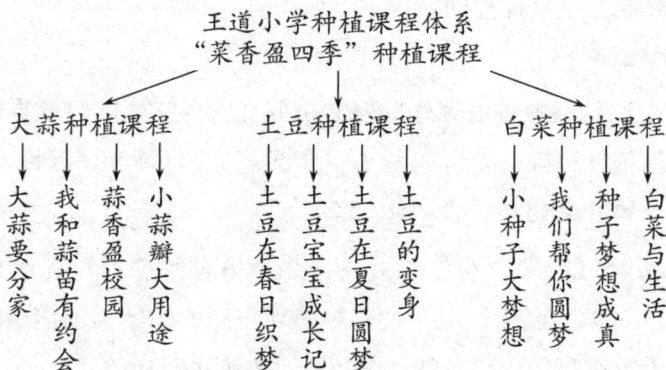

王道小学种植课程体系
"菜香盈四季"种植课程

大蒜种植课程　　土豆种植课程　　白菜种植课程

大蒜要分家　我和蒜苗有约会　蒜香盈校园　小蒜瓣大用途　土豆在春日织梦　土豆宝宝成长记　土豆在夏日圆梦　土豆的变身　小种子大梦想　我们帮你圆梦　种子梦想成真　白菜与生活

王道小学种植课程结构图

（三）课程实施

1. 科学规划，开全开足课程

我校在校本课程开发中，科学规划，从学生兴趣出发，在充分调研的基础上，开发出了六大课程："向善·志愿课程""乐学·益智课程""健体·运动课程""尚美·工匠课程""慧劳·种植课程""行知·服务课程"，设置了20多个子课程，满足了学生发展需要。学校落实"时间、地点、人员"三保证，每周三下午开展校本课程，确保课程能够顺利开设。

2. 选课走班，适合个性发展

为了让每个学生都能参加自己喜欢的课程，学期初，通过"课程超市"组织学生自主选择，打破年级、班级限制，实行选课走班。学生根据自己的爱好、特长选择适合自己的课程，促进个性发展。

3. 三个结合，拓宽实施路径

我校在校本课程实施中，将课程与学生的学校生活、家庭生活和社会生活有机结合，立足于学生的发展，拓展了校外实践基地，从学生的生活实际出发，给学生提供更广阔的学习空间和实践环境。通过将课程知识融入学生的日常生活，成为学生生活的常态，激发其参与的热情。

4. 组织活动，丰富课程内涵

学校立足办学传统和目标，发挥特色校本课程资源优势，以六种课程形态服务学生个性化学习需求，并精心策划组织丰富多彩的活动，以活动促进校本课程的开展，丰富课程内涵。

（四）课程评价

校内劳动实践基地种植课程的核心价值在于以学生的全面发展为本，培养学生的创新精神和劳动实践能力，评价要体现全面性和多元性。

1. 终结性评价和过程性评价相结合

在课程实施过程中，对学生劳动成果、劳动技能进行评价；在阶段性任务完成后，对学生在课程学习过程中呈现出来的态度与习惯、团结协作能力、创新能力等进行评价。具体从以下几个维度进行评价。

终结性评价和过程性评价

序号	项目	指标	A	B	C	D	备注
1	活动参与	情绪饱满					
		积极努力完成任务					
		善于收集学习资料					
		热爱学习乐于参加					
2	学习方法	获取知识的途径					
		解决问题的能力					
		基本劳动技能					
3	实践参与	好奇心探索欲					
		独立思考自主学习					
		积极实践发挥特长					
		善于动手乐于动脑					
4	收获体验	乐于探究					
		有责任心					
		学会反思					
		不怕困难					

续表

序号	项目	指标	A	B	C	D	备注
5	我的收获	个性评价					
		自己的见解					

2.评价主体多元化

采用学生自我评价、生生评价、家长评价、教师评价相结合的方式。学生自我评价以反思成长为主，促进知识技能的学习，同时培养自我的认识，促进认知能力的提高。生生评价是学生活动小组成员之间的相互评价，达到相互学习、提高合作能力的目的。家长评价包括让家长及时留意观察记录孩子在实践中的成长，使学生的学习活动得到家长的认可，同时，也使家长认识到校本课程教育的重要性。教师评价是在深入了解每一个学生学习情况的基础上，给予学生及时的引导和帮助，促进学生健康成长。

3.展示式评价、分享式评价相结合

班级、学校通过节日主题活动，为学生提供展示学习成果的平台，让学生体验课程学习带来的快乐，并利用主题队会活动，分享感受和经验。

三、课程保障

（一）组织保障

学校建立了一套比较健全的教育科研管理机制，还聘请了省、市教育专家指导学校校本课程教育的研究。在各位专家的指导下，学校成立了校本课程实施小组，并设立课程规划编制小组、课程审议小组、课程方案评估小组、课程实施评价小组以及课程实施推广小组，确保研究成果的先进性和示范性。

（二）机制保障

1.教研制度保障

严格按照课程方案开齐开足课时，严格按照课程表上课，对学校《课程方案》实施情况进行定期评价，确保国家课程方案的落实。

2.校本课程保障

学校结合实际制订《校本课程教师教学评价标准》，教有标准、评有尺

度，规范教学行为，以评促教。制订《校本课程学生学习评价标准》，评价内容包括学习态度、动手操作、实践活动、活动成果等要素，以评促学。

3. 选课机制保障

基于学生全面成长的需要，我们开发了六大课程体系，各年级可根据学校计划自由选择完成。学生以必修加活动的组合方式，将每周在校园、田园、家庭、社区的活动时间作为选课参考。

4. 资源保障

学校设有充足的实践基地和体验场馆，各种功能室齐全。学校还利用自身的社会影响与研学、社区服务、校外活动实践基地积极洽谈，多渠道拓展教育实践场所，让课程落地有充分的资源保障。

"土豆的春梦夏实"课程纲要

设计者：刘　伟　李海波　马月英　程小宁　牛玉涛

一、课程简介

　　"土豆的春梦夏实"种植课程是以特色土豆种植为载体，为满足学生的成长与发展需要而研发的体验式校本课程。本课程适合四年级使用，教学中以实际观察和亲自体验为主线，将科学教育、劳动教育、情感教育和传统文化教育贯穿其中。课程实施中注重培养学生的研究意识、动手实践能力和劳动品质，注重对学生进行德育渗透，让学生体验到劳动的艰辛和获得劳动成果的快乐，从而丰富学生们的劳动素养。

二、背景分析

（一）国家政策

　　《义务教育课程方案（2022年版）》指出：要坚持全面发展，育人为本，构建德智体美劳全面培养的课程体系。贯彻新时代党对教育的新要求，坚持德育为先，提升智育水平，加强体育美育，落实劳动教育，确保"五育"并举，促进学生健康、全面发展。变革育人方式，突出实践，加强课程与生产劳动、社会实践的结合，充分发挥实践的独特育人功能。突出学科思想方法和探究方式的学习，加强知行合一、学思结合，倡导"做中学""用中学""创中学"。加强与学生经验、社会生活的联系，注重培养学生在真实情境中综合运用知识解决问题的能力。

（二）学校办学理念

　　我校位于黄河下游，这里农业生产历史悠久，土豆是餐桌上常见的蔬菜。因地制宜开发土豆种植课程，能够引导学生在丰富的种植体验中，对蔬菜种植产生兴趣，探究时令与节气对农业生产的影响，提升科学素养，潜移默化地让学生受到热爱家乡的教育，深入落实了我校秉持的"体验教育"理念，体现了"筑梦师生成长、助力乡村振兴"的教育宗旨，打造"亲近乡土田园、传承乡土文化、厚植家国情怀"的办学特色。

（三）学生需求

"土豆的春梦夏实"种植课程设计难度不大，易操作，符合小学生的年龄特征和认知水平。在课程开设问卷调查中，有96%的学生表示对土豆种植有浓厚的兴趣，愿意参与和尝试，课程的开设对培养学生的劳动素养和热爱劳动的情感都有重要意义。学生直接体验和亲身参与，亲历情境、亲手操作、亲身体验，经历选种、切块、种植、起垄、浇水、施肥、防虫、收获等完整的实践过程，通过动手实践、合作探究等方式获得丰富的体验，并与传统文化、安全、科学、美术、语文等学科相结合，实现跨学科学习，提升了解决问题的综合能力，学会了自我管理、团队合作。

（四）课程资源优势

为了开展"慧劳·种植课程"，学校先后开辟了春耕园、夏作园、秋收园三大种植基地，在多年种植经验的基础上，学校对种植课程有了一定的资源积累，为开展"土豆的春梦夏实"种植课程提供了充足的场地和丰厚的技术资源。

三、课程目标

依据《山东省义务教育地方课程与学校课程实施纲要》的要求和我校的办学目标，设置如下目标：

（1）通过对土豆的观察、种植栽培、田间管理和收获后的应用，认识土豆的系列属性，掌握土豆的种植、管理、应用技术。

（2）通过对土豆的观察、种植栽培、田间管理和收获后的应用，在增强科学素养的同时，初步养成热爱劳动的习惯，树立起正确的价值观。

（3）通过对土豆的应用，感知劳动的乐趣，形成珍惜劳动成果的意识，分享劳动成果，关爱老人，弘扬孝道。

（4）通过自主实践体验研究，形成良好的团队合作意识，提高动手实践能力，磨炼劳动意志，提升综合素养。

四、活动安排

"土豆的春梦夏实"课程设置及实施要求

周次	单元	教学内容	课时	实施要求
1 至 5	第一单元：土豆在春日织梦	1. 观察与了解土豆的基本知识 2. 视频学习土豆种植技术 3. 土豆种植准备 4. 土豆种植	4	1. 在初步认识土豆、了解土豆种植历史的基础上完成"土豆的自画像"，在"视频学习土豆种植技术"的基础上用图文结合的形式呈现土豆种植方法，达到激发兴趣、内化知识与课堂评价的目的。 2. 开展"我的天地我做主"活动，每个学生都变成了小园丁，认识土豆、种植土豆。
6 至 14	第二单元：土豆宝宝成长记	1. 观察记录土豆发芽情况 2. 土豆的田间管理	6	1. 观察土豆在不同时期的生长状态，引导对土豆苗的颜色、形状的观察，以及对有无覆盖地膜与出芽率的关系的探讨，完成"土豆出苗观察记录单"，培养观察能力、分析问题与解决问题的能力和科学探究精神。 2. 为土豆植株浇水、除草、施肥，培养吃苦耐劳的品质，在实践中体验劳动的乐趣。
15 至 16	第三单元：土豆在夏日圆梦	1. 土豆收获技巧 2. 土豆收获	2	收获土豆过程中感受传统农具的优缺点，对比拓展校外实践基地"我和身边的高科技农机具"，了解到科学给农业发展带来的巨大变化。

续表

周次	单元	教学内容	课时	实施要求
17 至 20	第四单元： 土豆的变身	1. 土豆的食用 2. 土豆的分享	4	1. "厨艺大比拼"活动中，学生用自己种植的土豆在家长的帮助下学习烹饪和制作美食，并通过视频和照片来展示自己的厨艺，分享劳动成果。 2. "美食传爱心"的主题活动中，鼓励学生积极参与社会活动，争当小小志愿者，以自己的劳动服务他人，到敬老院看望老人，把自己精心制作的美食带给老人。

五、评价活动

根据《山东省义务教育地方课程与学校课程实施纲要》的精神，在评价中关注学生的情感、态度和价值观，着眼于评价的教育、激励与改善的功能，关注学生的成长过程。因此，我们采用过程性评价与终结性评价相结合的方式。

1. 过程性评价

（1）即时评价：在教学过程中，根据学生在活动中的表现，采取自评、小组互评及教师评价等方式。根据学生在课堂中的态度、参与课堂的积极性、参与状况，采用课堂评价量表进行评价，此评价方式占课程评价总分的60%。

（2）阶段性评价：采用评价小组对土豆成长管理打分的方式进行评价。将班级中的学生划分为几个小组，每个小组承包相应的试验田，由教师、学生对各小组的田间管理进行评价，占课程评价总分的20%。期末，采用星级评价+作品展评的方式进行评价。学生提供作品及过程性材料等，邀请学校领导、老师、家长对活动给予评价，占课程评价总分的20%。

2. 终结性评价

建立"土豆的春梦夏实"课程之星成长档案，内容包括：个人信息、每节课课堂评价量表、对应的课堂评价工具单、展示活动照片、自己在活动中的感受，以及来自学生、家长、教师的综合评语。教师根据学生的参与度、活动的有效性、知识与技能的习得、能力的形成、情感态度与价值观的体现等，采用星级评价量表进行评价。

叁 "土豆种植"课时教学方案

设计者：刘　伟　李海波　马月英　程小宁　牛玉涛

一、背景分析

本课教学是继土豆种植准备之后的进一步教学活动，本课以田间实际种植活动为主。学习重点是通过实际种植活动，培育学生动手实践操作能力，培养爱劳动的品质。学习难点是实践体验土豆种植技术，培养探究意识、创新意识，增强科学素养。

二、教学目标

（1）认识铁锹和铁耙，学习铁锹和铁耙的使用方法。

（2）学习土豆的播种方法，掌握科学的田间种植技术，练习开沟方法，按规定的深度和株距科学播种。

（3）通过实际种植活动，锻炼动手实践操作能力，保持好奇心与求知欲，养成热爱劳动的习惯。

（4）在体验土豆播种活动中，形成良好的团队合作意识，磨炼劳动意志，树立起正确的劳动价值观。

三、评价设计

（1）观察归纳工具的结构，通过学生自评和小组互评完成课堂评价量表，并进行评价。

（2）实践地膜覆盖。

四、活动过程

（一）谈话导入·知识驿站

（1）观看土豆种植技术的视频，引导学生思考：你知道在播种的时候都要做哪些工作吗？

（2）小组讨论并汇报讨论结果。

（3）教师根据小组讨论结果做相应的补充和指导，引导归纳土豆播种方法。

播种方法：平地开沟、播种、培土起垄、垄面搂平、覆盖地膜。

（二）认识工具·安全使用

（1）想一想：在视频播放的土豆播种过程中，你发现使用了哪些工具？

（2）说一说：（预设）铁锹和铁耙……

（3）试一试：教师引导学生观察铁锹和铁耙的结构，引导学生初步尝试安全使用工具。

（4）练一练：技术人员示范工具的正确使用方法，学生练习使用工具，技术人员随机指导。

（三）实践操作·初试身手

（1）技术人员边讲解边示范平地开沟的方法：按70厘米左右的间距开沟，沟深约8厘米。

（2）学生练习开沟方法，技术人员随机指导。

（3）技术人员讲解和示范播种注意事项。（播种深度8厘米左右，覆土过浅会造成土豆外露变绿，影响品质；覆土过深会延迟出苗，影响产量。播种间距为20厘米左右，间距过大会浪费土地资源，间距过小会影响产量。）

（4）学生按规定的深度和株距播种，技术人员随机指导。

（5）设置对比试验，覆盖地膜。

小组探讨地膜的作用。（学生交流：保持地温，防止土壤水分流失，促进出苗。）

教师提出问题：覆盖地膜是不是真的能促进出苗呢？我们有什么方法来

验证一下？

学生讨论交流，统一意见：设置对比试验，随机选取两块试验田覆盖地膜。技术人员讲解并示范覆盖地膜方法及注意事项，学生动手操作。

（四）交流分享·答疑解惑

教师引导思考：在播种的整个过程中，同学们都干得非常认真，从中你有什么收获？

学生交流：我学会了开沟的方法，知道了播种时要注意的问题；我知道了地膜的作用和覆盖地膜的方法，劳动的过程中相互配合才能把地膜覆盖平整、牢固；劳动很辛苦，但很快乐……

教师问学生还有什么困惑，学生交流，教师归纳整理：

① 为什么株距过小会影响产量？

② 我们种植的时候是芽眼朝上的，而爷爷却说芽眼要朝下种植，为什么？

③ 视频学习中播种前要用草木灰消毒，而我们只是在太阳下晾晒，有没有做消毒处理？

……

学生分小组讨论交流，到田间观察、试验，搜集资料，对于不能解决的问题，求助老师。

（五）以评促学·共同提高

（1）学生自评和小组互评共同完成课堂评价量表。

（2）学生根据评价量表交流今后努力的方向。

（六）亲情作业·拓展延伸

将劳动过程中遇到的困惑带回家，询问长辈或者查阅资料，尝试解决问题并完成实践探究报告单。

2

信短情长

案例点评

　　课程是让学习与生活联结、历史与现实互动的典型代表，以"信"为主线，串联古今历史渊源和文化情感，关联学习生活的多重领域，学生通过学习品味传承千年的邮政文化，领略邮票艺术魅力。本课程设计突出综合性、序列性、创生性。课程创新性地采用了多师教学形式，如果能在内容设计与实施方面展现各学科独特性的同时，进一步凸显学科间融合，设计好大问题、大任务、大情境，让学生在探究中、体验中、问题解决中获得超越学科的概念性理解，进而获得学科素养和综合素养的提升，或许更能彰显校本课程促进学生全面发展的功能。

壹　青岛鞍山二路小学校本课程规划方案

设计者：高青松　李芬芳　张　青　王　秋　宋婷婷

青岛鞍山二路小学始建于1961年，坐落于美丽的海滨城市青岛，学校现有教学班24个，在校学生940人，在职教师65人。学校作为青岛理工大学附属小学、青岛鞍山二路小学教育集团核心校，秉承"全面注入情感因素，系统构建和合教育"办学理念，精心打造"和合至美润人生"文化品牌，致力于培养多元发展的和美学子。

一、课程背景分析

学校全面贯彻党的教育方针和《国家中长期教育改革和发展规划纲要》精神，遵循教育规律，形成"和合至美、美润人生"文化育人理念指导下的"和润课程"体系，促进学生全面发展、健康成长。

1. 基于学生发展的要求

评判课程的品质应该首先看课程是否关注学生，关注不同层面学生的需求，摒弃形式主义主宰课堂的文化情境。学校在开发校本课程时，下发了调研表，进行了学生访谈，汇总了学生需要与学生兴趣的数据，从学生的需要出发，以"生本、多元、整合、创意"为课程开发理念，把发展学生核心素养作为依据和出发点，基于学生身心发展、品德发展、学业发展，以及劳动与社会、审美素养方面的发展需求，采用灵活多样的课程组织形态，既充分关注学生多元学习性向的发展需求，又给学生个性化发展以更多的选择性。

2. 基于课程改革的要求

教育部颁布《关于全面深化课程改革落实立德树人根本任务的意见》。

该文件深入回答了"培养什么人、如何培养人"的问题，并提出将"学生发展核心素养体系"的研制与构建作为着实推进课程改革深化发展的关键环节。这就需要我们对学校课程做进一步的梳理与建构、优化与整合，从而形成具有学校特色的课程体系。义务教育新课程释放的改革信号也明确提出了适当增加课程选择性，强化课程协同育人功能，聚焦核心素养，更新课程内容，体现时代性。

3. 基于学校发展的要求

课程建设是发展学生、成长教师、办好学校的重要途径。近年来，学校以"和合至美"为文化育人理念，致力于探求"身健为美、德厚为美、学博为美、人和为美、才高为美"的育人目标，尝试建设适合学生全面发展、健康成长的"和润"课程体系，开发了形式多样的学校特色课程。这为学校课程建设打下了扎实的实践基础。

4. 基于课程资源条件

学校注重师资队伍建设，现有齐鲁名师1人、省特级教师2人，4个区级名师工作室，形成了名师—骨干—新秀梯队，教师课程开发力和执行力相对较高。同时，可以借助高校资源，具有课程资源优势。学校充分利用教育资源和已形成的优势学科，在多学科联合攻关上寻求突破，搭建课程项目化组合。

二、校本课程方案

（一）课程目标

（1）立足学生核心素养，培养全面和谐发展、具有"和合特质"的鞍二学子。围绕"身健、德厚、学博、人和、才高"的学生核心素养培养目标，将知识育人和立德树人相统一，全面落实有理想、有本领、有担当的时代新人培养要求。经过小学阶段6年的学习以后，学生德智体美劳"和美"发展。

（2）通过对学校"和润"课程体系的构建，学生建立起系统的思维方式，体验知识之间的联系，还原事物或问题在现实生活中的本来状态，促进学生关注生活、关心世界、整体考察、系统思考、全面发展。

（3）通过学科的融合统整，凸显校本特色的超越，引导学生综合运用多种学科知识，在真实情境中发展综合运用知识解决问题的能力，在开放的学习环境中形成面向未来的关键能力。

（4）通过对特定年龄段学生的课程需求、学习兴趣、学习风格和特点加以研究和调查，建立连贯、统整、关联的学校课程，帮助学生看到事物之间的联系和规律，从而更加有效地面对现实问题，培养高素质的现代公民。

（5）通过对"和润"课程体系构建的研究，形成校本课程体系的构建模式，为学校高品质、高水平、高效率地开发和实施校本课程提供理论经验和实践范例。

（二）课程结构与设置

1. 整体课程结构及其说明

以"和合至美"为学校文化育人核心理念，围绕"身健、德厚、学博、人和、才高"的学生核心素养培养目标，开设"和健、和德、和雅、和融、和乐"五大门类学校课程。以五大校本节日（健体节、梦想节、创意节、亲和节、艺术节）为轴心课程，进行"和健、和德、和雅、和融、和乐"五大门类课程的动态嵌入。

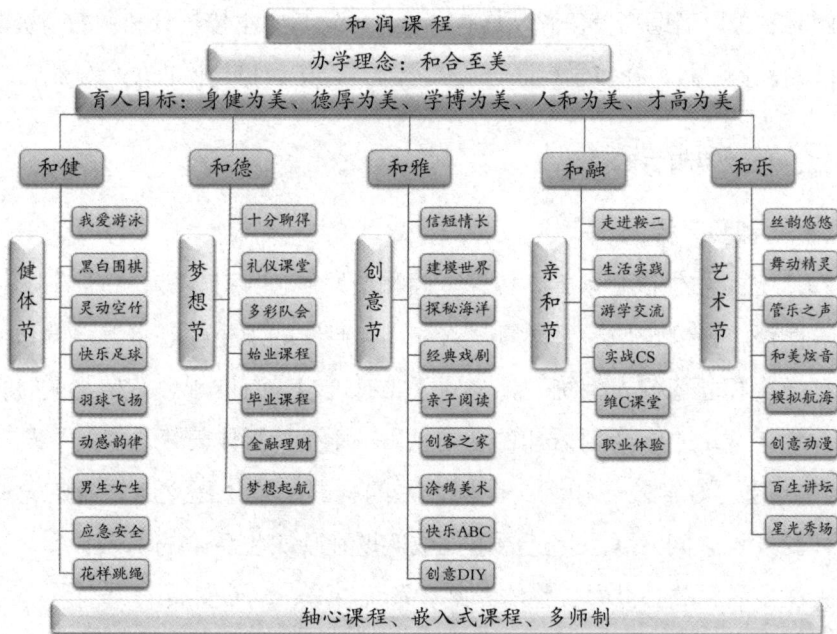

"和润课程"体系结构图

2. 优化课程设置与课时安排

学校在严格依据国家课程标准要求不增加周标准课时数和周教学时间总量的基础上，积极探索长短课、大小课、跨年级、多学期等弹性课时安排方式。实施套排课表、菜单课程、多师制。合理设置课时比例，长短课时融合互通。按照微型课（15分钟）、小课时（30分钟）、中课时（40分钟）和大课时（60分钟、90分钟）等不同时长类型，将课程价值最大化。

3. 校本课程开设的具体内容与说明

校本课程开设的具体内容：和健——（健体节）黑白围棋、快乐足球、动感韵律……，使学生在学习、实践、体验探究中指向"五育融合"中的强体；和德——（梦想节）礼仪课堂、金融理财、梦想启航……，在学习、实践、体验探究中指向"五育融合"中的树德；和雅——（创意节）信短情长、探秘海洋、创意DIY……，在学习、实践、体验探究中指向"五育融合"中的增智；和融——（亲和节）走进鞍二、维C课堂、职业体验……，在学习、实践、体验探究中指向"五育融合"中的尚劳；和乐——（艺术节）丝韵悠悠、舞动精灵、管乐之声……，在学习、实践、体验探究中指向"五育融合"中的育美。五大门类课程之间不是割裂的，而是融合发展。

（三）课程实施

1. 学校整体规划，实施顶层设计

学校的校本课程构建经历了推进实施、螺旋上升的过程。

一是课程创新。学校主要在表现类学科中进行课程创新模式探索。按照技能迁移的原理，在音乐、体育、美术三个表现类学科中选择相关技能，按照课程单元的形式进行编创，使学生达到"举一反三、触类旁通"的目的。为此，学校在音乐学科中开发了"丝韵悠悠""经典戏剧"等课程单元，在体育学科中开发了"快乐足球""花样跳绳"等课程单元，在美术学科中开发了"涂鸦美术""创意DIY"等课程单元。

二是课程整合。学校从知识、儿童、社会三个维度进行课程整合。知识本位主要以学科为整合的基本切入点，倡导相邻学科围绕一定的主题单元开展综合性学习，同时一些学科在单元课程设计时，也可以打破年级界限，协同开

展学习活动。儿童本位主要是在综合实践活动课程领域，按照"主题学习"和"综合活动"两大领域进行校本课程开发。社会本位主要是通过师生、生生之间的合作来共同完成课程，让学生经历发现问题、解决问题的过程。

三是课程调适。针对国家课程提出的基本要求，结合学校和学生发展实际，对课程目标的维度、难易等进行适切的调整，以适应学生实际发展水平；分析课程内容是否偏难繁旧，教材的内容安排、呈现方式等是否符合学生的接受能力、生活经验等，针对这些问题进行课程内容的调整、改编和补充，以适应学生的兴趣和发展需要。

2. 学科融合，促进课堂教学方式的改变

（1）采用弹性课时授课，保证课时总量不变。采用长短课时、特色课程周、特色课程月的方式长短交错，张弛有度。在教学方式上，采用多师制的主题融合式教学，通过相互配合、交叉授课，实现教学元素的巧妙融合。

（2）循环执教，体现师资的"活""细"管理。考虑每年有教师的更新和轮换，我们采用"走课教学"常态机制，让执教过的老师走班、走课教学，通过"走课"互相学习，走活课堂。

（3）开展专题研讨，促进课堂愉悦高效。课程是动态发展并不断生成的，校内教学专题活动以课例展示研讨为主，通过鉴赏课例—评说课例—反思课例—实践课例开展教学研讨活动，引导教师积极地参与到课程新策略的探索中来。

3. 以学生为主体，让学生"想学""会学"

校本课程以"游学课"的形式让学生走进邮政博物馆、青岛市邮政中心、社会活动实践中心、高校实验室……到课程基地开展主题活动，学生亲自经历活动建构过程。学校以校本节日为载体，开展课程活动，使学科课程与校园生活、社会生活发生交集，加强课程内容与学生经验、社会生活的联系。学校还搭建了"拾趣课程超市"，包括"安安邮局"和"安安影院播报"，给学生提供一个完整的生活情境，让学生知行合一，学思结合，在实践中感悟和成长。

（四）课程评价

学校依托"信短情长"书信文化课程，研发出了具有本校特色的"邮情邮谊"多元评价体系。

1. 评价媒介契合学生兴趣点

学校先后开发了安安美德币、安安纪念封、缤纷邮筒站、成长邮记册、成长邮戳印、特色邮票集等，将日常评价以学生"看得见、摸得着"的直观的物化方式呈现。

2. 评价流程简便易操作

我们倡导"即时、即景、即兴"的评价方式，遵循主体性、激励性、发展性原则，无论学生在哪一方面取得成绩或有了进步，都会获得教师颁发的一枚"美德币"。学生可以在每周的"邮情邮谊"活动日里，用积累的"美德币"兑换学校发行的相应面值的"邮票"，收集到各自的《成长"邮"记》中。学校还增设"美德币圆梦平台"，攒够一定的"美德币"就能得到开办"百生讲坛"、举行"个人作品展"等机会……满足学生的求知欲。

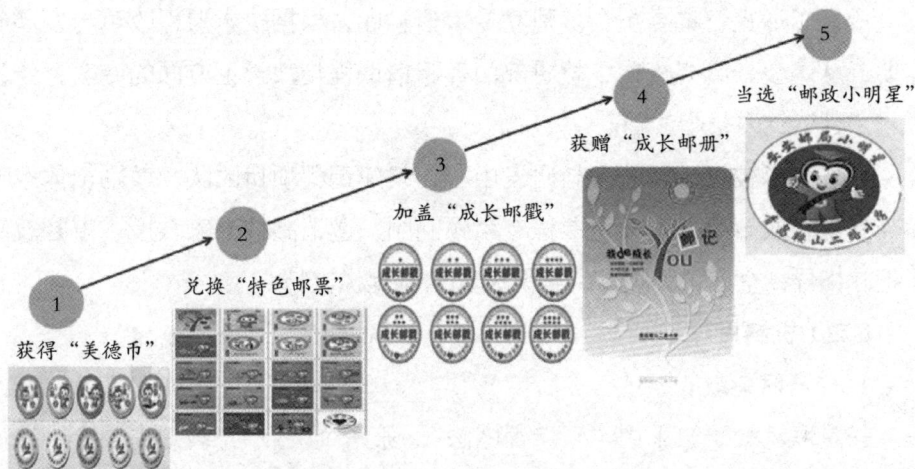

"邮情邮谊"多元评价体系示意图

3. 评价标准关注学生差异性

我们尊重个体发展的差异性与独特性，倡导从多个角度观察、评价和接纳学生。把激发学生内在的评价需要作为评价的重要任务，把促进学生向着更为完善的方向发展作为重要动力。通过不断地反馈矫正，使外在的评价真正实现对学生综合素质发展水平的调控。

4.评价内容着眼学生生活

建设"安安邮局"用于情境体验，以"安安社团"为载体，通过"邮政体验、人员招募、业务拓展、创意策划"等途径，提升评价的时效性、参与的广泛性、功能的多样性、内容的全面性。

这种有温度的评价激励着孩子们每天都有目标。通过评价，利于总结校本课程建设的成功经验和改进存在的问题，精准分析出课程体系和课程目标的达成度，实现课程体系自身的不断调整和优化。

三、课程保障

（一）组织保障

成立了以校长为组长的课程发展委员会。确立"学术领导—学科自主"的课程管理体制，设立学校课程发展委员会，从纵向与横向的角度，将学校各职能部门、教研组、校务委员会及全体教师有机统整。

成立了课程咨询委员会。建立专家信息库，根据校本课程改革与发展的需要，从高校、研究机构、教研部门等聘请课程与教学论方面的专家，作为校本课程咨询委员会成员。

还成立了校本课程管理与研发中心，组建课程项目团队，鼓励全体教师参与到课程改革中来。成立课程专家顾问团，邀请高校专家教授、市区教研员把脉指导，全方位为校本课程开发和实施提供支持。

（二）机制保障

1.教研赋能成长

一是联动教研，采用"三点程序法"。第一个"点"：教师先独立研究。第二个"点"：组内教师进行合作研究。第三个"点"：教师在合作共享基础上再次进行独立的研究，锁定自己教学的重点和特点。

二是开发"每时美课"网络教研平台。以线上批注+线下研讨、智慧共享+个性修改、多元交响+留痕对比的网络教研模式促进学科融合，打破学科壁垒，将知识有机串联，教师教研方式也由单一学科转变为多学科联动。

2. 制度保障护航

建立和完善了学校课程开发的运行机制，鼓励教师参与学校课程的开发；建立了教师奖励机制，每学期评选鞍二魅力校本课程，通过线上投票+线下调研的方式评优选先；支持教师申报学校课程子课题的研究，并给予课题研究经费。

学校制定了选课机制。选课前先进行课程推介，将课程介绍制作成微视频的形式或者现场宣讲。为了方便学生选课，学校充分利用企业微信，让学生以网上自主选课的形式进行选课。

3. 整合课程资源

学校以采购、搜集、开发等方式，共建共享校本课程资源，保障课程运行。通过整合校内资源、高校资源、家长资源、社区资源和社会资源，积极将"大课堂计划"与校本课程建设相结合，因需而供，创造满足学生发展需要的课程资源环境。

贰 "信短情长"课程纲要

设计者：高青松 李芬芳 张 青 王 秋 宋婷婷

一、课程简介

书信文化对生活在数字时代的学生来说，是既熟悉又陌生的。"信短情长"书信文化课程是以"信"为主线，把几千年典籍中承载的思想、情感与今天儿童的大量阅读和综合实践进行对接，涵盖了语文、综合实践、美术、信息技术、科学、传统文化等学科领域，集综合性、实践性、开放性、生成性与自主性于一体，对于促进学生通过文字进行个性表达和人际交往的综合能力培养具有重要的价值和意义。

二、背景分析

（1）基于学校发展的要求。学校以"和合至美"为文化育人理念，构建适合学生全面发展的"和润"课程体系。通过书信文化，传递人与人之间"和合"；传承书信文明，创新现代文明，促进古今文化"和合"。这与学校倡导的"和合"文化一脉相承。

（2）基于学生发展的要求。随着移动互联网技术的不断发展，"见字如面"的书信文化所带给我们的那份激动、那份厚重，正从指间悄悄流失。如今在学生群体中甚至有人不会写信、不屑写信，这种传统文化断崖式的缺失引发了我们的思考。

（3）基于课程资源条件。学校拥有名师资源，教师课程开发力和执行力相对较高。同时，可以借助周边高校资源，具有课程资源优势。

三、课程目标

（1）通过探究优秀的传统文化，学生了解书信的历史、欣赏不同的书信，学会写格式规范的一般书信，掌握寄信的方法。

（2）通过动手制作邮票、贺卡和发电子邮件等，让"未来用户"了解邮政知识，掌握和书信相关的拓展知识。

（3）通过诵读、探究、交流、合作、体验、实践等综合活动，学生全面而系统地受到书信文化的滋养，从而陶冶情操、开启心智、提升志趣，提高自己的文化素质和审美能力。

（4）通过活动—建构，学生在文化的变迁中感受到历史与现实的情感互动，加深传统文化意识和家国情怀。

（5）通过聚焦于让学习联结生活，学生在开放的学习环境中提升面向未来的关键能力（沟通与协作、书面交流、信息素养、社会实践、思维发展）。

四、学习主题/活动安排

"信短情长"教材共分9个章节，安排18个课时，内容涵盖了语文、综合实践、美术、信息技术、科学五个学科领域，集文学、美学、书法、礼仪、纸张等知识于一体。

本教材从大家耳熟能详的一个"信"字切入，细说书信文化的前世今生，纵论书信文化的弘扬传承。从两千多年前的置邮传命，到今日的信达天下；从学校模拟邮局到邮政博物馆，涉及逸闻趣事、名家书札、邮票赏析……融原典性、知识性、趣味性、情感性、实践性和时代性于一体，形式丰富多样。

学生通过诵读、探究、交流、合作、体验、实践等综合活动，全面而系统地受到书信文化的滋养，从而陶冶情操、开启心智、提升志趣，提高自己的文化素质和审美能力。

（一）学习主题

第一单元：探源解义——书信的起源；第二单元：真情传递——写信小

常识；第三单元：鱼雁传书——书信赏析；第四单元：非文字书信；第五单元：细说书信典故；第六单元：精美的邮票；第七单元：漫谈纸张；第八单元：走进邮政局或邮区中心局；第九单元：电子书信。

（二）课时安排（以五年级秋季上学期为例）

"信短情长"课程五年级上学期课时安排

周次	主题板块	内容	课时	授课方式
第三周	语文	书信的起源	长课时	
第四周	语文	写信小常识	长课时	
第五周	语文	书信赏析	长课时	多师制
	美术	制作书签、卡片	短课时	
第六周	语文	非文字书信	长课时	多师制
	信息技术	电子邮件	短课时	
第七周	语文	细说书信典故	短课时	多师制
	综合实践	小课题开题	长课时	
第八周	美术	精美的邮票与贺卡制作	长课时	
第九周	语文	漫谈纸张	短课时	多师制
	科学	纸的实验	长课时	
	传统文化	拓印/活字印刷术	短课时	
第十周	综合实践	走进邮政局	长课时	多师制
第十一周	信息技术	电子书信	短课时	

（三）组织形式

以班级为单位组织授课（综合实践板块以级部为单位，提前设计活动方案，进行探索研究、实践应用）。采用弹性课时授课，保证课时总量不变。如：语文学科以"探源解义——书信的起源"作为起始课，教学中涉及阅读、口语交际、写作等板块，为了保证教学的完整性，采用60分钟课时。"走进邮政局"综合实践板块，采用80分钟长课时，多师跟进，让学生走进邮政局，就自己感兴趣的书信文化议题展开现场采访、探究。"精美的邮票"主题，采用多师制的主题融合式教学，语文、美术两位老师同时进班，围绕教学主题各自负责不同的教学内容，通过相互配合、交叉授课，实现教学元素的巧妙融合。"漫谈纸张"主题，采用一教一辅式教学，科学教师担任主教，负责课堂教学任务，引领学生探究，完成动手实验操作任务；语文教师负责实验后的文字资料撰写。长短交错的课时，张弛有度，教学方式多样。

（四）活动主题安排

除了课堂，学习还发生在社会大课堂、生活大课堂中，学校综合生活内外、文本内外，以儿童意识丰富课程资源，支持儿童生动有效的学习。学校课程以"游学课"的形式走进青岛邮电博物馆、青岛市邮政中心，让学生亲自经历活动建构过程。学校挂牌山东省"青少年集邮活动示范基地"，定期开展"信短情长"微课堂暨"少'邮'所学"大课堂活动。还以校本节日为载体，开设"缤纷邮政节"，鼓励学生参与个性邮票的创意绘制活动，自主设计邮票图案。

五、评价活动/成绩评定

学校依托"信短情长"书信文化课程，实施指向学生多元发展的激励性评价。将"代币评价、积分兑换、晋级闯关"等吸引学生的一系列动力机制，消化、吸收、嫁接并移植到学生的综合评价体系中，研发出了具有本校特色的"邮情邮谊"多元评价体系。

（1）过程性与终结性评价有机结合。过程性评价通过代币评价、学分积累、晋级闯关等形式，从学生参与课程的态度、学习过程中的表现（参与积极性、任务完成情况、小组合作效果）、学生的学习成果展现（小课题研究报告、绘制邮票展示、承担百生讲坛、参加安安播报）等方面进行多维评价。

（2）评价着眼生活化。学校搭建了"拾趣课程超市"，包括"安安邮局"和"安安影院播报"，给学生提供一个完整的生活情境。"安安邮局"是模拟仿真邮局，让学生在情境中体验岗位实践的快乐；"安安影院播报"由学生每周自主申报，配以图文展示介绍自己的研究成果。搭建的平台让学生知行合一，学思结合，在实践中感悟和成长。

叁 "精美的邮票"课时教学方案

设计者：李芬芳　张　青　宋婷婷

一、背景分析

本单元属于书信文化课程序列下的书信邮政文化，由邮票的由来、邮票的发展、邮票的种类和邮票的设计四个板块组成。

由于网络的发达和信息交流的便捷，对于当下的儿童来说，写信已经慢慢变成一种文化记忆，邮票也成为曾经时代的象征符号。但小小的一枚邮票，或者说邮票的方寸空间，却体现了文化价值、艺术价值、教育价值以及情感价值……通过本单元的学习，学生可以进一步提高审美水平，提升文化艺术修养，培养集邮兴趣爱好，激发创作潜能，促进德智体美劳全面发展。

本节课的学习与学校"缤纷邮政节"节日文化有机结合，延伸至集邮讲座、"我爱集邮"邮票展览、"安安"邮票设计大赛等活动，进一步丰富了课程的外延。

二、教学目标

（1）借助教材和搜集的资料，了解邮票的由来、发展、分类等知识，培养集邮兴趣。

（2）掌握邮票票面的组成元素，理解特种邮票票面元素与相关事件、人物等的关联，体会其借助图案表达情感的方法。

（3）能运用多种方式设计制作邮票，提高审美情趣，激发创造潜能。

三、评价设计

"精美的邮票"课程评价表

评价项目	一星级	二星级	三星级
自主搜集资料 了解邮票知识	借助教材，了解邮票的由来、发展、分类的知识。	借助教材和自主搜集的资料，了解邮票的由来、发展、分类知识，培养集邮兴趣。	借助教材和自主搜集的资料，了解邮票的由来、发展、分类及其他相关知识，积极参与集邮活动。
掌握票面元素 体会元素内涵	掌握邮票票面的组成元素。	掌握邮票票面的组成元素，理解特种邮票票面元素与相关事件、人物等的关联。	掌握邮票票面的组成元素，理解特种邮票票面元素与相关事件、人物等的关联，体会其借助图案表达情感的方法。
运用多种方法 设计制作邮票	运用刮、绘、贴等方式设计制作一枚邮票，元素全面。	运用刮、绘、贴等方式设计制作一枚邮票，元素全面，画面简洁。	运用刮、绘、贴等方式设计制作一套邮票，元素全面，画面简洁，主题突出。

四、学与教活动设计

（一）交流资料，了解邮票的相关知识

（1）揭示课题。

（2）学生借助教材和搜集的资料，交流邮票的相关知识。教师相机引导学生梳理提取有价值的信息，进行分类。

（3）教师补充关于邮票的其他重要信息。

（4）当堂检测，组织邮票知识抢答赛。

（二）欣赏邮票，探究图案与主题的关系

（1）学生依次欣赏大龙邮票、中国梦系列邮票、青岛地铁纪念邮票。

（2）全班交流，说一说：这些邮票的图案有什么不同？从这些邮票中感受到了什么？

引导学生概括欣赏邮票要考虑的要素。

（3）学生总结梳理特种邮票票面图案与相关事件、人物等的关联。

（4）出示一组邮票，学生观察票面图案，猜测设计主题，尝试给邮票起名字。

（5）说一说：你还知道哪些特殊的邮票？请结合自己的集邮册或者资料，介绍给小组同学。

（三）设计制作，评选最佳创意邮票

（1）学生合作梳理邮票设计宝典。

（2）学生自主设计邮票，运用刮、绘、贴等不同艺术表现形式制作邮票。

（3）展示交流，学生介绍自己的设计与制作创意。

（4）评选最佳设计制作奖。将学生制作的邮票汇集成册。

（四）拓展延伸，总结所学所悟

（1）学生谈收获和反思。

（2）学生将自己的作品发布到学校"缤纷邮政节"活动之"安安"邮票设计大赛区。

五、总结

采用引导、示范、任务驱动的教法，通过环环相扣的小任务，激发学生的探究热情，完成课堂活动；采用讨论生成、观察总结、合作探究、模仿创新的学法，培养学生良好的感性认知习惯，在探究新鲜事物的同时，培养合作意识。鼓励学生大胆创新，设计个性鲜明的作品，培养发散思维和创造能力。整堂课学生互动氛围浓厚。下图为学校第三届"安安"邮票设计大赛部分入围作品。

3

超市小助手

案例点评

    特殊教育的目的和任务是最大限度地满足社会的要求和特殊儿童的教育需要。本课程面向特殊学生的发展需求，顺合学生身心发展特点，关切学生学习能力与心理，发展他们的潜能，使他们在增长知识技能的同时，增强社会适应能力，成长为对社会有用的人才。课程设计评估诊断先行，全程评价伴随，能够做到以评导学促教。课程设计特别贴近特殊儿童的实际，能切实提高他们的生活技能和适应能力，体现了课程对特殊儿童的人文关怀。如果本课程更加关注与学习目标相匹配的评价设计，在进行诊断性、形成性以及总结性评价的过程中凸显对个性及差异的关照，则更能在现实中提供有针对性、科学性、实用性的课程方案示范。

壹 泰安市肥城市特殊教育学校校本课程规划方案

设计者：王晓彤

肥城市特殊教育学校是一所位于山东省泰安市新城文化街区的特殊教育学校，位置在肥城市南部，北临景色优美的范蠡公园，南接泰肥一级公路。肥城市历史悠久，古称肥子国，拥有大汶口文化遗址、齐长城等历史文化遗存，肥城特产桃子远近闻名，肥城亦称为桃都，由此衍生了各种桃文化，这也是如今肥城文化不可或缺的一部分。我校占地20亩，建筑面积2400平方米，现有教职工57人。我校教师掌握丰富的特殊教育经验，在学生的康复之路上尽心竭力，教学充满热情和耐心，脚踏实地深耕特教。

一、开发背景

（一）育人目标

依据教育部"三级课程管理"标准，我校将办学目标定为"学生自信成长，融入社会"，致力于培养"自理、自立、自信、自强"的特殊学生。在国家《培智学校义务教育课程标准》的基础上，教师更要结合学生实际，开发促进学校发展、提升特殊学生生活自理能力的课程。我校的办学特色是个性化、主题化、情境化、体验化，教师教风是精心、细心、耐心、爱心。在这些标准下，我们依据特殊教育学生评估六大领域，分别围绕运动能力、感知能力、认知能力、语言能力、生活自理能力、社会适应能力六个方面开发校本课程，更有针对性地对每个特殊学生进行教学与康复，弥补短板，致力于提高学生的独立生活能力。

（二）课程规划

1. 愿景目标

（1）办学理念

我校的文化核心理念是：仁爱。办学愿景是：管理规范，治学严谨；朝气蓬勃，生动活泼；学生成才，教师发展；家长满意，社会认可；实现幸福教育，共享美好人生。我们不仅对特殊群体要"仁爱"，对我们的特殊学生更要有耐心和恒心。特殊儿童好像蜗牛，总是在慢慢地爬，校本课程的开发更像是给他们提供一阵风，让他们顺风而行。

（2）培养目的

特殊教育的目的和任务是最大限度地满足社会的要求和特殊儿童的教育需要。因此要发展学生的潜能，使他们增长知识、获得技能、完善人格，增强社会适应能力，成为对社会有用的人才。学校的办学目标是学生自信成长，融入社会。在这一总目标的指导下，通过有针对性地开设校本课程，教学内容的安排由表及里，从认知到实践，旨在帮助学生社会化，在现实生活中培养学生基本的生活能力。

（3）提升教师素养

研发校本课程助我校教师专业技能与知识的成长。教师增强对特殊学生的责任心和耐心，与特殊学生的关系更加密切，更有利于走进学生的内心世界，顺利掌握学生的真实需求，掌握每一个特殊学生的特点和个性，脚踏实地进一步完善情境化、个性化教学。

（4）优化校本课程

学校功能设施更加多元化。通过把学校众多康复类、实践类功能室利用起来，在研发校本课程的过程中持续查缺补漏，师生使用专业设备更加得心应手，从而建设良好的教学环境。

2. 方案设计

（1）六大领域课程总体目标

通过智力训练评估将特殊学生分为三类，A类学生得分率不低于80%，

B类学生得分率在50%~80%之间，C类学生得分率小于50%。以智力评估结果为基础，同时兼顾每位学生的身体健康状况和病情，培养学生的各种生活能力。以A类学生为例，增强学生体质，大运动和精细能力得到充分发展，发展感官能力。培养学生的沟通交流语言能力，学生能独立完成教学任务并理解教师指令。培养学生的生活自理能力，增强特殊学生的自信心，学生能了解并学习更多生活上的知识与文化，提高肢体协作能力。结合地方及学校文化和培智学生的身心实际，为学生今后更好地融入社会打下坚实的基础，为社会建设添砖加瓦。

（2）课程目标

课程围绕六大领域开设，以"超市小助手"课程为例，总目标是通过学习和实践，掌握购物知识与技能。通过课程的学习，特殊学生能掌握独立购物的行为。本技能在生活中使用率较高，在课程的设计上应循序渐进，由点到面。从认知能力开始，学生运用在培智学校课程中学到的生活语文、生活数学等学科的知识，通过教师的教和学生的学的过程，做到知行合一。课程实施过程安排在学校"超市"功能室，让特殊学生六大领域能力的提升更加均衡。在后续的校外社会融合活动中（教师带领学生去超市购物），学生的体质、智能以及沟通表达能力、社会适应能力得到发展，特殊学生的人际交往能力和自信心得到提升。

3. 构成体系

运动能力校本课程，通过设计课程，帮助特殊学生发展体能、提高体力、增强体质，提高粗大动作和精细动作能力，促进大脑的康复，提高运动和平衡能力。

感知能力校本课程，通过课程的学习，提高特殊学生的视觉、听觉、味觉、嗅觉、触觉能力，增强感觉器官对刺激的识别感受和分辨能力。

认知能力校本课程，通过课程的学习，提高特殊学生的认知发展水平，促进学生大脑的康复，同时创造智力康复的良好平台，提高学生的注意力和辨别力，包括认知能力中的知觉、记忆、注意、概念、想象、思维、推理、判断、创造和问题解决等方面的发展。这是特殊学生能否正常生活的关键，需要深入研究每个特殊学生的智力水平和性格特点。

语言能力校本课程，通过课程的学习，语言障碍类特殊学生的语言能力得到发展。通过口肌练习，充分锻炼口舌相关肌肉，从而在语言能力上实现突破。个人与外界的联系，最直接的方法就是语言沟通，因此，需要发展语言能力的特殊学生不仅包括无法发声群体，还有自闭症儿童。

生活自理能力校本课程，发展智力落后学生的身心机能，矫正身心缺陷。特殊学生能否成为生活的自立者，还要看他是否具有生活自理能力，而生活自理能力的培养，恰恰是智障儿童教育的重要环节。平时这些特殊儿童的日常生活能力令人担忧，为了培养学生的生活自理能力，给学生将来走出学校步入社会奠定坚定的基础，把陶行知生活教育思想运用于培智教育之中是特殊学校办学的教学理念。

社会适应能力校本课程，提高特殊学生的社会适应能力。特殊学生一般智力水平低下，如果脱离别人的帮助，他们是无法正常生活的。开发的校本课程旨在提高特殊学生的某一行为能力，这就像是在拼图，努力通过一张张碎片来拼凑出学生完整的社会人的形象。能独立完成某一行为，对他们来说就是上了一个台阶。

4. 实施过程

（1）运动领域

我校特殊学生包括较多肢体不协调、运动能力较弱或存在身体缺陷的学生，对于此类情况，我校设有体育功能训练室和康复器材室两个专用功能性教室，为特殊学生的康复提供了条件。通过对各种小工具的针对性训练、大小球类的练习和徒手练习，增强对相应肌肉群的训练，使学生机体得到充分的康复和发展。

（2）感知领域

针对感官系统较弱的学生开发的校本课程，一般和认知能力关系较为密切。在教师设计的小游戏中，充分利用多媒体和教师自制教具资源，通过直观性教学，让学生辨认颜色、味道、气味，并结合触摸不同温度的物体，促进学生感知能力的发展。

（3）认知领域

认知领域的学习在国家颁布的《培智学校义务教育课程标准》中占比较大。在日常学习生活中，生活语文、生活数学等学科对于促进学生认知能力的发展起着重要的作用。我们开发的校本课程多是情境性、主题性、个性化的，同时也是以国家课程为依托所延伸出来的，将语文、数学、思想品德等知识融合在一起，寓教于乐，有利于特殊学生更好地理解并掌握所学内容。

二、课程实施

（一）组织建设

我校按照"仁爱"的办学理念，组建课程开发小组，结合学校实际情况和教师专业水平，进行校本教材开发的研究，制订了开发愿景目标以及整体方案。

由校长、教师、课程专家、家长共同组成课程开发委员会，为校本课程开发提供组织保障和领导保障。其职能是：咨询、把关、审查和提供帮助，在校本课程的实施过程中进行评价、反思以及案例分析，保证校本课程的有效实施。学校名师及专业性较强的教师成立校本课程评分组，对校本教材的开发过程和结果进行审核，并提出指导意见。为了更好地实现校本教材的开发，设立评估小组，对目标特殊学生进行评估，给出分析评估结果，在此基础上进一步开发和完善校本课程。

（二）师资培训

强化教师理论知识的学习，教师要善于总结，思考理论和实践怎样结合，理论知识如何指导教学实践，发挥主观能动性，挖掘自身创造力，将理论知识切实转换为课程开发能力。

（三）实施过程

1. 准备阶段

通过访谈、问卷、观察等形式调查和分析特殊学生的需要。学校对教师进行校本课程与特色学科建设培训，为教师创造参与开发课程的机会，加强校本课程的开发和教学资源的开发，同时了解国家相关政策，增强教师在开发校本课程中关注学生适应性的意识，注重将地方文化特色糅进校本课程中，满足学生的多样化发展需求。组建校本教材开发小组，明确价值取向：以人为本、以校为本、可持续发展。拓展校本教材开发的形式，鼓励教师根据特色资源和现有师资进行新编，或根据已有课程进行调整改编。

2. 实施阶段

学校制订校本课程教学计划，以评估结果为依托，通过调查特殊学生的需要，开展教学活动。学生根据年龄特征和智力水平来选择课程，以小组为单位到相应的功能室或教室进行学习。在组织教学时，突出教学内容的直观性和趣味性；在安排教学内容时，应循序渐进，由易到难，注重特殊学生目标行为的及时反馈和强化，记录好学生在教学过程中和教学结束后的行为变化，做好评价及改进工作。

3. 完善阶段

课程开发委员会要及时跟进校本课程实施进度，定期进行课程实施研讨，挖掘和整合校内外各种优质资源，通过加工整理、再创造使其成为有效的资源，形成能够体现本地特色、适应学校发展、符合学生个性化成长和满足学生多样化发展需要的校本课程。

（四）课程评价

1. 学生的评价

在校本课程教学开始前，对特殊学生进行诊断性评价并记录，这是特殊学生在进行学习前一个初始状态，通过对特殊学生的学习背景、存在的问题进行分析，可以更有针对性地进行教学。在教学过程中进行形成性评价，对特殊学生良好的行为进行积极评价，强化其行为，提高教学效果，同时教师要掌握目前特殊学生行为发展阶段并进行调整或纠正。在课程结束后进行总结性评价，从而能看到教学目标的实现程度，调整和完善下一步的教学计划。总结性评价使用考核的评价形式，重点放在特殊学生能否在实际应用中将学到的内容完整正确地呈现出来。

2. 教师的评价

结合学生的过程性评价和结果性评价，对教师的教学过程进行评价，重点不是看特殊学生的总结性成果，而是要将学生的教学前行为和教学后行为放在一起来评价。每个特殊学生都是不一样的，智力水平也高低不一。有时候特殊学生无法准确表达对授课教师的评价，教师可以对每个特殊学生的变化进行详细的总结。结合教师自评，学校课程开发团体可以对教师进行评价。

"超市小助手"课程纲要

设计者：王晓彤

一、背景分析

我校的文化核心理念是：仁爱。办学愿景是：管理规范，治学严谨；朝气蓬勃，生动活泼；学生成才，教师发展；家长满意，社会认可；实现幸福教育，共享美好人生。办学目标是学生自信成长，融入社会；办学特色是个性化、主题化、情境化、体验化；教风是精心、细心、耐心、爱心；学风是自理、自立、自信、自强。

学校功能室种类繁多，设备齐全，主要有超市、公交车、茶艺、烘焙、银行、消防、洗车等供学生活动使用。超市功能室具备货架、收银台、扫码枪、商品等超市用具，为教师教学提供了良好的环境。义教部培智学生主要有自闭症、孤独症、唐氏综合征、多动症、学习障碍等情况。通过调查和访谈可知，特殊学生对钱币、超市等定义不甚清晰。通过分析学生特点，设置本课程，帮助学生提高生活自理能力，体会劳动的快乐，从而培养学生勤俭节约的优良品质。本课程从实际生活入手，围绕超市展开教学。对于智力障碍等特殊学生来说，学会超市购物，可以为学生今后的自理、自立打下坚实的基础。

本课程分为两个部分，分别是认知和实践。认知注重知识的传授，分为认识超市及其组成结构、消费者、收银员、售货员等；实践则注重动手能力。在功能室进行课程的实践，能帮助培智学生学会认识各种与超市有关的事物，提高学生的购物能力，同时了解日常用品及衣食住行的基础物价，提高对财富的认知能力，增强自我防护意识。

二、课程目标

第一单元：了解超市的结构，认识钱币，掌握购物程序。学生基本了解超市购物流程，了解并认识人民币，能说出日常生活用品的正常价格范围，了解在什么情况下需要什么物品，以及购物注意事项。教师通过多媒体课件等，引导学生讨论在购物中存在的不文明行为，帮助学生指出超市中的各种不文明行为，养成良好的行为习惯。

第二单元：知道超市的人员组成，收银员、售货员的工作。能完成简单的找零钱的任务，会根据自己的需要购物，掌握基础的物品分类。分组进行角色扮演，体会各角色（消费者、收银员、售货员）的特点，培养热爱劳动的品质，知道工作的辛苦，体会一分耕耘一分收获的快乐。

第三单元：学习简单的超市购物情景，创设不同的情景供学生实践，提高沟通交流能力。鼓励学生大胆完成角色扮演任务，主动与同学沟通交流，处理好在实践中出现的问题。引导学生体会劳动的意义。通过和家人一起去购物，在日常生活中培养学生勤俭节约的好习惯。

三、课程实施

1. 课程实施

（1）实施年级：培智四年级。

（2）上课地点：校内的模拟超市功能室，校外的肥城市新合作购物广场。

（3）通过对特殊学生的评估结果和对学生的需求性调查进行分组教学。有学习能力的学生应收尽收。

（4）实施时间：每周二、周四的第六、七节课进行校本课程的教学。

2. 实施要求

本课从认识购物必备的货币开始，认识钱、超市的结构，对以后的生活有很大的帮助，同时认识商品。教师可以拓展物品分类，促进学生的动手能力和思维的发展，帮助学生养成在日常生活中分类摆放保存的好习惯。然后对超市中不同职责的人物进行学习，进一步了解超市是如何运作的，了解部分职业结构。教师也可启发学生联系自己想从事的职业，增长阅历，让学生更好地走出学校，走向社会。最后把知识落实到实践中，在不需要教师帮助的情况下，学生分组角色扮演，完成购物体验。

四、评价设计

（一）评价标准

以学生自评、互评，结合教师、家长评价的方式进行评价，认知方面采用小测试的方法，实践方面采用课堂表现和家长评价的方法。

1.诊断性评价

针对我校分班形式，在校本课程开始之前，对每个班的学生进行课前评估和评价，并结合教师、家长多方评价，对学生进行摸底调查。根据学生评估结果和智力水平，分为A、B、C三类程度，分别设计针对性的个案开展教学活动。

2.过程性评价

（1）课时评价：通过教学过程中学生的实际表现，学生能否跟随教师的引导完成教学任务，学生是否达到每节课教师所设计的个案目标进行评价。此项成绩占比20%。

（2）单元评价：在完成某一单元学习后，对本单元进行总结，同时教师组织学生进行自评、互评，从认知、技能、沟通与交流三个方面设计评价标准。学生上台进行展示，教师以考核记录学生是否完成阶段性目标的方式进行评价。此项成绩占比20%。

3.总结性评价

完善学生IEP档案内容，以六大领域为基础，在本课程期末时进行一次评估，评估学生对于教学目标的完成程度、已掌握的技能，教师针对教材内容设计考核内容和实践记录表。本课程融合生活数学、生活语文、生活适应课程，将数学、语文等内容以考试的形式进行评价，此项成绩占比20%。生活适应部分以考核的形式进行评价，结合家校共育，和家长沟通，通过实践记录表了解学生在生活实践中的表现、任务完成情况、是否运用学过的知识，力求将教学成果量化、可视化。此项成绩占比40%。

（二）以过程性单元评价表为例

过程性单元评价表

姓名：＿＿＿＿ 班级：＿＿＿＿ 课程单元：＿＿＿＿ 日期：＿＿＿＿ 备注：＿＿＿＿

项目	评价量规		学生自评	学生互评	教师评价
超市结构	知道超市是什么		☐☐☐	☐☐☐	☐☐☐
	能自己说出超市都有什么		☐☐☐	☐☐☐	☐☐☐
	知道超市都有什么商品		☐☐☐	☐☐☐	☐☐☐
认识钱	纸币	说出几种钱币的面值	☐☐☐	☐☐☐	☐☐☐
		知道纸币的面值，了解纸币的外观	☐☐☐	☐☐☐	☐☐☐
		能说出不同面值的纸币能买到什么商品	☐☐☐	☐☐☐	☐☐☐
	硬币	知道硬币的面值，了解硬币的外观	☐☐☐	☐☐☐	☐☐☐
		能说出硬币和纸币对比有什么共同点和不同点	☐☐☐	☐☐☐	☐☐☐
	根据教师的要求选出相应的钱币		☐☐☐	☐☐☐	☐☐☐
	能做简单的钱币运算		☐☐☐	☐☐☐	☐☐☐
认识商品	知道不同日常商品的用途		☐☐☐	☐☐☐	☐☐☐
	了解商品的分类，能做简单分类		☐☐☐	☐☐☐	☐☐☐
	了解指定的一件商品的价值区间		☐☐☐	☐☐☐	☐☐☐

五、教学活动实施

"超市小助手"课程活动实施要求

周次	单元	教学内容	课时	实施要求
1—5	第一单元 认识超市	1. 超市结构 2. 认识钱 3. 认识商品	5	1. 问题情境导入,学生通过思维发散后回答问题,教师梳理,帮助学生了解超市的定义与结构。 2. 认识钱,通过多媒体和纸币、硬币实物向学生展示,并讲解钱的面额及外观。在课堂问答中,学生能正确认识钱币。 3. 认识商品,通过思考与观察,学生认识各种常用商品并且能够进行简单的商品归类。
6—12	第二单元 学会购物	1. 购物流程 2. 特定情境购物 3. 学习文明购物 4. 超市实践	8	1. 购物流程,通过情境模拟,学生能知道进超市要寄存包及其原因,能知道使用购物车或篮子、挑选商品、结账等步骤。 2. 特定情境购物,利用不同情境,例如做饭或洗漱、不同季节选择合适的商品,学生能学会根据自己的需要来挑选商品。 3. 结合超市不文明行为学习规范,通过观察及问答,学生知道哪些购物行为是不文明的,并能说出正确做法、不文明行为会对自身及他人造成什么损害。 4. 超市场景实践,通过在功能室实践,学生能把学到的认识钱与商品、超市购物流程等知识运用到实践中去。

续表

周次	单元	教学内容	课时	实施要求
13—18	第三单元 我做超市 小帮手	1. 你了解收银员吗 2. 收银员模拟 3. 你了解售货员吗 4. 售货员模拟	6	1. 你了解收银员吗？通过观看相关视频以及思考，知道收银员的工作方式，了解收银工具收银机、扫码枪。通过实践，帮助学生学会如何收纳钱。 2. 收银员模拟，通过情境创设，学生能做简单的人民币找零，知道如何和消费者进行沟通，能解决一些常见问题。 3. 你了解售货员吗？通过观看相关视频以及思考，知道在不同的商品分区，售货员是如何工作的，了解电子秤、商品分类。 4. 售货员模拟，通过情境创设，学生能简单包装部分商品，并能引导消费者去特定商品分区，培养沟通能力。 5. 收银售货小妙招，通过与家长交流探讨，学生能在课堂上提出在扮演收银和售货的角色时会运用到的小妙招，例如收银台怎么摆放比较方便，如何向消费者介绍一款产品等。

"认识商品"课时教学方案

设计者：王晓彤

一、课时目标

（1）通过讲解课本内容和教师设计的视频图片，了解商品的定义，知道超市中商品的常规价格和名称，熟悉商品的功能，提高认知能力和语言能力。

（2）通过教师举例，能根据商品的特点来分类归纳，培养学生根据自己的需要来挑选商品的能力。

（3）通过教师总结引导和游戏设计，激发学习兴趣和参与课堂的积极性，引导学生体会劳动的快乐，培养归纳整理的好习惯及自理能力。

二、评价任务

（1）选出超市中常见的商品，说出商品的名字，学生将价格和商品一一对应，知道自己选择的商品对自己有何帮助，并说出它的功能。

（2）根据商品的属性和功能，能将商品分类，发现并列举拓展分类中的其他商品，完成整理摆放商品的任务。

三、学与教活动设计

（一）课前活动

师生问好，开始上课，进行手指操活动。

（二）进入探究

（1）问题导入："有没有同学最近跟着爸爸妈妈去过超市呢？"学生回答问题。

（2）教师询问："去超市的同学们在超市里购买东西，为什么要做准备呢？"学生回答问题，讲述自己和爸爸妈妈在超市里购物的故事。教师板书：学会认识商品。

（三）深入探索：商品是什么

（1）播放超市里不同商品的录像视频，看完后，教师将视频中的商品摆出来，再次提出问题："同学们，我们现在看到的都是超市的商品，那么谁能给老师讲述一下，什么是商品呢？"学生举手回答问题。

（2）教师评价学生回答，并总结简化商品定义："在超市中，我们选了需要的东西，然后付钱才能拿走的，就是商品。"

（3）教师播放幻灯片，让学生选出哪些是超市中常见的商品。学生根据自己的现有认知水平来回答哪些在超市中见过，哪些和爸爸妈妈一起购买过。

（4）教师分别列举四类商品：水果、工具、蔬菜、洗漱用品，并详细讲述这四类商品中包含的商品都有哪些。

（四）教学实践：了解商品的分类

（1）教师出示四种商品：苹果、杯子、黄瓜、洗发水，随后呈现四个篮子，上面贴着水果、工具、蔬菜、洗漱用品的贴纸。学生先回答每一件商品应该放在哪个篮子里，再上台将商品和篮子一一对应放好。

（2）教师使用多媒体讲解超市里有哪些商品分区，以及各商品分区的功能。

（3）请学生思考并列出几个自己所知道的商品分区中的商品，例如：洗漱分区有洗发水、沐浴乳、牙膏等。

（4）分组游戏，教师讲解游戏规则：每个组收集不同种类的商品，如A组是蔬菜，B组是水果等，看哪个组收集得又快又准确。教师对所有积极参与的学生给予鼓励与表扬。

（五）实践运用：了解商品价格

（1）运用上节课学的认识钱的知识，教师举例讲解商品的市场价格，如牙刷一个5元，洗发水一瓶15元，铅笔一支5角，鸡蛋一斤5元，水杯一个10

元等等。

（2）小游戏"我来定价格"，教师讲解游戏规则，并准备几款常用的商品，学生根据自己所学的知识来选择把一些商品放在贴着价格区间的篮子里。教师进行检查并讲解。

（3）当学生把商品放在不对应的篮子中时，教师要认真倾听学生的解释。当学生把杯子放入玩具商品篮子中时，教师可以因地制宜，引导学生积极讨论：杯子是不是玩具呢？然后进行知识拓展并纠正错误：玩具套餐中有杯子的时候，这个选择是正确的；如果是喝水的杯子，则不能把杯子当作玩具。

（六）课堂小结

（1）教师引导学生回忆本节课学习内容，请学生们分别思考以下三个问题：本节课学到了什么知识？学会了什么技能？在实际生活中自己可以怎样做？

（2）教师总结本节课学习内容：学习了商品，认识商品；了解商品的功能，知道能用商品来做什么；根据商品的外观和功能，大概能知道日常使用的商品的价值。

（七）作业布置

（1）动动小手：思考回想并写一写今天我们学到了什么水果与蔬菜，并尝试画一下简笔画。

（2）我会收拾房间：做一些整理的实践。把自己家（如书桌、茶几、卧室等）收拾干净。

（3）我家的商品：和爸爸妈妈讨论家中哪些物品是在超市中购得的，并说一说购买价格。

4

福禄文化——匠心传承

案例点评

　　乡村学校有独特、丰富的课程资源。葫芦课程选材于学生身边的生活，学生通过课程认识了解葫芦的生长采摘过程，参与体验葫芦的种植和收获，并尝试在葫芦上进行创意加工。掐丝珐琅技艺课让学生在习得掐丝珐琅技法的同时，感受到传统文化的魅力，培养了审美能力。小小的葫芦牵动起一个课程体系，给乡村学校因地制宜开发适合学生的课程，提供了很好的范例。值得注意的是，校本课程的开发需格外关注与国家课程尤其是学科课程的内在关联，本课程基本形成了以学科知识为基础、以传统文化为拓展、以实践操作为探究的系列课程体系，未来如能充分展现校本课程与学科课程在知识、方法、价值等方面的融会贯通，则会更好。

壹

滨州高新区第二小学校本课程规划方案

设计者：姜志远　刘　玮　赵新明　国汝丹　张　堃

一、学校背景分析

滨州高新区第二小学是一所寄宿制学校，成立于2014年8月，有教学班30个，在校生1215名，为山东省文明校园。为了满足我校学生全面而有个性发展的需求，进一步促进教师专业化发展，推进学校课程建设，凸显我校"化育生命、启迪智慧"的办学理念，学校制订并实施《滨州高新区第二小学学校课程整体规划实施方案》，着力培养具有人文精神、创新能力、审美品位和综合素养的现代公民。

（一）学生需求

课程的开发要为学生的终生发展、全面发展服务。

（1）满足学生发展的需要。学生是不断发展的个体。在尊重教育规律，尊重学生个体差异和身心发展规律的基础上，引导和激发学生的内在教育需求，创设宽松和谐的教育氛围，引导学生增强主体意识，发展自主学习能力，学会自我教育、自我管理、自我完善，成为教育活动的主体和自身发展的主人，使个体的需求得到满足，潜力得到发展。

（2）培养学生的创新精神和实践能力。义务教育阶段的学生正处于身体和心理成长期，对万事万物充满好奇。然而，传统的教育教学模式缺乏"想象力和创造力"的教育氛围和激情，致使学生眼界思维被禁锢，听不到书本以外的声音，看不到沉重作业以外的广阔世界，更难以感受到独立思考的乐趣和动手实践的情感体验。学校课程体系的建设，基于学生的生活实践和情感体验，涵盖智育、体育、美育、劳动、生活、情感等多方面，课程既是一种生活实践，也是师生共同生长的载体。

（3）注重生活实践与体验。为培养学生的社会适应能力，课程内容主题与学生的社会生活密切联系，强调学生在动手操作和劳动实践中的亲身经历和感受。鼓励学生参与各项社会实践活动，将校内习得的技能应用于生活中，培养社会生活技能。

（二）国家需要

校本课程是相对于国家课程、地方课程而提出的，是对国家课程的拓展延伸，满足学生多样化发展的需求。我校结合自身实际和校本课程的实施，利用地域优势，构建"启智"育人课程体系。

（三）社区资源的有效整合

作为乡镇学校，我校周边分布着田野、树林、龙江湿地公园、黄河滩涂等，都为学生学习实践提供了丰富的自然资源。充分利用社区资源，重视培养学生的创新精神和实践能力，结合具体教学内容的学习，发动学生走出教室，走进自然，走向社会，进行调查研究、社会实践等活动。此外，请有关专家来校讲演、座谈，邀请学生家长进校指导，极大丰富了课程资源。

（四）课程资源条件

我校成立了学校课程开发与实施小组，由校长领导，核心成员包括分管校长和各学科教研组长，经验丰富，具备较强的教科研能力。聘请滨州学院常华锋教授作为课程开发与实施指导专家，为课程的研发与实施提供学术性的指导。建立生态种植园，为劳动实践提供肥沃的土地。聘请专职公寓管理人员和食堂管理人员，为课程实施提供专业的指导和有序的管理。成立艺术类工作室，为学生选修课程开辟了阵地，搭建交流展示的平台。

二、课程目标

（一）培养目标

培养活泼灵动、自信乐观的文明少年。

（1）活泼灵动：在生命教育理念的指引下，保持孩子特有的童真童趣、活泼开朗的性格，激发他们灵动如水的智慧，致力于让每个学生享受快乐童年。

（2）自信乐观：生命教育旨在实现生命价值。小学时期是人生的起步阶段，学校重点引导孩子们形成正确的世界观、人生观、价值观，树立自信乐观的心态，为他们的生命打上阳光的底色。

（3）文明少年：小学阶段是人格养成的重要时期，学校引导学生继承优秀传统美德，树立正确的世界观、人生观、价值观，教他们学做人，做真人，成为文明有礼的正气少年。

（二）课程目标

（1）培养自主学习能力，养成乐学善学、勤于反思的良好习惯。引导学生学会学习，逐渐具备自我管理的能力，认识和发现自我价值，发掘自身潜力，有效应对复杂多变的环境，从而发展成为有明确人生方向、有生活品质的人。

（2）能善于发现和提出问题，有解决问题的能力；能依据特定情境和具体条件，选择制订合理的解决方案；具有在复杂环境中采取合理行动的能力。能处理好自我与社会的关系，熟悉现代公民所必须遵守和履行的道德准则和行为规范，增强社会责任感，发展创新精神和实践能力，促进个人价值实现，为发展成为有理想信念、敢于担当的人奠定基础。

（3）以青田人文历史为载体，引导学生生发出爱家乡、爱祖国的情感。具有国家意识，进而了解国情历史，认同国民身份，能自觉捍卫国家主权、尊严和利益；具有文化自信，尊重中华民族的优秀文明成果，能传播弘扬中华优秀传统文化和社会主义先进文化。

（4）以多种社团活动、德育课程为载体，关注每一个生命的成长与发展，引导学生发掘自己的特长，张扬个性，实现自己的梦想和生命价值，为幸福人生奠基。帮助学生健康成长，尊重、理解、包容每颗心灵，让学生感受到被欣赏的快乐，更好地发挥特长。

三、课程设置原则

（一）注重发展校本课程

充分利用社会资源，开发校本课程，满足学生多元发展的需求。因地制宜、因校而异，结合地方特色、学校办学特色和文化特色，充分考虑学生的成长历程和个性化发展需求，集思广益，为学生发展提供个性化、多样化的学校课程。

（二）注重生本性原则

深入开展科学有效的学生评价研究，注重学生学习兴趣、学习方法、学习能力等方面的评价，完善课程评价制度，推动课程建设稳步发展。尊重学生身心发展特点和成长规律，既有利于促进学生构建完整的知识体系，又有利于促进学生兴趣特长的发展和个性潜能的发挥。

（三）注重生成性原则

本着"在创新中求发展""在实践中创特色"的精神，分阶段确定课程建设目标，充分思考不同课程之间、同一课程不同模块之间、同一模块不同内容之间的整合问题，在实践中逐步建构符合学校实际的课程体系。

四、课程内容

我校坚持"化育生命、启迪智慧"的办学理念，积极构建"启智"育人课程体系。其中，校本课程分为研究型课程（必修）和拓展型课程（选修）两大类。对于研究型校本课程，主要开发了修身立德课程、传统文化课程、乡土文化课程等系列课程。对于拓展型校本课程，着重开发了启美课程、启艺课程、启身课程、启言课程、启智课程等系列课程。以传统文化课程为例，我们重点打造了"福禄文化——匠心传承"特色校本课程，其地位与价值主要体现在：将原本只关注学生技艺的学习转变为传统文化研究与技艺研习相结合的内容，丰富了校本课程内容，有利于调动学生的学习兴趣，促进对传统文化技艺更深层次的学习。提出主题式整合课程理念，将多门学科知识进行整合，注重体验式的教学方法，学生在"学、劳、创、悟"中了解中

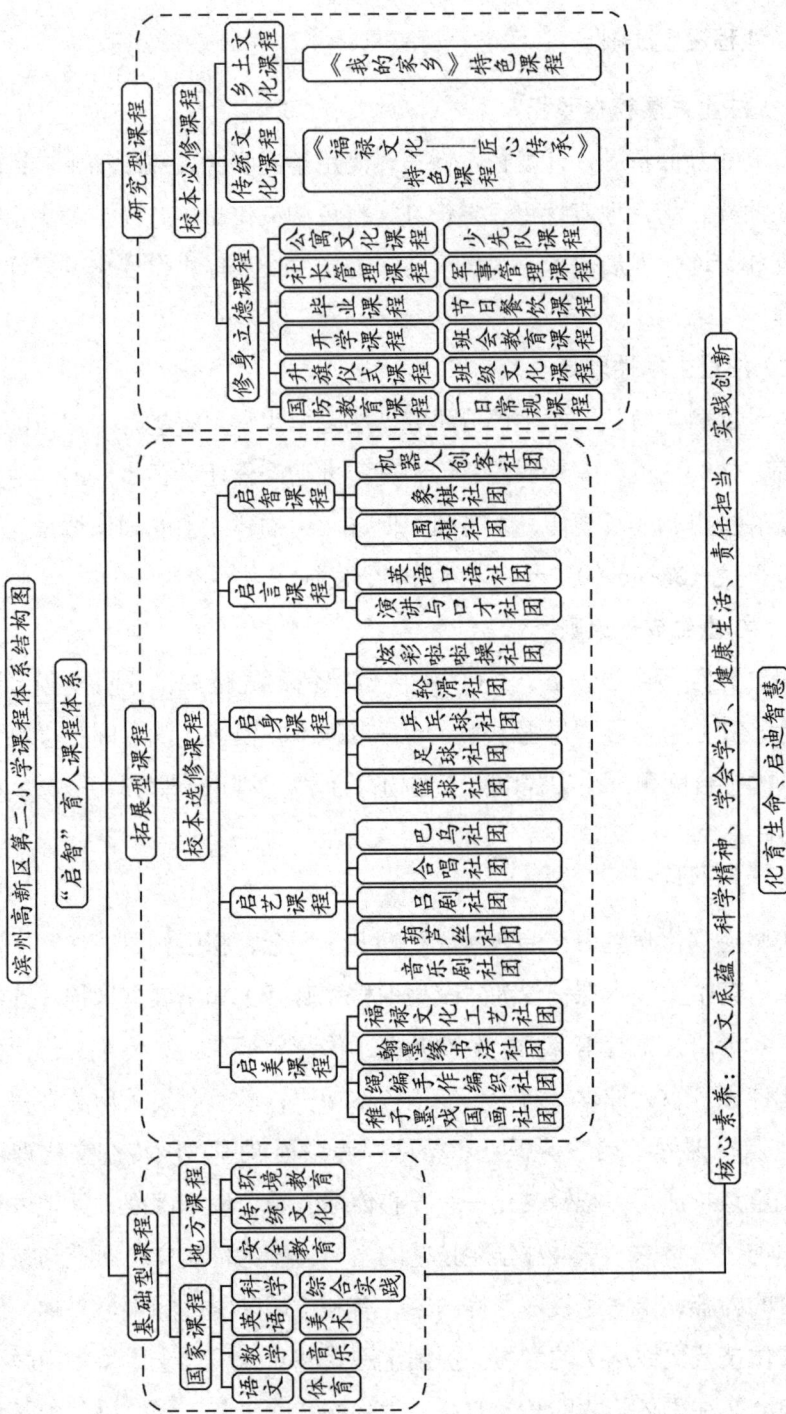

滨州高新区第二小学课程体系结构图

滨州高新区第二小学课程体系 "启智"育人课程体系

研究型课程
- 校本必修课程
  - 乡土文化课程 → 《我的家乡》特色课程
  - 传统文化课程 → 《福禄文化——匠心传承》特色课程
- 修身立德课程
  - 公寓文化课程
  - 社长管理课程
  - 毕业课程
  - 少先队课程
  - 军事管理课程
  - 节日餐饮课程
  - 升旗仪式课程
  - 开学课程
  - 班会文化课程
  - 班级文化课程
  - 国防教育课程
  - 一日常规课程

拓展型课程
- 校本选修课程
  - 启智课程
    - 机器人创客社团
    - 象棋社团
    - 围棋社团
  - 启言课程
    - 英语口语社团
    - 演讲与口才社团
  - 启身课程
    - 炫彩啦啦操社团
    - 轮滑社团
    - 乒乓球社团
    - 足球社团
    - 篮球社团
  - 启艺课程
    - 巴乌社团
    - 合唱剧社团
    - 吕剧社团
    - 葫芦丝社团
    - 音乐剧社团
  - 启美课程
    - 福禄文化工艺社团
    - 翰墨缘书法社团
    - 绳编手作社团
    - 编织社团
    - 子墨戏国画社团
    - 稚画国画社团

基础型课程
- 环境教育课程
- 地方课程
  - 传统文化
  - 安全教育
  - 综合实践
  - 科学
  - 英语
  - 美术
- 国家课程
  - 语文
  - 数学
  - 音乐
  - 体育

核心素养：人文底蕴、科学精神、学会学习、健康生活、责任担当、实践创新

化育生命、启迪智慧

滨州高新区第二小学课程体系结构图

华优秀传统文化，体验劳动的价值，体会传统工艺创作的乐趣，感悟博大精深的中华文化。课程依据葫芦的生长过程，分为种植、管理、采收、加工、创作五大阶段。学生在种植管理过程中，亲身参与劳动教育，体会耕种的辛劳，培养劳动意识；从采收到创作，运用传统葫芦技艺加工创作，感受传统手工艺的魅力；了解传统文化，在研习中感悟中华文明，弘扬中华优秀传统文化。后期义卖活动筹集的善款用于帮助困难学生，将感恩回馈社会，将中华优良品德内化于心。

五、课程实施

第一，成立校本课程开发小组，组织教研力量从课程目标、结构、内容、实施、评价等方面制订《校本课程开发和建设工作方案》《综合实践活动课程指南》《拓展型课程指南》，确立与各学科相适应的拓展课程目标、内容，研制符合现代教育发展要求、具有我校特色的校本教材以及综合实践活动课程。

第二，完善校本课程教研制度，组织课程理论和实践的专题培训，加快教师自我发展建设，实施教师专业化发展工程，使学校成为师生共同成长发展的学习型组织。

第三，建立鼓励教师积极参与学校课程研发的激励机制，开发教师的潜能和创造性，使每一个学科教师都有符合课程需要的研究课题。

六、课程评价

课程评价是实现课程目标的关键环节。学校根据"以人为本，持续发展"的理念对学生的学业进行评价。课程评价在课程实施过程中发挥着教育导向和质量监控的作用。课程评价应根据小学教育的性质和任务，重视学生个性健康发展和人格完善，必须以尊重学生为基本前提，符合客观公正原则、全面性原则、激励性原则。

贰 "福禄文化——匠心传承"课程纲要

设计者：姜志远 刘 玮 赵新明 国汝丹 张 堃

一、课程介绍

自2018年开始，我校依托种植园开展劳动教育，并以此为基础研发"福禄文化——匠心传承"特色校本课程。该课程旨在构建中华优秀传统文化技艺育人课程体系。用"福禄"元素整合语文、数学、劳动教育、美术、综合实践学科知识，以"种植管理""艺术加工""产品延伸""福禄文化"为主题开展系列学习活动，引导学生理解"福禄文化"内涵，体验劳动过程，涵养艺术素养，形成正确的价值观，培养具有人文精神、创新能力、审美品位和综合素养的现代公民，让承载民族优秀文化的课程方案变成国家课程的深入延续。

二、背景分析

中国传统工艺美术历史悠久，文化底蕴深厚，影响深远。但在信息化飞速发展的当下，学生对这些承载着中华优秀传统文化的技艺知之甚少，长此以往，它们所代表的传统美学理念和审美态度，将会湮没在浩瀚的历史中。学生需要追寻影响他们审美判断的起源，了解工艺背后蕴含的传统文化、民族精神，从而激发学生内心深处对传统工艺学习的渴望和强烈的民族自豪感。依托我校地域优势，充分利用周边社区资源，以课程整合理念为基础，研发校本课程，有利于激发学生内心深处对传统工艺学习的渴望和强烈的民族自豪感，培养具有人文精神、创新能力、审美品位和综合素养的现代公民。

三、课程结构与机构设置

在学科课程基础上，以葫芦"种植管理""艺术加工""产品延伸""福禄文化"为主线，分内容、分阶段融入相关学科知识，形成以学科知识为基础、以传统文化为拓展、以实践操作为探究的系列课程。

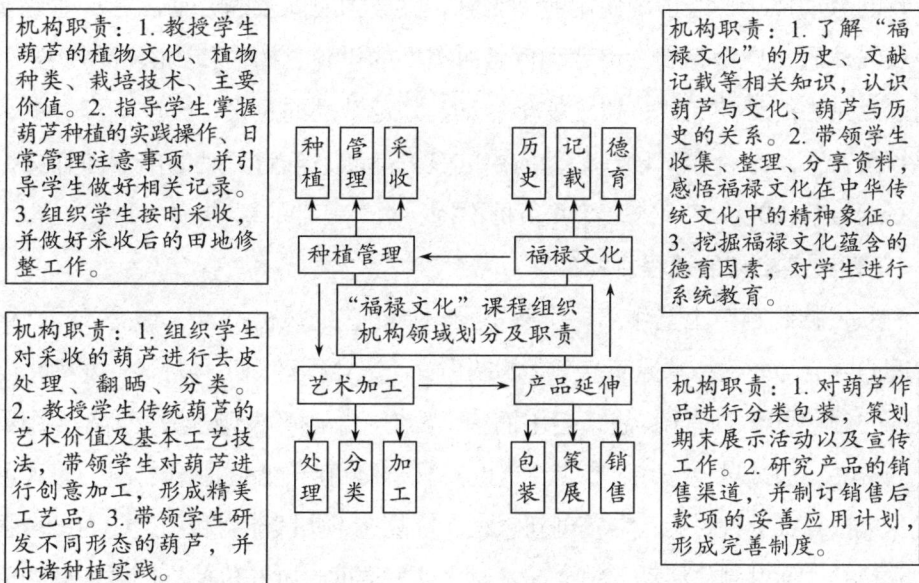

机构职责：1.教授学生葫芦的植物文化、植物种类、栽培技术、主要价值。2.指导学生掌握葫芦种植的实践操作、日常管理注意事项，并引导学生做好相关记录。3.组织学生按时采收，并做好采收后的田地修整工作。

机构职责：1.了解"福禄文化"的历史、文献记载等相关知识，认识葫芦与文化、葫芦与历史的关系。2.带领学生收集、整理、分享资料，感悟福禄文化在中华传统文化中的精神象征。3.挖掘福禄文化蕴含的德育因素，对学生进行系统教育。

机构职责：1.组织学生对采收的葫芦进行去皮处理、翻晒、分类。2.教授学生传统葫芦的艺术价值及基本工艺技法，带领学生对葫芦进行创意加工，形成精美工艺品。3.带领学生研发不同形态的葫芦，并付诸种植实践。

机构职责：1.对葫芦作品进行分类包装，策划期末展示活动以及宣传工作。2.研究产品的销售渠道，并制订销售后款项的妥善应用计划，形成完善制度。

"福禄文化"课程组织结构图

四、课程目标

（一）语文拓展课程目标

学习葫芦的神话传说、民间故事、诗文谚语等内容，理解葫芦在中华传统文化中的象征寓意。通过多样化的学习活动，学生能够流利表述自己对葫芦文化的理解，提出自己的独特见解；在收集整理、对比分析、交流分享中，理解多元文化内涵，增强对传统文化的热爱，培养民族自豪感和责任感；感受中华优秀传统文化的魅力，树立正确的文化观，尊重多元文化。

（二）数学拓展课程目标

理解并掌握土地测量、植株行距与间距、药物浓度计算等学科知识，能够根据实际问题正确测量计算；通过实地观察、自主探究、合作交流等活动，理解距离、浓度等数学概念，学会科学测量和配比；在操作中，积累数学知识和技能，提高发现问题、分析问题、解决问题的能力；体验数学与生活的联系，增强学习数学的兴趣。

（三）劳动教育拓展课程目标

学习葫芦种植管理的知识，认识常规劳动工具，掌握葫芦种植、管理、采收的劳动技能，能正确使用劳动工具，完成力所能及的劳动任务；在劳动中增强体质，具备完成一定劳动任务所需要的设计、操作和团队合作能力；通过经常性的劳动实践，树立安全劳动、规范劳动的意识，养成认真负责、吃苦耐劳、团结合作、珍惜劳动成果的良好品质；理解劳动的内涵与意义，发扬勤俭节约的优良传统，培养百折不挠、艰苦奋斗的精神。

（四）美术拓展课程目标

欣赏传统葫芦工艺作品，了解不同葫芦工艺的风格特点，感受多元文化之间的内涵与联系；掌握葫芦工艺的制作方法，合理运用工具材料，发挥物以致用的创意思维，提出构思，运用掐丝、雕刻、烙画等表现方法，创作实用美观的作品；通过自主探究、小组合作的方式，对葫芦作品的制作材料、表现形式、风格样式进行讨论，培养创新意识，提高艺术实践能力和创造能力，增强团队精神；通过制作活动，领会艺术对文化发展的贡献和价值，形成正确的历史观、国家观、文化观，尊重文化多样性，增强民族自豪感和自信心。

（五）综合实践拓展课程目标

通过产品包装、策划、展览等活动，培养学生"设计为实用"的意识，增强合作意识和大局观念；通过参与义卖活动，培养人际交往能力和勇于担当的意识，并对自己的任务负责；经历社会实践，锻炼社会生存技能，形成发现问题、解决问题的能力；体验劳动的价值，感悟成功的喜悦。

五、学习主题/活动安排

根据葫芦的自然生长周期，将课程各学科教学任务，按学期分配。

（一）上学期：葫芦的种植管理时期

劳动教育学科：根据葫芦的种植管理阶段，安排3～5学时，完成"葫芦成长史""悉心呵护""金色的季节"三个单元教学内容，了解葫芦的植物学史，对种植过程进行实地操作，同时记录活动过程。

数学学科：在进行"葫芦成长史"阶段实践之前，安排1～2学时，由数学教师带领学生学习葫芦田间种植的植株数量及间距的计算，填写学习任务单，以便学生更好地进行实地操作。

语文学科：完成"福·禄""福禄文化"的学习探究，安排2学时，引导学生对活动的不同阶段及时进行书面总结，可与作文课相结合实施。形式灵活多样，学生能表述对葫芦的认识、对活动过程的感受、对书籍阅读的感悟。

美术学科：安排2学时，结合劳动教育学科开设劳动基地实践教育课程，利用采收后的葫芦，组织"华丽蜕变"阶段活动的实施。各学段根据学生的年龄特点，选择合适的活动。

（二）下学期：葫芦艺术加工、产品延伸时期

美术学科：本学期美术教学的任务，一是对处理好的葫芦进行艺术加工，可将学生分为"原艺社""工艺社"两部分，安排4～6学时。"原艺社"负责对造型奇特或自然形成特殊肌理的葫芦刷胶保存，添加少许配饰，即成作品。"工艺社"负责在葫芦上作画，内容有线描、水墨、掐丝珐琅、黑陶葫芦、烙画、雕刻等不同艺术门类。二是对成品进行包装，协助举办课程相关系列展览。

综合实践学科：安排2～3学时，根据不同层次的展览的要求，制订完善的作品展示方案，组织学生展示宣传。完善产品销售制度，合理组织、培训学生参与销售活动，让学生体验社会生活的基本技能。

六、评价活动与成绩评定

课程的评价，采用阶段性评价和综合性评价相结合的方式。每个评价阶段包含学生自评和教师评价两项。

（一）阶段性评价

即单元课程学习结束后的评价。以学生在本单元课时学习中的自主性、实践性、表现性和创造性为评价方向，采用星级评价量表，评价形式为随堂评价、任务单评价。

"福禄文化——匠心传承"特色课程单元评价标准（部分）

单元主题	学段课程	评价内容		
	高年级	评价要点	具体表现	核心素养
福·禄	美自天成	了解葫芦的起源、不同形态葫芦的外形特点，以及葫芦种植、制作工艺方式。	1. 简述葫芦的起源。 2. 认识至少两种不同种植方式形成的葫芦品种。 3. 认识至少两种葫芦工艺名称及制作技艺。 4. 简述自己喜欢的葫芦艺术作品。	文化理解 语言运用 审美感知

（二）综合性评价

即学年末对学生学习成果的评定，主要采用四个维度的评价：学习活动、实践操作、创意表达、成果展示。采用等级评价，评价形式为以口述、操作、制作等方式开展的"福禄节"系列活动。

"福禄文化——匠心传承"特色课程学年评价标准

评价维度	评价标准	评价等级
学习活动	1. 积极参与学习活动，兴趣浓厚。	
	2. 善于思考，能独立完成学习任务。	
	3. 乐于分享，语言表达流畅完整。	
实践操作	1. 组内团结合作，听从组长安排，认真完成任务。	
	2. 正确安全使用工具，完成实践操作。	A. 完成度高
	3. 具有探究精神，能够发现问题、提出解决方案，并解决问题，反思总结。	B. 较好完成任务 C. 效果有待提升
创意表达	1. 将自己的创作想法绘制成设计图，构图饱满，图案纹饰种类丰富连贯。	D. 未能完成任务
	2. 正确安全使用工具材料，依据设计图，按照制作步骤完成葫芦作品。	
	3. 大胆发挥创意，综合使用材料和手段，表达情感，体验创作的乐趣。	
	4. 使用一定的专业术语，语言流畅地阐述自己的作品，分享创作心得。	

评价维度	评价标准	评价等级
成果展示	1. 根据展览要求，设计展区，完成布展任务。	A. 完成度高
	2. 团结协作，完成展示环节各项工作。	B. 较好完成任务
	3. 对外活动准备充分，做到事前规划、事中参与、事后总结，取得较好的活动效果。	C. 效果有待提升 D. 未能完成任务

  总之，"福禄文化——匠心传承"特色课程的评价建立在科学、完善的学校管理机制上，对教学过程中出现的现象或结果进行评价，目的在于了解学生的进步和单元化教学的缺失，及时对单元目标、内容、方法进行调整，助力课程继续前行。

叁 "匠心延续——掐丝珐琅葫芦"课时教学方案

设计者：刘 玮 国汝丹

一、教学目标

通过了解国家非物质文化遗产景泰蓝，激发学生对传统工艺的兴趣。学生通过图例、视频、示范等方式掌握掐丝珐琅工艺制作，创作葫芦作品，提高动手能力。学生通过实践学习，参与传统工艺的传承与发展，提高动手实践能力和创新能力，形成热爱祖国、热爱传统文化的美好情感。

二、学情分析

高年级学段的孩子已经具备一定的审美能力和想象创作能力，对美有自己独特的感受和表达。通过问卷、访谈等形式了解到，学生对传统的工艺美术有着浓郁的兴趣和好奇心，仅靠美术教材中的少量知识点，无法满足学生的需求。因此，我们将传统掐丝珐琅工艺引入葫芦制作教学中，学生通过观察、演示、练习等方法，掌握掐丝珐琅工艺知识和技法，并对传统技艺有更深层次的理解，将自己的审美想象融入作品创作中，进而产生情感上的共鸣。

三、教学过程

（一）实物欣赏·识葫芦

主题导入：学生参观学校葫芦展馆，引导学生观察形态各异的葫芦。通过展板介绍，结合课前学生自主收集的资料，认识葫芦的吉祥寓意——葫芦谐音"护禄""福禄"，本身形态各异，造型优美，无须雕琢就给人以喜气祥和的美感，寓意圆满，象征幸福；了解葫芦的基本类型：葫芦分为三类，即烙画葫芦、雕刻葫芦、彩绘葫芦。出示本节课的教学任务：掐丝珐琅葫芦工艺的研习与制作。

（二）初识赏析·辨工艺

任务一：观看视频，了解掐丝珐琅工艺

播放掐丝珐琅花卉梅瓶和掐丝珐琅缠枝莲纹龙耳瓶介绍视频，学生通过视频介绍，结合课前收集的相关资料，简述对掐丝珐琅工艺的初步认识。

教师总结：掐丝珐琅正名铜胎掐丝珐琅，继元代由阿拉伯国家传入，明朝景泰年间进入鼎盛时期，其制作技艺比较成熟，使用的珐琅又多以蓝色为主，故而得名景泰蓝。

问题1：通过刚才的视频内容，分析掐丝珐琅制作工艺。

学生总结：掐丝珐琅制作工艺分为掐丝、点蓝、烧蓝、磨光、镀金。

问题2：分析并讨论制作工艺的特点。

学生总结器物的造型以及纹饰图案。

教师总结制作工艺特点：形——良好的造型，取决于制胎；纹——优美的装饰花纹，产生于掐丝；色——华丽的色彩，决定于蓝料的配置；光——辉煌的光泽，完成于打磨和镀金。

问题3：展示掐丝珐琅缠枝莲纹香炉图片及其纹饰放大图，观察该器物中运用了哪些纹饰图案，说说有何寓意，并讨论传统纹饰体现了怎样的美学理念。

学生总结：该香炉运用了传统吉祥纹样中的缠枝莲纹。以莲花为主体，蔓草缠绕其周围，寓意吉庆。

教师总结：传统的掐丝珐琅工艺多用于器皿类、陈设类等器物。纹饰有团花纹、万字纹、寿字纹、宝相纹等。图案寓意吉祥，体现了传统美学追求和谐之美的审美理念。景泰蓝制作工艺复杂，涵盖青铜、瓷器、传统绘画、雕刻等技艺，集中国传统工艺之大成。（对古人这种追求极致的造物精神，引导学生交流感悟。）

（三）创作示范·学技艺

任务二：探究掐丝珐琅葫芦制作工具及步骤

播放掐丝珐琅葫芦制作视频。

学生总结：制作掐丝珐琅葫芦的工艺流程大体分为描图—拓稿—掐丝—点蓝—封层。

实践1：初步尝试制作。

教师示范讲解，学生初步动手制作简单的图案，并讨论总结注意事项，完成任务表。

掐丝珐琅葫芦制作任务表

制作步骤	遇到的问题	解决方法
描图	图案设计不连贯	提前测量葫芦周长，合理设计图案的大小、位置与数量
拓稿	稿纸不能完整地贴合葫芦表面	将稿纸四周剪开缺口，反复比对
掐丝	铜丝不能在葫芦的表面牢固贴附	在掐丝过程中，小范围制作，随时固定
点蓝	点蓝时配比不当，颜料不均匀	点蓝少量多次，防止流砂
封层	UV胶涂层不均匀；溢胶；气泡	涂胶宜少量，低于铜丝1/3处；用牙签去除气泡

实践2：根据讨论的解决方法，再次制作。

（四）继承创新·做葫芦

任务三：传统纹饰图案的创新设计

展示简单的中国传统纹饰图片纹样排列方法和单独纹样骨架结构的示范图片，教师分析并总结：纹样的排列方法有折线式、波形式、散点式等；单独纹样的骨架结构有对称式、均衡式。

实践1：选择喜欢的传统纹样，合理选用排列方式和骨架结构，绘制连贯精美的掐丝葫芦图稿。

学生设计创作，教师予以指导。

实践2：根据传统纹样设计图稿，按照制作步骤完成局部制作。
创作要求及评价标准如下表所示。

掐丝珐琅葫芦制作评价表

分值	评价要点	达成标准	得分
20	基本要求	1. 图案饱满，具有连贯性。 2. 设计美观，适合葫芦外形。	
30	制作要点	1. 掐丝的图案轮廓清晰顺畅。 2. 正确粘丝，闭合接口。 3. 点蓝适中，不宜过满或过少。	
30	作品完成度	1. 按时完成局部全步骤的制作。 2. 呈现清晰美观的制作效果。	
20	创意思维	在图案设计和色彩搭配上独具创意。	

（五）总结拓展·续传承

教师总结：我们用掐丝珐琅技艺创作葫芦作品，体验了传统技艺的精妙，收获了精美的葫芦作品，感受了匠人的极致精神。掐丝珐琅工艺在生活中应用广泛，同学们要仔细探索，分享交流，让中国传统技艺在世界舞台上闪耀夺目光彩。

5

走进汉碑

　　学校开发的汉碑课程，聚焦传拓工艺，整合了传拓技艺中各学科的问题链，借助"制作瓦当拓片"梳理了历史（文化理解）、语文（文字演变）、艺术（图案、制作）、书法（文字发展史、隶书书写）等知识，这对学生形成跨学科意识和观念大有裨益；同时，激发了学生的思维，开阔了学生的视野，以素养立意，学趣兼顾，引导学生知晓文化就在我们身边，让地域优秀传统文化在学生心中生根发芽。课程实施有明晰的课时安排、教学组织形式和学生学习方式，具备丰富的课程资源，同时导入项目化学习思维，用蕴含"大问题"的跨学科"大任务"引领学生学习生活，有利于学生围绕主题进行探究、分析和展示。整体来说，课程内容架构清晰、实施要素完备，具有分享价值。

壹 济宁市任城实验小学"和德"校本课程规划方案

设计者：徐素秋　李　鸽　李翠侠　颜　敏　张秋平

济宁市任城实验小学秉承"厚德成才·立己达人"校训，立足学校办学传统和目标，落实厚德教育理念，构建"和德"校本课程体系。课程设置坚持全面发展，育人为本，面向全体，因材施教，聚焦核心素养，为培养"健康、自信、乐学、明理"的任城实小优秀少年奠基。

一、课程依据

（一）学生需求的评估

我校为务工子女学校，半数学生的父母常年在外务工维持家用，对子女的家庭教育和关爱相对缺失，学校教育和教师对学生的关爱较之其他学校更为重要，学校的课程建设须适应我校学生实际所需。通过向全校师生、家长发放调查问卷，从学生需求、兴趣与参与度、期望等维度展开调查，并在调查分析的基础上提出可行性建议。学校全方位开发校内外课程资源，以生为本，遵循教育规律和学生成长规律，多层面激发课程活力，最大限度满足学生发展需求，促进学生全面发展。

（二）国家、地方教育主管部门的指导性文件

学校以习近平新时代中国特色社会主义思想为指导，全面贯彻党的教育方针，深入学习全国教育大会、全国基础教育工作会议精神，恪守立德树人根本任务，根据《基础教育课程改革纲要（试行）》《义务教育课程方案（2022年版）》《山东省义务教育地方课程和学校课程实施纲要（试行）》要求，以及各级教育主管部门颁布的指导性文件，经过多年探索和试验，构

建了"和德"校本课程体系。

（三）学校的教育哲学及办学宗旨

学校秉承"厚德成才·立己达人"校训，历时70余年的发展，凝练了"全员、全学科、全方位"联动育人，"教师、学生、家长"携手成长，"德、智、体、美、劳"全面发展的"三全育人，三位一体，五育和融"的"三三五"式办学思想，落实厚德教育理念，顶层设计架构"和德"校本课程体系，致力培养"健康、自信、乐学、明理"的任城实小优秀少年。"和德"校本课程体系冠以"和德"二字，含义有三：一解，"德"为办学之首责，育人之根本；二解，《逸周书·大聚》曰"商不乏资，百工不失其时，无愚不教，则无穷乏，此谓和德"；三解，《后汉书·冯岑贾列传》曰"阳夏师克，实在和德"。学校坐落于城乡接合部，服务于七个自然村，所处之地民风淳朴，友爱谦和。我们希望这既是家风、乡风、民风，也是我校教风、学风、校风，更是"和德"校本课程带给我校学子的人生烙印。故取"和德"二字定义学校校本课程建设。

（四）社区、学校课程资源的评估

首先，学校地处孔孟之乡、礼仪之邦，这里是一方底蕴深厚的文化沃土，是孔子、孟子、颜子、曾子、子思子"五大圣人"的故乡，东夷文化、齐鲁文化、儒家文化、黄河文化、运河文化等在济宁交相辉映，孔府、孔庙、孔林和京杭大运河入选世界文化遗产，这些优秀的历史资源、文化遗产成为学校首选的课程资源。

其次，学校拥有优秀的高校资源、医疗资源、文化教育资源。

再次，学校因70年悠久的办学历史、敬业奉献的优秀教师队伍和极具特色的优质办学成果，先后被上级授予"山东省中华优秀传统文化传承示范校""济宁市传拓技艺传承学校""山东省中医药文化进校园试点学校""山东省创新素养培育实验学校""山东省甲骨文特色学校"等众多称号。天时地利人和的教育环境成为学校课程开发的基础优势。

二、校本课程方案

（一）课程目标

济宁市任城实验小学"和德"校本课程的总体培养目标：培养"健康、自信、乐学、明理"的任城实小优秀少年。

"健康"分别是身体健康、心理健康、审美健康、社会适应；"自信"分别是自我的自信、民族自信、文化自信、制度自信；"乐学"分别是对校本课程乐学、对校本课程以外的书籍知识乐学，以及对整个社会、世界、信息的乐学；"明理"即明达事理、富有理想。"健康、自信、乐学、明理"这一育人目标是对《义务教育课程方案（2022年版）》中"有理想、有本领、有担当"这一培养目标的校本化理解和践行。它是小学生能看得懂的最朴素的教育要求。"健康、自信、乐学、明理"这一培养目标中所蕴含的坚定理想信念、厚植爱国主义情怀、加强品德修养、增长知识学识、培养奋斗精神、增强综合素质，将是新时代理想学生的写照。

（二）课程结构与设置

济宁市任城实验小学总体课程体系（见图1）为学校"厚德教育"理念下的三级课程开发、五育和融践行。

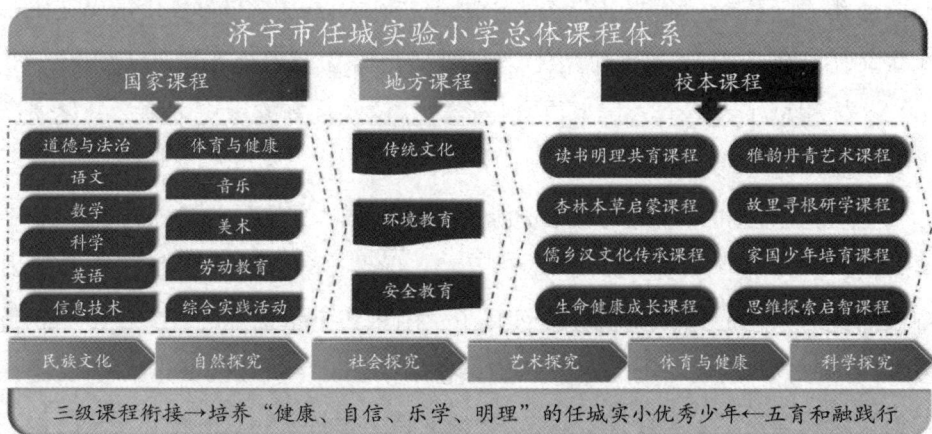

图1　济宁市任城实验小学总体课程体系

济宁市任城实验小学基于学校顶层课程设计进行校本课程群建设，构建了"和德"校本课程体系（见图2）。"和德"校本课程体系按照"民族文化领域""自然探究领域"等六个领域进行横纵双向建构，以弥补原有课程的不足，同时根据学生需求和课程资源进行综合评估，确定了"杏林本草启蒙课程""儒乡汉文化传承课程"等八大课程群。

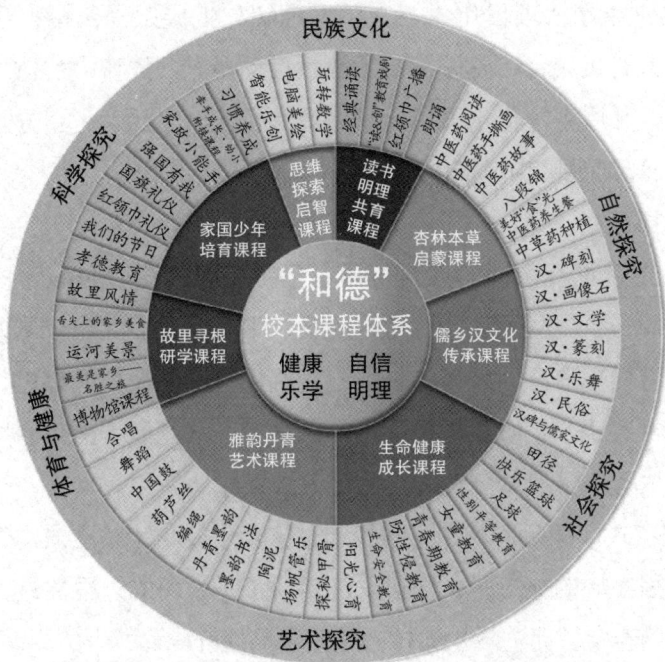

图2 济宁市任城实验小学"和德"校本课程体系

（三）课程实施

1. 学校层面

（1）遵循素养导向、综合育人、实践育人理念。在校本课程开发与实施中聚焦课程人性化、促进课程创造化、增强课程信息化。

（2）建构跨学科学习，强调主题学习活动。

2. 教师层面

（1）坚持素养导向。"以学生为中心"，深刻理解校本课程育人价值，落实育人为本理念。准确把握校本课程要培养的学生核心素养，明确教学内容和教学活动的素养要求，培养学生的正确价值观、必备品格和关键能力，改革教学过程和教学方法，把立德树人根本任务落实到具体教育教学活动中。

（2）强化课程实践。注重"做中学"，引导学生参与探究活动，经历发现问题、解决问题、建构知识、运用知识的过程。加强知识学习与学生经验、现实生活、社会实践之间的联系，注重真实情境的创设，增强学生认识真实世界、解决真实问题的能力。

（3）推进主题式项目化学习。整体理解与把握课程目标，注重知识学习与价值教育有机融合，发挥每一个教学活动多方面的育人价值。探索大单元教学，积极开展主题化、项目化学习等综合性教学活动，引导学生举一反三、融会贯通，加强知识间的内在关联，促进知识结构化。

3. 学生层面

（1）自主选课，个性发展。每周三下午、每日课后服务为校本课程选修时间，每周一少先队活动课、每日晨会、午写、大课间为校本课程必修时间。学生可以根据自己的兴趣特长，自主选择喜欢的校本课程进行学习，勤于动手，乐于实践，积极在学校开设的艺术节、书画展、国学经典诵读赛等丰富多彩的活动中展示学习成果。

（2）家校共育，合力培养。学校通过家长学校与家长交流沟通，取得家长对校本课程实施的支持，引导家长注重对孩子学习的过程性评价。在家校共育、合力培养中，促进学生的核心素养全面提升。

（3）强调探究，体验成长。初步学会如何收集、分析和处理信息，探索怎么提出问题、设计方案、组织实施；会对自然、生活、社会及自我问题进行深度探究；尝试进行生产劳动，体验劳动和技术实践过程；初步转变学习方式，学会"自主、合作、研究"的学习方式。

（四）课程评价

"和德"校本课程采用过程性评价和总结性评价相结合的方法，构建多维、多元评价体系。根据不同的年段，采用由任课教师、班主任、家长和学校共评的方法，通过"红领巾争章""成长存折""阳光少年评选"等评价方式，给予学生以激励和督促，并通过公众号进行成果展示推送，让学生获得荣誉体验。

1. 课程评价指标

"和德"校本课程评价指标包括"课程目标与课程计划""课程准

备""课程实施过程""课程实施效果"4个一级指标，以及18个二级指标。通过课程教师的自评、同行教师的互评，对各门校本课程进行量化评价。

2. 课程评价维度

"和德"校本课程围绕学生、教师、课程三个维度分别进行阶段性、终结性评价（见表1）。

表1 济宁市任城实验小学校本课程评价维度表

济宁市任城实验小学校本课程评价维度表					
对学生的评价		对教师的评价		对课程的评价	
阶段性评价	终结性评价	阶段性评价	终结性评价	阶段性评价	终结性评价
问卷调查	综合阶段性评价，全面考察学生的发展和进步情况，采用定级加评语的方式进行评价，录入学籍档案。依据学生在拓展课程中的活动表现，颁发相应奖章。	编写课程纲要	综合阶段性评价，全面考察教师开发实施课程的教育理念和能力、教学手段和方法，以及教学效果，进行校本课程优秀工作者评比，并将其纳入绩效考评。	学生满意度评估	综合阶段性评价，全面考察课程实施的学生、家长满意度，评选校级精品课程，并进行区域性推广，对有待优化的课程进一步完善。
追踪调查		设计导学案		家长满意度评估	
成长记录档案袋		课堂教学		优质校本课程资源评比	
日常观察表		搜集课程资料		学生校本课程成果展评	
考勤表		同伴作品			
学习结果评价		学生作品			

3. 课程评价方法

为体现学生的主体地位，增强学生学习的积极主动性，学校将原来单一的书面测试评价优化为作品展示、竞技展示、舞台展示、体验展示等多元评价。同时，依托学生发展评价量表进行评价，注重对学习过程的观察、记录与分析，加强对话交流，增强自我总结、反思、改进的意识和能力，注重动手操作、作品展示、口头报告等多种方式的综合运用，关注典型行为表现，推进表现性评价。学期末，通过撰写小论文、活动实验、实践设计、现场表演等多种方式进行成果展示；搭建"读书节""体育节""艺术节""科技节"等平台，进行综合性评价；学期末进行考评评价，展现学生综合能力，提升学生综合素质，让学生的学习、成长真正发生。

三、课程保障

（一）组织保障

学校为校本课程研发工作提供坚实的组织保障和制度保障，特设立校本课程研发策划小组、校本课程研发执行小组、校本课程评审小组。

（1）校本课程研发策划小组。负责把握校本课程研发的方向，具体策划决策，制订相关的制度措施，负责协调推进校本课程实施及管理，主要成员为学校校长和学校业务领导。

（2）校本课程研发执行小组。负责校本课程开发建设工作，同时建立健全相关配套制度，负责校本课程的管理。具体人员由学校业务领导和骨干教师组成。

（3）校本课程评审小组。具体人员由专家、学校业务领导和骨干教师组成。

（二）机制保障

（1）运作机制（教研制度）。校本课程教研组每一次教研活动依据"四定原则"（定时间、定地点、定内容、定中心发言人），实行"模拟课堂—实战课堂—集体评课—实战课堂"的闭环式"教、学、研"一体化教研模式，促进课程质量的提升。学校制订《校本课程开发方案》，并实行课程申报制度等措施，教师结合自身特长，自主研发校本课程，学生自愿申请选修。

（2）管理制度保障。一是确立评审制度，教师撰写的《校本课程纲要》必须经学校校本课程评审小组和上级有关部门批准后方可执行。二是加强督导考核，教师开发校本课程业绩与教师年度工作考核、评优评先、职称晋升等挂钩。三是校本课程执行情况计入教师工作量。

（3）人员队伍保障。一是对于教师实行统一管理，发挥教师特长优势，激励教师设计个性化的施教方案。二是加强教师进修培训。通过理论学习、专题研讨、实地考察、定期交流等多种形式，对教师进行培训。

（4）落实经费保障。设立专项经费，满足校本课程开发经费的需求，并对在校本课程开发过程中成绩突出者给予表彰和奖励。

"走进汉碑"课程纲要

设计者：徐素秋 李 鸽 李翠侠 颜 敏 张秋平

一、课程简介

"走进汉碑"校本课程是任城实验小学"和德"校本课程体系下"儒乡汉文化传承课程群"的子课程。本课程从书体演变历程入手，以隶书《乙瑛碑》为基本临习范本，以拓片制作为切入点，以刻碑、拓碑、讲碑、临碑等活动为表现形式，同时贯穿博物馆"访碑"实践活动，引领学生了解经典汉碑的历史渊源、文化内涵，坚定文化自信，提升人文素养，培养对中华优秀传统文化的兴趣，领悟文化传承使命，增强热爱家乡的人文情怀。

二、背景分析

"天下汉碑半济宁，济宁汉画甲天下"，曲阜汉魏碑刻陈列馆、济宁市博物馆、任城王墓、嘉祥武梁祠、任城汉文化博物馆等以其深厚的文化底蕴和多样的表现形式，为校本课程的研发提供了丰厚的素材，使校本课程建设立足高远。我校在"和德"校本课程体系引领下，结合本校的传统和优势，向全校师生、家长进行问卷调查。依据调查结果及学生需求，构建了"汉文化"校本课程群。学校拥有全省最大的电子书法教室，传拓室内"以小代大"，由实践基地嘉祥石雕文化产业园定期制作学生上课所需的小型仿制石碑，为课程的开发与实施提供了保障。

三、课程内容

（一）课程目标

（1）能了解书体演变历程、隶书基本知识，掌握隶书的基本书写技能，保持学习隶书的兴趣，初步具有运用汉隶创作的能力。

（2）能熟知汉隶鼎盛时期的经典碑刻，了解济宁汉碑的历史渊源、文化内涵和认识价值，加深对汉碑文化和艺术魅力的感知、体验与理解。

（3）能熟练掌握拓碑、刻碑、临碑等项目化学习方式，在实践中发展文化理解能力，提升规划、展示与艺术表现能力；积极参加实践基地研学活动，增强合作意识和团队精神。

（4）能拥有热爱家乡的人文情怀，进一步提升审美感知和人文素养，坚定文化自信，领悟文化传承的使命。

（二）课程安排

1. 课程内容安排说明

本课程内容遵循学生身心发展规律，聚焦学生审美感知、创新实践、文化理解等核心素养，遵循延展性、实用性、前瞻性的原则，以"主题性"规划方式而开展。课程整体内容划分为五个单元，共20课，课程内容的进度安排由浅入深、循序渐进。具体的内容框架如下表所示。

"走进汉碑"课程内容框架

上 册		
单元名称	**单元目标**	**具体内容**
第一单元 识古之美： 初识隶书	学习隶书基本知识，了解文字的发展体系，激发对隶书的兴趣。	第1课：文字的发展历程
		第2课：碑刻初印象
		第3课：汉隶之美
		第4课：汉隶风格分析
第二单元 以古为师： 隶书技法 精要	熟练掌握《乙瑛碑》的基本用笔，初步掌握隶书的书写技能，具有运用汉隶创作能力。	第5课：《乙瑛碑》基本笔画练习
		第6课：《乙瑛碑》技法练习
		第7课：《乙瑛碑》集字创作
		第8课："汉碑印象"文创作品展

续表

下　册		
单元名称	单元目标	具体内容
第一单元 学古之艺： 天下汉碑半济宁	能熟知汉隶鼎盛时期的经典碑刻，了解济宁汉碑的历史渊源、文化内涵和认识价值，加深对汉碑文化和艺术魅力的感知、体验与理解。	第1课：触摸历史——传拓
		第2课："宗庙之美"《乙瑛碑》
		第3课："汉隶第一"《礼器碑》
		第4课："百代楷模"《史晨碑》
		第5课："八分正宗"《孔庙碑》
		第6课："古气磅礴"《景君碑》
第二单元 触古之意： 走进汉碑博物馆	积极参加济宁汉文化资源博物馆、实践基地游学活动，增强合作意识和团队精神。	第7课：历史的记忆——走进济宁博物馆
		第8课：古墓探秘——走进任城王墓
		第9课：我与汉碑有个约会——走进汉魏碑刻陈列馆
		第10课：石不能言最可人——嘉祥武氏墓群石刻
		第11课：汉风高扬——走进济宁汉文化博物馆
第三单元 传古之韵： 保护与传承	能够自主选择自己喜欢的内容、表现方式和呈现状态，增强规划、展示与表现能力，能拥有热爱家乡的人文情怀，坚定文化自信，领悟文化传承的使命。	第12课：我是小小传承人

2. 课程实施

（1）实施年级：五年级。

（2）上课地点：校内的电子书法教室、传拓室，校外的汉文化博物馆、嘉祥武梁祠等。

（3）学校通过公众号发送课程推介，开展课程成员招募活动，并面向学生发放问卷调查表及选课单。问卷调查分为书面问卷和电子问卷，旨在掌握学生学习兴趣、需求及现有发展水平，进行分析总结。选课单意在让学生自主选择自己喜欢的课程。

（4）实施周期为一学年，每周三下午第二节课后"快乐星期三"校本课程时间进行。

3. 课程实施策略

（1）"四类"教学模式

"文化常识类"课程采用"课前预习—交流展示—教师点拨—当堂检测—能力拓展"教学模式；

"技能训练类"课程采用"课前探究—情境导入—欣赏交流—示范点拨—创作练习—展示评价—拓展提升"教学模式；

"制作体验类"课程采用"情境导入—交流欣赏—探究学习—操作演示—小组合作—成果展示—课后拓展"教学模式；

"实践研学类"课程采用"创设情境—主题探究—活动体验—文化感悟—评价反思—拓展延伸"教学模式。

（2）"跨学科融合"实施途径

打破学科界限和学科思维，形成学科融合意识，与汉代历史、民俗、乐舞、绘画、陶印等课程实现共享。如制作瓦当可与陶泥课程融合；拓片制作工艺可服务于篆刻中的边款、汉画像石中的版画制作；根据中小学生喜欢押韵、歌诀的特点，可依托教育戏剧课程编排《汉碑韵歌》在课堂上唱诵等，灵活采用多种形式、手段和途径，激发学生学习兴趣。

（3）"丰富性"激励机制

打造"汉碑讲堂"，鼓励学生把自己了解的济宁汉碑有关文化知识，经过整理和解读，展示给全校师生；评选"小讲解员""小传承人""小书法家"，激励学生在活动、互动、体验中全程全员主动真实地参与。利用重要节庆日、少先队活动、红领巾广播站、公众号、校园文化艺术节等，开展跳蚤市场、临碑大赛、碑刻传承人讲座、汉碑故事讲演等实践活动，激发学生潜能，激励学生发展与创新。

（4）"拓展性"资源整合

充分利用家长、民间艺人、非遗传承人、社区、实践基地、博物馆、展览馆等资源，将与汉碑有关资料进行创造性整合及优化调整，形成丰富的学校汉碑课程资源库。

四、课程评价

（一）过程性评价

（1）利用师评、自评、互评的方式，对学生进行课堂评价；课堂优秀作品展示，每两周更换一次。

（2）"童年印记"成长档案袋。学期初，每位学生拥有自己的一份"童年印记"成长档案袋。开学时，家长、学生、老师共同制订本学期的个人目标，贴上个性化课表，收录学习期间的"八个一"，包含一幅得意的文创作品、一份优秀的课堂作业、一次丰富的活动简报、一段汉碑讲堂视频（以二维码形式呈现）等样本。学期末，收录老师的评价和同学之间的评价寄语，向全校师生展示。

（二）表现性评价

通过课堂表现对学生进行评价，以课程教学过程中的参与态度、行为习惯、团队意识、隐性感受及发展潜力为评价的依据，通过填写"课堂学习评价量表"的方式，关注表现性，体现过程性。

（三）终结性评价

主要包括"汉碑讲堂"、汉碑集字展、拓片展、文创产品展、成果汇报展、艺术节展示活动、百米长卷书写活动、社区送春联活动等，与红领巾争章活动统整实施，并将优秀作品刊登于校报、校刊及学校网站。

"触摸历史——传拓"课时教学方案

设计者：徐素秋　李　鸽　李翠侠　颜　敏　张秋平

一、背景分析

　　本课为"走进汉碑"校本课程下册第一单元第一课。通过上册的学习，学生已经掌握隶书基本知识，了解文字的发展体系，熟练掌握《乙瑛碑》的基本用笔，初步掌握隶书的书写技能，具有运用汉隶创作能力。本课是下册课程的开篇之首，是对拓片制作的最初认识。通过本课的学习，让学生掌握传拓技艺，发展对碑刻文化进一步探究的兴趣，将为后续学生了解济宁汉碑的历史渊源、文化内涵和认识价值做好铺垫。

二、教学目标

　　（1）了解传拓的意义，认识传拓工具，熟悉瓦当的分类及寓意。

　　（2）通过实践操作、小组合作等，熟练掌握制作拓片的一般性方法、步骤和技巧；体会传拓的乐趣，提高动手能力、合作能力和勤于思考的能力。

　　（3）感受传拓这一历史悠久、生动独特的中国传统技艺，感悟传统文化魅力，发展对碑刻文化进一步探究的兴趣，增强对中华优秀传统文化的热爱。

三、评价设计

　　（1）明确优秀拓片评价标准，开展评比、展示活动，学生自评、互评，分享收获。

　　（2）采用课堂量表的方式对学生进行课堂评价。具体方法：每位同学每节课获得一张评价卡，活动结束后，学生用描述性的语言记录自己在课堂上的收获。接着请同桌或者本小组同学给予中肯的评价，评价卡上留有老师评价的空间。

（3）用成长档案袋将学生本节课的课堂作品进行收藏。

四、教学过程

（一）初见·识古之美

班级红领巾讲解员："同学们，咱们学校的走进博物馆课程马上又要开课啦！去年冬天咱们一起走进济宁美术馆，寻找文化遗产，大家跟着我一起回顾一下吧！"观看孔孟之乡汉碑行"圣地石华"济宁汉魏石刻书法大展视频。引出主题："拓片为我们揭开济宁石刻书法的千古面纱，这节课我们一起来触摸历史——传拓。"

（二）知微·触古之意

学生对比探究曲阜汉魏碑刻陈列馆的《乙瑛碑》碑文拓片及石碑照片，得出结论：传拓可以复制实物。小组继续探究任城王墓文字图片。学生根据课前搜集的资料进行分享：墓砖上的文字距今约两千年，而且都是地名和人名；正是墓砖上的石刻文字，让我们了解了任城王墓的历史；可以用拓片的形式保存济宁的汉碑文化。

（三）传承·学古之艺

各小组打开百宝箱，交流都看到了哪些工具。小组总结：传拓的工具包括喷壶、棕刷、打刷、宣纸、墨汁、拓包等。小组利用学校电子书法教室课程资源库内的视频，观看手工艺人展示的上纸、喷水、上墨等一系列传拓过程，学会如何传拓。学生总结拓片制作的步骤：①上纸；②上墨；③揭纸。

（四）尝试·以古为师

（1）覆纸。教师现场讲解、演示如何覆纸。学生开始尝试第一次练习，教师巡回指导、帮助。

（2）瓦当分类及寓意。学生利用等待的时间了解所拓之物——瓦当。利用学校电子书法教室课程资源库，将瓦当类别及寓意写在学习探究单上。

学生小组内交流并汇报，教师随即补充瓦当上文字、图案的寓意。

（3）上墨。学生尝试如何用拓包蘸墨，总结上墨时的注意要点。由上墨时需要注意的问题引出"扑墨拓法"。全班一起探讨上墨时会遇到哪些困难。小组讨论，代表发言。

学生练习，师生发现学生作品中普遍出现的问题，共同总结注意要点，学生根据这些制作要点继续练习。

（五）品味·传古之韵

知识小屋：在拓片上题写寓意吉祥的字，叫作题跋。

教师引导："你想在自己的作品上题跋哪些内容？"学生用上一单元学过的隶书题跋、盖章，继续完善。

进行"优秀拓片"评选活动，要求拓片完整、黑白分明、墨色均匀、字口清晰，奖励拓片文创作品——团扇。

（六）总结延伸

学生填写课堂量表，选择作品放入成长档案袋。

教师拓展：除了瓦当拓片，还有画像砖、画像石、铜镜、青铜器等拓片，期待大家继续探索。让我们人人来做文化的传承者与创新者，让家乡的优秀传统文化大放光彩！

6

二十四节气中的农耕文化探究

　　"二十四节气中的农耕文化探究"课程将传统的农历二十四节气融入学生的日常学习中，旨在培养学生的季节意识和生态环保意识，是很有巧思的。通过学习和体验二十四节气的特点，学生更加关注自然界的变化，并且能够将这种观察和体验与自己的生活相结合，有助于学生更好地理解和适应自然环境，提高生活质量。此校本课程重视探究二十四节气习俗，不过对农耕文化的挖掘还比较欠缺，如何引发学生对农耕文化的思考，并给出自己的体会和建议，使探索和研究走向深处，还需要在设计和实践中不断改进。此外，本课程的评价设计在规范化、科学化方面有待加强。

壹　淄博高新区实验小学校本课程规划方案

设计者：王　艳　张继民

淄博高新区实验小学1996年建校，坐落在淄博高新区火炬大厦东南角，目前有32个教学班，1600余名学生，教职员工80余人。学校提出了根文化理念，为了落实"立德为先，做有根的未来教育"的办学理念，深化课程改革，推进学校的持续发展，以"培养适应未来社会的现代中国人"为目标，提高教育教学质量，特制定本课程规划方案。

一、课程依据

（一）学生需求

学校把学生看作独一无二的生命个体，每个学生都独具个性，各有所长。淄博高新区实验小学学生群体素质全面，个性突出，这是校本课程开发与建设的根本点。我们不仅要让学生通过课程获得更多的知识，提高思维能力，更要让学生在学习和实践中学会分享、学会交流、学会创新，还要让学生获得全面发展所需要的个人特色素质，在课程中让学生学会继承传统文化、懂得关爱他人、习得文明礼仪。

（二）国家和地方课程政策

《国家中长期教育改革和发展规划纲要》提出：通过为学生提供丰富多彩的、满足个人和社会发展需求的、具有校本特色的多样化课程，提高和增强学生的社会责任感、创新精神、实践能力、体质健康。2021年山东省印发《山东省普通中小学强课提质行动实施方案》，明确提出：制定校本课程开发指南，指导学校开发基于办学理念和学校特色的校本课程。

（三）学校育人哲学

淄博高新区实验小学自建校以来，承学校的办学条件之优势，以"培养德智体美劳全面发展的学生"为核心追求和愿景，积极探索培养学生终身发展素质的教育模式，逐步形成了"培根固本"的教育思想。因此，学校树立了"做有根的未来教育"的文化理念和培养目标，通过实现学生综合素质的培养，夯实学生发展的根基。

（四）基础教育的要求

《义务教育法》指出"实施素质教育，规范教学内容，严格课程管理，将德、智、体、美有机统一在教育教学活动中，培养学生独立思考和创新能力"，是对中小学办学行为和育人方向总的规范要求。国家基础教育课程改革实施以来，学校以现有教师资源为依托，以学生需求为重点所开发的兴趣校本课程初具雏形。通过整合学校与地域教育资源，规范课程开发与实施行为，进一步形成具有特色的校本课程。

二、校本课程方案

（一）课程目标

校本课程与国家课程形成补充和主导的关系，只有将校本课程的目标与国家课程的目标相匹配，才能更好地弥补学生发展中的不足。因此，学校以培育"有理想、有本领、有担当"的时代新人为目标，在素质教育的探索中，突出强调"以德为先"的核心价值理念。以教育家杜威"教育即生活"的理论观点为支撑，提出了"培养适应未来社会的现代中国人"的育人目标。学校以全面提升学生的核心素养为价值取向，根据基础教育的定位、人的成长规律和教育发展规律及学生的特点，提出着重培养学生"德"和"学"两个方面的基础素质。这一课程总体目标主要是基于学校办学理念、学校情况、学生发展需求等多方面的综合考虑而提出的。

（二）课程结构与设置

1. 课程结构及其关系说明

（1）校本课程开发的类型主要包括四大类。

个性成长课程基于学生的个性化发展需要，以培养学生的特长和兴趣为主，学生可以自主选择自己感兴趣的校本课程进行学习。

立人之根课程基于国家课程道德与法治学科，采取儿童本位的课程整合取向，以德的养成为主，突出尊重和责任的培养，进行课程整合及创生。

文化寻根课程基于国家课程语文和英语学科，主要采取调试取向和多学科整合取向，拓展内容采取选择取向，写作等主题内容采取创生取向。

拥抱未来课程基于国家课程数学、科学学科，主要采取忠实取向，创新课程采取选择取向和整合取向。如开设数学益智课程，可以对已有的课程进行修改，以形成一门适合学生实际需要的课程，也可以进行本土化改造。

（2）结合校本课程开发规划要求，教师可以根据不同的类别选择开发相应的校本课程或者进行课程创生。

个性成长课程中的艺体技能类课程。此类课程主要为学生的个性化发展服务。艺体类课程可以让学生强身健体，引导学生珍爱生命、健全人格并学会自我管理。艺术和体育课程的生命在于个性表达，提高学生的审美能力，发展学生的创新思维。此类课程建设围绕音乐、美术、体育与健康等进行课程开发，注重学生的自主发展和个性成长，与学校培根课程的个性成长课程要求相契合。

立人之根课程中的人文素养类课程。此类课程主要为文化基础课程，主要培养学生的人文底蕴素养。通过提炼和升华优秀文化、传统文化遗产等知识，注重人文积淀和人文情怀，培养审美情趣。这些对丰富学生的精神世界，增强民族自信心和民族自豪感，具有重要的意义和作用。作为文化自信的重要方面，注重培养学生对民族和社会的认识。此类课程以"二十四节气"等课程为开发范例，提倡由学科教研组，或对传统文化等有兴趣和研究深度的教师合作开发课程。

文化寻根课程中的语言工具类课程。此类课程主要围绕乐学善学，提高学生的表达能力和人际交往能力。语言是人类最重要的交际工具、思维工具和表情达意的工具。我们不仅提倡教师根据自己的特长开设各种母语的相关课程，也鼓励英语教师开设与教学及学生学习相关的校本课程，以适应培养未来人才的需要。此类校本课程以语文组创生的"慧写作文"课程为代表。

拥抱未来课程中的技术类课程。此类课程主要为培养学生实践创新、问题解决和技术应用能力服务。学生具有这些素养才能成为适应未来社会的现代人，这与学校的育人理念息息相关。信息学科或科学学科都是通过对信息的获取、加工，实现表达与交流，为学生发挥创造力提供舞台，是发展学生创新精神的有效途径。此类校本课程多来自忠实取向有关的领域，现有信息技术组的"创客制作课程"等课程。

2. 课程设置与课时分配情况及其说明

校本课程设置与课时分配情况

课程	年级 课时分配	一	二	三	四	五	总课时	说明
立人之根课程	我爱上学课程	√	√	√	√	√	18	可结合一年级入学进行
	毕业课程					√	18	可结合五年级毕业进行
	诚信课程	√	√	√	√	√	20	可结合班队会、少先队活动及道德与法治课堂进行
	润心课程	√	√	√	√	√	20	可结合班队会、少先队活动及道德与法治课堂进行
	小篮球课程	√	√	√	√	√	20	可结合体育课堂教学和社团活动进行
	花样跳绳课程	√	√	√	√	√	20	可结合体育课堂教学和社团活动及大课间进行
	MEB课程	√	√	√	√	√	40	可结合体育课堂教学进行

续表

课程		一	二	三	四	五	总课时	说明
文化寻根课程	经典诵读课程	✓	✓	✓	✓	✓	40	可结合语文课堂教学及晨读活动进行
	慧写课程	✓	✓	✓	✓	✓	60	可结合语文写作课程进行
	吟诵课程	✓	✓	✓	✓	✓	30	可结合语文课程、班队会、少先队活动进行
	创意绘本课程	✓					20	可结合语文课堂教学进行
	二十四节气课程		✓	✓			20	可结合语文课堂教学和社团活动进行
	益智课程	✓	✓	✓	✓	✓	40	可结合数学课堂教学和社团活动进行
	数独课程	✓	✓	✓	✓	✓	20	可结合数学课堂教学和社团活动进行
个性成长课程	葫芦丝课程	✓	✓	✓	✓	✓	40	可结合音乐课堂教学及社团活动进行
	竖笛课程		✓	✓	✓	✓	40	可结合音乐课堂教学及社团活动进行
	尤克里里课程			✓	✓	✓	40	可结合音乐课堂教学及社团活动进行
	剪纸课程			✓	✓	✓	20	可结合美术课堂教学及社团活动进行
	陶艺课程			✓	✓	✓	20	可结合美术课堂教学及社团活动进行
	四格漫画课程	✓	✓				20	可结合美术课堂教学及社团活动进行
	工笔画课程			✓	✓	✓	20	可结合美术课堂教学及社团活动进行

续表

课时分配 课程	年级	一	二	三	四	五	总课时	说明
拥抱未来课程	思维导图课程			√	√	√	20	可结合数学课堂教学进行
	标本制作课程	√	√	√	√	√	20	可结合科学社团活动进行
	创客制作课程	√	√	√	√	√	20	可结合信息技术课堂教学及社团活动进行
	趣配音课程	√	√				18	可结合英语课堂教学及社团活动进行
	环境保护课程			√	√	√	18	可结合综合实践活动课程及研学实践课程进行

3. 校本课程开设的具体内容与说明

学校开设的地方课程有"环境保护课程"和"安全教育课程"，校本课程的实施通过每周四下午的走读学习来进行落实，学生通过选择自己喜欢的课程参加学习。

（三）课程实施

校本课程在基于课程目标的前提下，采用多样化的实施方式。建立在对课程功能与价值认同的基础上，保证课程实施。教师可以采用讲授式，也可以采用互动式，学校更鼓励采用小组合作的学习方式，或者组织学生参与社会实践、自主探究任务等形式来实施课程。

校本课程实施要把握好以下几点：

一是彰显学生个性。关注不同层次的学生，并给予针对性的引导，鼓励学生在全面发展的同时，积极发展自己的特长和个性，注重抓住学生的闪光点进行有针对性的培养，帮助学生提高自身素养。

二是提倡同伴互助。根据课程内容和学生实际，把不同班级和年级的学生组织起来，针对同一校本课程进行研究，让高年级的学生帮助指导低年级学生，在互相帮助中渗透校本课程的实施。

三是鼓励学生自主选课。教师通过给学生介绍自己这门校本课程的主要内容以及如何评价的方式，引导学生来选择自己的校本课程，让学生清楚学习后可以获得哪些能力的提高。

每门校本课程课时安排一般为每周1课时，总课时为18课时或20课时。特别说明：对于以动手操作为主的课程或研学课程等，如确有必要，可由任课教师申请将课时放宽为每周2课时。

（四）课程评价

评价主体多元化，以核心素养发展为目标。采用学生自我评价、生生小组评价、家长评价、教师评价相结合的方式进行。学生的自我评价以自我反思的形式开展。小组内评价以培养学生核心素养中的合作意识为目标，小组间评价以注重分享意识和表达能力为目的。家长评价是指家长通过观察学生在各种活动中的表现，参与学生评价。教师评价是指教师在课堂中观察学生的学习进展，及时加以评价，并给予适当的帮助和指导。

过程评价与成果评价相结合。对于学生在小组活动中形成的活动计划、活动记录、调查发现表等一些原始数据，教师都要在校本课程实施中进行整理记录，每次的学习过程都有评价与之对应，注重培养学生搜集整理资料的能力、独立思考的能力、解决问题的能力等。学习结束后，组织学生自评，及时总结反思，并用来指导后续活动的开展，为综合评价提供依据。

三、课程保障

（一）组织保障

为加强校本课程的管理与落实，学校成立"课程部"，负责校本课程的申报、审批、管理、考评、特色课程认定等工作。课程部组织成立"学校课程管理委员会"，成员构成包括校长、教学副校长、教务主任、教研组长、家长代表等。常规检查管理由学校教务处负责，每月对校本课程的开设情况进行检查、反馈，及时调整和改进，确保教学质量。

（二）机制保障

由"学校课程管理委员会"制订并公示《淄博高新区实验小学校本课程规划方案》，各学科教研组根据学校课程规划制订"校本课程建设三年规划"。教师根据教研组制订的"校本课程建设三年规划"，确定校本课程开发项目，在每学期期末考试前一周向"学校课程管理委员会"申报下学期的校本课程，填报《校本课程申报表》，并提交课程纲要，以便审批。

贰 "二十四节气中的农耕文化探究"课程纲要

设计者：王　艳　张继民

一、课程简介

二十四节气被联合国教科文组织列入人类非物质文化遗产代表作名录。本课程是教师个人创生研发的校本课程，旨在借助认识二十四节气，引导学生了解一年四季的变化；借助劳动实践，体会劳动智慧；通过认识农作物、学习劳动技能，养成劳动习惯。课程将二十四节气的知识分为四季变化、天气变化、农事活动等三大部分，并列出知识体系，涉及天文、农业、地理、文学、艺术等学科领域，鼓励学生运动多学科知识动手实践、解决问题，提升综合素质。

二、背景分析

二十四节气是中国古代农业文明的具体表现，具有很高的农业历史文化价值和研究价值。2011年6月入选第三批国家级非物质文化遗产名录。本课程旨在引导学生树立传统文化意识，通过"弘扬传统文化之二十四节气"实践活动，把二十四节气的传统文化知识渗透于教学之中。学生通过对二十四节气的学习，不仅可以了解传统文化、风俗习惯，关键是形成了文化认同，这样学生不仅能在劳动实践中加以应用，更体会到先辈敬畏自然、亲近自然的态度，对学生综合素养的发展有重要意义。

三、课程目标

（1）通过课程学习，知道有关二十四节气的基本知识，了解与二十四节气相关的民俗和文化，感受自然的变化。

（2）通过普及二十四节气的传统文化知识，借助活动，学生初步了解生物与环境之间的密切关系。

（3）借助劳动教育，通过亲身劳动体验，体会自然规律对农事活动的影响，认识到各种自然事物是互相联系的，了解节气对农业的重要性。

四、学习主题

（一）单元主题：世界文化遗产——二十四节气

课时内容一：二十四节气的秘密

实施要求：

（1）真实任务情境：出示二十四节气绘本。

（2）合作学习讨论：读一读绘本，你从绘本中读到了哪些节气？

（3）分享展示成果：唱二十四节气歌。

（4）深入探究：你最喜欢其中的哪一个节气？说说你的理由。

（5）拓展实践：画你最喜欢的一个节气。

课时内容二：二十四节气知识

实施要求：

（1）真实任务情境：探究二十四节气歌。

（2）合作学习讨论：采用合作学习，讨论二十四节气有哪些习俗。

（3）分享展示成果：小组内制作二十四节气小报，展示学习所得。

（4）深入探究：讨论二十四节气和哪些农事活动有关。

（5）拓展实践：画你最喜欢的一个节气的农事活动。

课时内容三：二十四节气分类

实施要求：

（1）在二十四节气中，表示四季变化的节气有立春、春分、立夏、夏至、立秋、秋分、立冬、冬至八个。

（2）表示天气变化的有雨水、谷雨、小暑、大暑、处暑、白露、寒露、霜降、小雪、大雪、小寒、大寒十二个节气。

（3）表示农事和其他的有惊蛰、清明、小满、芒种四个节气。

（二）单元主题：二十四节气之春种

课时内容一：二十四节气之春

……

五、评价活动

（1）实践评价：以学生在传统美食制作评比、节气小报制作评比、节气图标设计评比、传统习俗知识比赛等实践活动中的表现为主要量化形式，形成评价表。

（2）档案评价：以学生的活动方案、活动日记、照片、图画、视频等材料为依据，进行评价。

"秋分"课时教学方案

设计者：王　艳

一、背景分析

秋分日居于秋季之中，平分了秋季，是二十四节气中具有代表性的节气。秋分过后，我国由于处于北半球，就开始昼短夜长了，这个节气之后天气也会逐渐转凉。所以在"秋收"单元课程中，本课成为节气学习中的重要节点。

学生能准确说出二十四节气歌中秋天的所有节气，在前期的学习中也了解了春分的内容，为秋分节气的学习打好了基础。低年级学生已学会绘制和观察秋天的景色，并了解秋天的特征。但是对于秋天的农事，除了知道摘果子之外，还没有更深入的研究。根据以上分析，本次学习的重点放在对秋分不同主题的研究中，通过收集整理相关资料与信息，安排采摘等研究计划，让学生走进劳动实践基地观察秋天的农作物，加深对节气的理解。

二、教学目标

（1）搜集资料，尝试梳理归纳，了解秋分的含义和秋分农事。

（2）在教师的组织下，观察秋天的农作物，绘制秋分时节的图画，为植物画像。

（3）走进劳动实践基地，在收获的过程中生发和深化珍惜劳动果实、热爱自然的情感。

三、评价设计

"秋分"课时教学评价表

评价内容	评价分值	具体说明	自评	小组评
对资料收集整理的评价	5~10	1. 整理五条及以上谚语或俗语可获得5分。 2. 每采纳一条可获得2分。		
小组合作评价	10	在小组内积极发言，不打断他人说话，语言清晰明确，说话有逻辑。不发言的同学，该项不得分。		
采摘活动	10	在体验和收获的过程中，珍惜劳动果实，乐于合作。		
绘制秋分图画	5~10	色彩鲜明，主题明确，体现秋分的景色，植物画像与时节相符。选为小组代表作可以加2分。		

四、学与教活动设计

（一）设置真实任务情境导入

学生回顾春分的知识，教师引出秋分。播放《四季中国》中有关秋分这个节气的视频片段，提出问题："秋分的时间是哪一天？秋分有哪些相关的自然现象？在这个秋高气爽的节气，农民伯伯在做什么呢？"学生讨论交流。

（二）合作学习讨论

教师介绍俗语：秋分时节风轻云淡，正是三秋大忙之时。俗话说，"秋分一到，谷场见稻"，"秋分种麦正当时"。此时，大江南北正活跃着农民们抢种抢收的身影。北方忙于种植冬小麦，南方则忙于种植水稻。提出问题："秋分时节，农民伯伯抢种抢收什么？回顾春分的知识，你能获得哪些提示？"学生小组交流，并在《节气实践手册》上绘制秋分农事活动及植物画像。

学生每四人一个小组，组内展示并讲解自己绘画的内容，结合实际说说为什么这么画，原因是什么。根据前置性学习，每位学生给同学的图画配上一句农事谚语或俗语，比一比谁的最贴切。

在全班进行展示分享，小组四人要分别展示作品、讲解自己作品的独到之处，争取获得大家的支持。学生根据教师给出的评价标准，评选出各类优秀小组。

（三）针对农事文化深入探究

教师给出任务：收获的季节，我们要去劳动实践基地进行收获采摘，请制订出一个秋分采摘方案。学生讨论需要关注的问题：采摘的主题；小组的组员；小组分工以及每个成员的探究内容；小组汇报的预期成果形式等。教师给出方案的评价标准。以采摘绿豆为例，在采摘的时候要注意观察绿豆荚的颜色，颗粒是否饱满；豆荚要拧下来，而不是拔下来，否则就不能继续结豆荚了。只有这样落实到位，才能到田地里去进行农事劳动。

（四）拓展实践

学生到学校劳动实践基地进行采摘，在收获的过程中体验劳动的辛苦，学会珍惜劳动果实，产生热爱自然、珍惜生命的感情。

7

撬动创意的大脑

案例点评

　　以"撬动创意的大脑"开发校本课程是一个亮点，课程紧密联系生活，意在培养学生的科学精神、探究意识和创新思维，值得肯定和借鉴。创造力的培养符合国家的要求，学生的创新精神和创造力需要在课程教学中习得和提升，利用真实的情境、问题来开发的课程通常能够很好地激发学生的学习热情，有助于学生看到所学课程与现实世界之间的关联，从而促进学生创造力的提升。美中不足的是"创意"课程七大学习主题的31项内容并没有得到完整呈现。此外，课程要如何设计，才能让知识结构化，让学生经历发现问题、分析问题和解决问题的过程，引发学生的真实学习，让素养教育落地，是老师们未来的努力方向。

壹 淄博市临淄区敬仲镇第二小学校本课程规划方案

设计者：周作民　王效卫　刘　丹　李福刚　崔红岩

学校地处临淄北部农村，2008年7月，全镇教育资源整合改建为敬仲镇第二小学。现有10个教学班，学生296名，教职工44名。学校将"以阳光之心，育阳光之人"的阳光教育理念作为引领，深化课程改革，整体构建阳光课程体系，提高教育教学质量，培育阳光少年。

一、课程依据

（一）学情调查分析

学生五育发展不平衡。统计显示德育和智育课程占到89%，而体育、美育和劳育课程仅占11%，导致体育、美育和劳育发展失衡。学生的素养发展也不均衡，课堂教学更重知识技能，素养的落实还不尽如人意。

校本课程内容应贴近现实生活，重视科学知识的综合运用。通过调查，学生尤其喜欢学校开展的学科学习以外的其他活动，如学习益智类、艺术修养类等，这些活动内容丰富、形式多样，很吸引人，能够将知识进行综合运用。

校本课程开发应适当增加"减负"课程。调查得知，大多数学生在日常学习中感觉有压力，压力主要来自父母的期望值过高；大多数学生觉得自己的学校生活很充实，很有意义；在闲暇时间里做得最多的依次是做作业、看课外书、看电视。

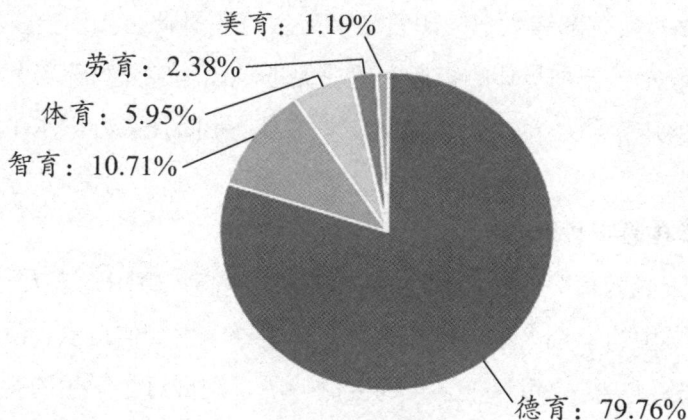

图1　家长对"五育"重视程度的排名占比

美育：1.19%
劳育：2.38%
体育：5.95%
智育：10.71%
德育：79.76%

（％）

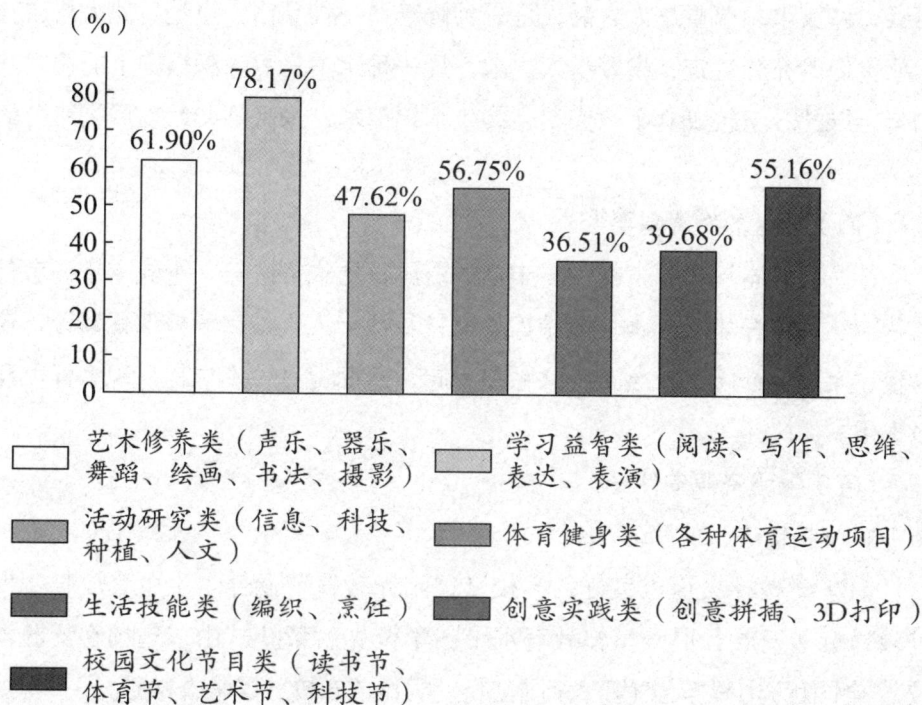

61.90%　78.17%　47.62%　56.75%　36.51%　39.68%　55.16%

艺术修养类（声乐、器乐、舞蹈、绘画、书法、摄影）　学习益智类（阅读、写作、思维、表达、表演）

活动研究类（信息、科技、种植、人文）　体育健身类（各种体育运动项目）

生活技能类（编织、烹饪）　创意实践类（创意拼插、3D打印）

校园文化节目类（读书节、体育节、艺术节、科技节）

图2　学生喜欢的校本课程

（二）国家和地方课程政策

2019年7月，《关于深化教育教学改革全面提高义务教育质量的意见》在突出德育实效、提升智育水平、强化体育锻炼、增强美育熏陶、加强劳动教育等方面提出了有针对性的举措，要构建德智体美劳全面培养的教育体系。2021年3月教育部等六部门印发《义务教育质量评价指南》，对学校办学质量评价确定了详细具体的指标，旨在促进学校落实德智体美劳全面培养要求，深入实施素质教育，充分激发办学活力，不断提高办学水平和育人质量。

（三）学校教育哲学

我校"阳光教育"的核心理念是"以阳光之心，育阳光之人"，是用真爱和真知为学生的幸福人生奠基的教育，是引导学生相信自己、鼓励自己、超越自己的教育，是尊重每个学生的生命特质、挖掘每个学生的生命潜能的教育。"诚信、尊重、攀登"是学校的核心价值观。诚信是人之本，就是要说真话，做实事；尊重是人之需，是一种修养，一种品格，也是对他人与自我人格价值的充分肯定；攀登是人之求，是一种永不言败、积极向上的追求和力量。以此，学校确立了"为学生终生幸福奠基，为教师持续发展铺路"的办学宗旨。

（四）社区的发展需要

社区给校本课程开发提供了丰富的资源，如临淄区第一个党支部、敬仲桂花园、白兔丘垃圾分类体验馆等。家长和社会人士参与学校课程建设，使学校、家庭、社区、社会紧密联系在一起，从而促进校本课程呈现多样化和乡土化。

（五）课程资源条件

1. 学校优势

（1）学校社会声誉良好。学校以"阳光教育"涵养学生生命成长，促进教师专业发展，提升学校教育水平。学校先后荣获"山东省创客实验学校""全国优秀少先队集体""全国创新发明特色学校"等荣誉称号。

（2）学校文化优势明显。学校坚持"以阳光之心，育阳光之人"，弘扬"尊重、理解、赏识、激励"精神，聚焦"阳光教育"，建设"阳光校园"，打造"阳光队伍"，构建"阳光课程"，举办"阳光课堂"，创建"阳光班级"，培育"阳光少年"。

（3）教师课程开发意识凸显。教师的教育观、课程观发生了深刻变化，教师由"教书匠"变成课程开发者和实践者，由教教材变成教课程。教师立足当下学生的成长需求，开发了独具特色的课程资源。

（4）学生学习风气正。学校每个学生都能找到属于自己的兴趣和爱好，他们在参与中提升了品德修养、拓宽了知识视野、陶冶了性情志趣、锻炼了意志毅力。

2. 问题与不足

（1）教师专业水平不均衡。

（2）学生差异性较大。在城镇化进程的背景下，学校生源越来越少，所辖片区的留守儿童占比不断增加。学生之间呈现出来的家庭教育、心理健康等方面的差异性越来越大，从而导致学生差异性越来越大。

（3）学校特色创建缺乏影响力。

二、校本课程方案

（一）课程目标

以"四个学会"为培养目标，使学生的文化知识、学习习惯、学习技能、意志品质、创造能力等方面得到进一步的提升。学会做人，养成良好的行为品德，树立远大的理想，锻炼强健的体魄，形成健康的心理，积极参加劳动实践，争做"新时代好少年"；学会学习，在获得基础知识的过程中，培养浓厚的兴趣，形成良好的学习习惯，掌握适合自己的学习方法；学会合作，友好与人相处，善于与人合作，在合作中体验快乐，在合作中体验成功；学会创造，对世界充满好奇心，善于观察，乐于质疑，富于想象，勤于实践，具有较强的创新意识和创新能力。

（二）课程结构与设置

1. 整体课程结构及其说明

阳光课程体系以培育学生核心素养为宗旨，由底色课程、润色课程和亮色课程构成。底色课程是基础性课程，课程内容是国家课程和地方课程；润色课程是延展性课程，课程内容是德育一体化课程；亮色课程是融合性课程，课程内容是七彩少年宫校本课程。

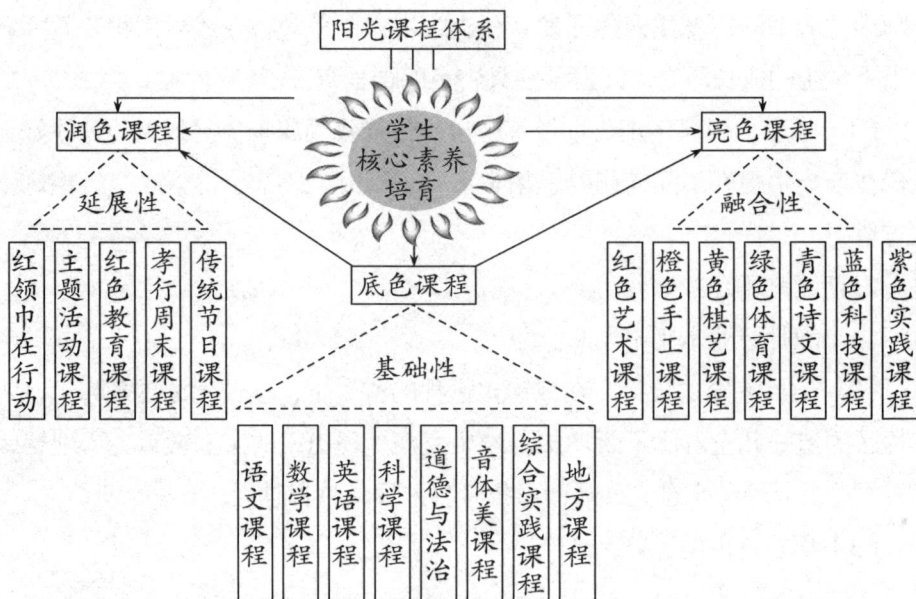

图3　学校阳光课程体系

（1）润色课程是丰富多彩的少先队主题活动课，强调课程的延展性。主要包括红领巾在行动课程、主题活动课程、红色教育课程、孝行周末课程、传统节日课程等，为学生的健康人生奠基。

（2）亮色课程是在少年宫活动的基础上，构建形成了"七彩"亮色课程体系，课程内容分为"红橙黄绿青蓝紫"七大类（红色艺术课程、橙色手工课程、黄色棋艺课程、绿色体育课程、青色诗文课程、蓝色科技课程和紫色实践课程），包括20多种课程。

2. 课程设置与课时分配

润色课程分为四大节日和主题实践两大领域。"四大节日"是指3月份的"布谷"科技节、4月份的读书节、5月份的"百灵"艺术节，10月份的阳光体育节。主题实践课程由红领巾在行动课程、红色教育课程、孝行周末课程和传统节日课程组成，课时安排具体分析。

亮色课程分为红色艺术课程、橙色手工课程、黄色棋艺课程、绿色体育课程、青色诗文课程、蓝色科技课程和紫色实践课程七大领域，20多个科目，全员参与，每周1节。

3. 校本课程开设的具体内容与说明

为满足学生的个性发展需求，提升学生的核心素养，开发了"七彩"亮色课程，与国家课程、地方课程有机融合，对学生进行理想信念、社会主义核心价值观、优秀传统文化、生态文明、心理健康等方面教育，形成了"全员参加、课程育人"的办学特色。

（三）课程实施

1. 探索构建"润色课程"

红领巾在行动课程。课程有七大行动，即小主人在行动、小卫士在行动、小助手在行动、小天使在行动、小问号在行动、志愿者在行动、爱心基金在行动。

红色教育课程。学校建有党史国史活动室，每个级部每学期都会在这里上一次队课，接受一次红色的洗礼，形成了"我入队了""我和红领巾共成长""在光荣的旗帜下"等课程。

孝行周末课程。学校开发了"孝行周末课程"，引导学生在家做父母的小助手，在学校做老师的小助手，在社会做有贡献的小公民。低年级同学学会自我服务，如穿衣叠被等，帮助爸爸妈妈做一些力所能及的家务；中年级同学在自我服务的基础上，学会一些基本的劳动技能，学做家务；高年级同学要学会当家，管理自己的生活，主动参与社会公益活动。

传统节日课程。以"中国传统节日文化探寻"为主题，开发综合实践课程，如春节，以"勤劳、节俭、祥和"为教育主题，一方面让学生了解春节的由来、习俗等，另一方面开展"我与家长共做家务""我向长辈拜个喜年""合理使用压岁钱、尽我所能助他人"等活动。

2. 探索开发"亮色课程"

"七彩"亮色课程着重开发七大领域的课程。艺术尚美的红色艺术课程，设有书法、绘画、舞蹈、电钢琴和葫芦丝五种课程；文化传承的橙色手工课程，设有陶艺、布艺和经纬彩编三种课程；魅力棋艺的黄色棋艺课程，设有围棋、中国象棋、跳棋和五子棋四种课程；运动健体的绿色体育课程，设有快乐足球、欢乐乒乓和活力篮球三种课程；经典诵读的青色诗文课程，设有经典诗文美文诵读、齐风古韵和我读·我写·我创作三种课程；科学探索的蓝色科技课程，设有3D打印、航模建模和奇迹智造（激光打印机、七巧板）三种课程；生活技能的紫色实践课程，设有种植体验和研学旅行两种课程。

（四）课程评价

在课程评价实践中，根据课程是否能够促进教师的专业发展，促进学校的发展，并最终促进学生个性全面可持续发展，确立最基本的尺度，构建了开放的发展性课程评价指标，对学校课程构建的可行性进行自我诊断，最终形成了发展性课程评价体系，即以目标为中心的课程设计评价、以过程为中心的课程实施评价和以结果为中心的课程效果评价。

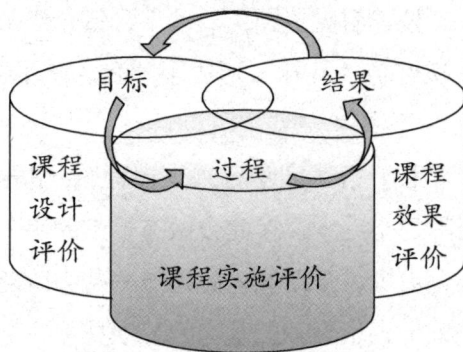

图4 发展性课程评价体系结构图

评价主体多元。例如，"润色课程"从学习态度、组织合作、学习方式、社会实践能力、反思能力、发布成果能力和学习效果来进行评价。学生对自己的学习表现和作品活动的优劣进行评价；学生与学生之间互相评价；教师对学生的学习表现和活动优劣之处做出客观、公正的评价；家长对孩子的学习表现和活动优劣之处做出评价。

依托成长档案，让学生成长看得见。从一年级开始建立学生成长档案，跟随学生小学五年，成长档案是师生和家长对学生学习成长评价的一个浓缩。成果展示的形式多种多样，可以是读书汇报、活动日记、心得体会、手工制作、绘画作品等。

三、课程保障

（一）组织保障

1. 课程开发领导小组

建立课程开发领导小组，组织实施课程的总体规划，负责教师的校本培训，检查课程实施，协调各部门的工作，安排教师上课，实施课程计划。对课程的研究和实施进行指导和评估，了解学生对课程的需求情况，并适时进行调整，对课程档案资料整理进行全程督察。

2. 课程开发工作小组

建立课程开发工作小组，制订课程开发工作总体规划，做好指导、研究、实施、评估工作；组织教师进行课程理论学习，促进教师的课程知识和教学技能的不断提高；深入课堂指导课程实施，做好听课、评课以及反思总结工作。

（二）机制保障

教师根据学校课程开发方案填写课程开发申报表，学校审核同意后，再撰写课程实施计划；学校对所有的任课教师实行考核，考核结果与年度评先树优等直接挂钩。通过"走出去""请进来"的方式，对教师进行业务培训，不断提高教师的教育教学水平；定期举办课程成果交流、展示活动，营造良好的课程开发研究氛围；学校提供必要的经费，以加大课程开发力度。

贰 "撬动创意的大脑" 课程纲要

设计者：周作民　王效卫　刘　丹　李福刚　崔红岩

一、课程简介

敬仲镇第二小学秉承"阳光教育"理念，组织开发了"撬动创意的大脑"创新创意发明校本课程，积极构筑创意发明新阵地，努力打造创新教育金路子。苏霍姆林斯基曾说："儿童的智慧在于启发他的思维。"创新创造了人类，发明丰富了智慧。学校依据新课程标准深挖科学素养内涵，利用第二课堂开设创新创意发明创客大讲堂，通过这种教育让学生走出狭小的模仿空间，进入广阔的创新世界，着力培养学生敏锐的创新意识和创造能力。

二、背景分析

心理学研究表明，人的某方面特长能力的开发形成都有一个黄金期。有学者研究证明，创新潜能人人具备，且从3岁开始萌发，6岁时便达到高峰，而后则进入衰减状态。由此看来，创新创造兴趣与能力的培养，应从幼儿抓起。陶行知说过："处处是创造之地，天天是创造之时，人人是创造之人。"建设创新型国家，需要创新型人才；培养创新型人才，需要从中小学甚至幼儿园抓起。孩子最终是要走向社会的，学习是为他们的将来服务的。现在是一个终身学习的社会，创新精神是孩子一生最需要的素质和本领。教师要更新观念，改革教法，培养和强化学生的问题意识和探究精神；学校要改革教育教学，变授受为启发诱导，变死记硬背为自主合作探究，注重开展丰富多彩的创新实践活动，开设创新课程。

三、课程目标

（1）树立创新创意发明意识。知道创新能创造美好生活，具备积极的创新发明精神，发现自己潜力无穷。明白"创新创造，人人可为；创新创造，才有作为；创新创造，大有作为"。

（2）掌握创新创意发明相关知识与技能。通过体验、实践，知道多种发明创造的具体方法，理解参与创新发明的意义；积极参与创新创意活动，在实践体验中锻炼发现问题、分析问题和解决问题的能力。

（3）培育严格的观察、实验、分析、探讨的科学习惯。创新发明要有明确的目的性和确定的结论，树立科学严谨的研究精神。

四、学习主题与活动安排

1. 学习主题

"撬动创意的大脑"创新创意发明校本课程分为七大学习主题，31项内容。"我是小小发明家"主题，旨在发现学生的闪光点，激发学生对创新创意发明的兴趣。"我的发散思维"主题，让学生知道通过自己的思维活动能够创造美好的生活。"我的头脑风暴"主题，明白我们的大脑创意无限。"我的创新方法"主题，由找缺点法、移植法、组合法、借用法、仿生法、分解法、加一加、掐头去尾法、主体附加法、联想法构成，教师通过出示不同的资源载体，提供与主题相关的创新活动场景，引导学生身临其境独立思考、合作探究、自主创新，知道发明创造的具体方法，养成良好的思考习惯，感受创造的价值，并形成相对稳定的创新创意人格品质。"我的想象力"主题，由废物利用出新招、寻找新功能、异想天开、抓住灵感、假如的运用、向理想化的目标迈进、幻想一下吧、荒诞发明法、词语的触发、变变变构成，通过体验不同类型的创新创意形式，引导学生理解创新发明的意义，培育学生严格的观察、实验、分析、探讨的科学习惯；储备一定的创新创意发明经验、技能和智慧，形成正确的人生观、世界观和价值观。"模仿创新"主题，由希望点列举法、发明专利、逆向思维和实用新型与外观设计组成，运用举例子的方法创设活动场景，让学生知晓不同思维所产生的创意有不同的运用。"他山之石"主题，由测测你的创新能力、创新精神坚持不懈、你有巨大的创新潜能和创新精神不断进取组成，展示自己的创新创意发明作品，感受"创新创造，人人可为；创新创造，才有作为；创新创造，大有作为"。

2. 教学进度

"撬动创意的大脑"创新创意发明校本课程共七个单元，分为31节课。依据课程目标，按照培育学生创新创意发明的情感态度、认知基础和发展效果，以一学年两个学期进行授课，每个学期根据学校学期教学计划安排在每周四下午，教学时间为一小时，采用集中授课的方式依次进行。

五、评价活动和成绩评定

1. 评价活动

根据学习内容对学生进行多元评价，并把评价结果纳入学生的学期综合素质评价体系中。在课程评价实践中，根据课程内容是否能促进学生创新意识的发展，确立最基本的尺度，尝试构建了开放的发展性课程评价指标，形成了发展性课程评价体系，即以目标为中心的课程设计评价，以过程为中心的课程实施评价和以结果为中心的课程效果评价。

在总的评价策略中，构建并完善了课程教学评价和学习评价，从而达到了评价的传承覆盖，使校本课程逐步走向更优化，形成了对学生的多元激励评价。教师每堂课都要从课前准备、课程展示、个性发展三方面对学生进行评价。评价方式是知识评价与能力评价相结合。学期末，教师对参与课程的学生从学习兴趣、课堂表现、成功体验三方面进行全面评价，并为每个孩子撰写评语，评价结果作为学生学期末综合评优的一项重要依据。学生学习评价表如下表所示。

校本课程学生学习评价表

序号	姓名	评价内容									总评		
		学习兴趣			课堂表现			成功体验					
		A	B	C	A	B	C	A	B	C	A	B	C
1													
……													

2. 成绩评定

从2019到2021年这三年的时间，学校创新创意发明校本课程发展已趋于完善。

（1）集约型："撬动创意的大脑"校本课程不仅在硬件配备上堪称一流，而且在教学安排、课程设计、教材选编、学生评价等方面都更加细致周密。

（2）专业性：增强和引进辅导员教师，学生家长与"五老"志愿者的队伍越来越壮大，辅导员教师的专业素质全面提高。

（3）有效性：建立规范的课程标准，学生在课程活动中都有收获，不仅行为习惯变好，而且通过课程活动促进个性发展，课程教学的有效性加强。

（4）高效性：已形成一套符合自身实际的创新创意发明校本课程体系，日常活动理论化、系统化，形成有特色的课程文化，课堂效果达到较高水平。

"找缺点法"课时教学方案

设计者：刘　丹　崔红岩

一、背景分析

　　创新就是根据一定的目的，调动已知的信息，产生新颖的思想，获得新颖成果的活动过程。"找缺点法"是第四单元"我的创新方法"中的第4课时，适合三至五年级使用。本课是找出事物的不足，进行探究的过程，从而得到更完善的成果。学生对周围事物的作用已经有所判断，通过开展探究活动，进一步获取新颖的成果。科学探究源自生活的需求，能够发现事物的缺点，有助于加以改进和利用。

二、课时目标

　　（1）了解找缺点法的概念，掌握找缺点法的操作步骤。

　　（2）能够简单地列举生活中物品的缺点，并针对缺点提出可行性改进方案。

三、评价设计

　　通过活动一"猜一猜，知步骤"，让学生了解找缺点法的概念，即"找到事物的缺点进行创新的技法"，并在案例故事中学习掌握找缺点法的操作步骤，即：确定研究课题；找一找研究对象的缺点，如在功能、性能、结构、形状、应用、材料、经济、美观等方面存在的缺点；将列举出的缺点进行归纳、整理；针对缺点进行创新设计。

　　通过活动二"找一找，出方案"，研究生活用品剪刀、一次性筷子和一次性杯子，利用给出的任务清单，结合"找缺点法"的步骤方法，分小组进行动手实践，找出各物品的缺点，各组派代表简单说明列出的缺点，并分享展示各自的创新方案。

四、教学活动设计

（一）活动一：猜一猜，知步骤

教师指出：在我们的日常生活学习中，有的人就对身边的生活物品很不满意，他们会想尽办法设计出令自己更满意的物品。

多媒体出示几种物品图片，学生讨论自己在生活中发现的类似问题，讨论设计不合理之处，并表达自己的观点。

教师指出：生活中的很多富有创造力的发明都源自发明者对现状的不满意。在人际关系中，我们提倡多看他人的优点，但是在创新领域，我们要学会挑毛病。今天的课我们专门来挑毛病，来学习一种创新方法：找缺点法。找缺点法就是找到事物的缺点。

教师带领学生总结：第一步，确定课题；第二步，找出缺点；第三步，归纳整理；第四步，创新设计。

（二）活动二：找一找，出方案

1. 寻找缺点

学生研究剪刀、一次性筷子和一次性杯子。分小组做好缺点记录，小组成员认真观察、体验，并结合生活经验、头脑风暴，每人至少说出一个缺点。

（1）剪刀。剪一张长10厘米、宽2厘米的纸条；剪大小不同的五角星两个、爱心两个；将一个硬纸板对半剪开。

（2）筷子。用筷子将不同颜色的弹珠分开；尝试夹起桌面上的物品。

（3）一次性杯子。往杯子里倒各种温度的水，尝试喝一下；将杯子摆成金字塔模样，再迅速收回，越多越好。

学生实践体验后，提出设计不合理之处。

2. 提出方案

（1）学生组内分析所列举的缺点，根据自己的了解，分别说出哪些缺点目前已经克服了，哪些还没有克服。针对尚未克服的缺点，进行分析，大胆设想，提出创新方案，每小组至少提交一个方案。

（2）各组派代表简单说明列出的缺点，并分享组内的创新方案，其他同学做补充。

3. 验证方案

学生分组做实验，尝试改进已有的设计，验证自己的想法。

（三）活动三：谈一谈，做归纳

学生使用评价量表对自己的表现做出评价。学生心得：生活中的物品没有十全十美的，总是存在着这样或那样的缺点，只要我们拥有一双善于观察的眼睛，以及善于思考的大脑，并将想法付诸行动，就能提升我们的生活品质。

8 校园绿色生态灌溉系统

案例点评

　　STEM课程是一种综合性的教育方法，旨在培养学生的科学、技术、工程和数学领域的综合能力，有利于提高学生的解决问题能力、创新能力和科学素养，有利于学生更好地应对未来的挑战，同时也为他们的职业发展提供了更广泛的机会。学校开发"校园生态灌溉模型STEM课程"，旨在落实绿色生命教育办学理念，关注生命成长，关注学生的可持续发展，非常值得肯定。本课程引导学生手脑并用，注重培养学生的科学精神、实践创新、学会学习、责任担当等核心素养，通过设计与制作，突出了新时代劳动教育的特征，指向迁移创新的素养目标落实。必须指出的是，STEM课程在开发与实施中，有"课程整合和学习成果的评价"等几个难点需要突破，这也是校园生态灌溉模型STEM课程未来需要努力的方向。

荣成市实验中学校本课程规划方案

设计者：汤丽静　邹彩丽　房　蕾　张晓东　杜莎莎

为贯彻落实立德树人根本任务，学校梳理确定"为生命添彩"的办学理念，以实现"汇聚海之气韵的教育明珠"为办学愿景，培养具有人文底蕴、实践创新、国际视野、家国情怀的实验学子。

一、课程依据

（一）课程改革的宏观诉求

1. 学生层面

随着时代的发展，社会对学生的综合素质提出了新的要求。结合学生的兴趣及迎合社会发展的需要，基于"因需而设，应需而学"的原则，分类、分层架构课程，推动学生个性发展、能力全面提升。

2. 国家层面

《关于全面深化课程改革落实立德树人根本任务的意见》提出，进一步提高国民的综合素质，培养创新人才。国务院颁布的《"十三五"国家科技创新规划》中要求：以增强科学兴趣、创新意识和学习实践能力为主，完善基础教育阶段的科学教育，提升综合素质。

3. 学校层面

学校积极推进基础教育课程改革，加快特色项目活动建设，强力支撑教师新课程观和育人观的构建，推动学生全面发展。

（二）课程建设与研究基础

校本课程门类齐全，内容丰富。实验中学现在拥有明德尚礼、艺术人文、运动健康、科技实践、学科特色、劳育与食育六大类课程。

课程特色鲜明。学校是威海市绿色生命教育特色学校，是省师资培训中心确定的STEAM教育省培育校，有"STEAM创作营"等特色科技项目。

课题研究成果辐射面广。学校拥有"为生命添彩"等与课程改革相关的省市级课题14项、课改创新成果9项，探索研究教学方式、学生合作方式、学习方式的根本性变革。

（三）地域文化及其优质资源条件

地域文化资源独特。荣成拥有千里海岸线，海洋民俗文化源远流长。学校依托地域资源，努力打造、合理利用和保护海洋资源，传承海洋文化。

场馆资源丰富。学校着眼校内可利用的土地资源，升级打造明德湖、百果园、百草园、百花园、百禾园、生态修复基园等，形成"一湖五园N点"基地带建设模式，建立"标准化+多元化"基地供给体系，满足不同年级、不同兴趣的学生多元化劳动实践需求。

活动资源多样。借助荣成每年举办滨海国际马拉松、滨海国际气球节等众多国际赛事，学校举办科技节、五园采摘节、劳动创意节，助推教育高质量持续开展。

具有可利用的大学优质资源。哈理工、山东海洋学院两所大学均是学校的实践基地，还先后与齐鲁师范学院和哈工大威海分校建立科技创新教育合作关系，并开展了STEAM社团课程和课题研究。

二、校本课程方案

（一）课程目标

1. 课程建设目标

以绿色生命教育理念为引领，构建以拓展型课程、探究型课程为分支，以必修和选修为主要方式的"绿色生命教育"校本实践体系。以科技为切入点，通过拓展型、探究型课程让科技教育真正落地。拓展型课程主要通过科技行走、科技文化、科技达人三大科技类别来实施；探究型课程通过项目式和主题式来完成。

2. 分阶段目标

校本课程分阶段培养目标，从四个方面展开，参见下表。

校本课程分阶段培养目标

课程目标 / 具体要求	学段	六、七年级	八年级	九年级
有温度	真诚友善 热爱生活	珍爱生命，悦纳自我，诚实守信，能诵读一定的传统文化篇目，有集体荣誉感。	有感恩之心，能善待他人，能记忆和积累一定数量的传统文化篇目，能承担一定的社会责任，各美其美。	具有家国情怀，能在弘扬和传承传统文化中培养担当民族伟大复兴梦想的中国品格，有远大理想。
有亮度	兴趣广泛 实践创新	能发现问题，敢于质疑，能欣赏不同艺术形式美，保持积极乐观的人生态度。	掌握解决问题的策略，主动参与各项实践活动，有自己的课题研究项目。在公益活动中提升服务品质，做最好的自己。	形成优秀思维，发挥潜能，享受创作的快乐，探究中外科技明星的优秀品质，善于推销自己。
有厚度	智慧学习 体魄强健	养成学习的习惯，培养一种体育特长，健康生活。	寻找适合自己的学习方法，能运用学习的策略提高学习效果，坚持一项体育运动。	共享优秀学生的学习方法，提高学习力，快乐学习，做身心健康中学生。
有气度	宽广包容 差异理解	能认识不同个体生命与文化差异，尊重其发展规律。为身边优秀对手点赞。	了解不同个体生命与文化差异的根源，能够换位思考，有一定的共情力。关注"一国两制"的执政效果。	与其他个体生命与文化和谐共处，学会取长补短，对共建人类命运共同体有自己的建设性意见。

（二）课程结构与设置

围绕"有温度、有亮度、有厚度、有气度"的课程成长目标，融合五育发展，形成基础型课程、拓展型课程、探究型课程，构建五大类课程体系。

校本课程体系结构图

（三）课程实施

对不同内容板块采取针对性的实施要求。

★人文艺术类实施要求：

采用"情境创建，明晰目标"—"问题驱动，自主思考"—"师友合作，质疑思辨"—"导图梳理，盘点提升"的模式，落实"立德树人"的根本任务，在教学情境化、有效问题统领、师友互帮互助、思维导图建构中提升能力，形成综合素养。

★科技实践类实施要求：

注重合理创设问题，在问题的层级建构上着重发力，通过问题层级将学生引到问题区、深度学习区，促进学生的思维走量与思维深度，提升学生的探究力、质疑思辨能力，并培养学生的创新素养。

★生态劳动类实施要求：

采用项目式教学，以"发展自主探究能力""提升问题解决能力""生成自觉、自主的创造性实践活动"为目的，在劳动情境化、探究方式合作化、劳动成果可视化、评价样态多元化的基础上，整合知识与技能，进行深度理解与运用。加强劳动基础上的人格培育与完善，在劳动中发现美、创造美。

（四）课程评价

1. 总体评价

课程总体评价表

观测项目			等级说明			
一级指标	二级指标	三级指标	优秀	较好	一般	较差
温度	教师活动	教学目标准确、具体、科学，有利于学生自主学习、合作学习，能找准目标与巩固练习对接点。教学设计符合学生心理特征、认知水平，关注个性差异。教师有亲和力，能和学生平等对话，交流互动，能用积极语言激励学生。				
	学生活动	学生有活力，师友合作默契，课堂动静结合，张弛有度，学生学习有幸福感。在和谐的课堂环境下，基本技能得到提高，思想情操得到陶冶，思维能力得到发展。				
亮度	教师活动	学习评价有特色，及时采用积极多样的评价方式鼓励学生个性发展；语言富有激励性和启发性，对学生充满期待，能点燃学生的学习热情。教师善于倾听，适时追问，问题具有梯级性，能给学生搭桥，引领学生自主解决问题。				
	学生活动	课堂仪态大方，表达简洁规范。师友合作，小组合作学习高效，师友互助互学真实有效。合作学习时积极参与，发表看法，互学有效度；吸收他人观点重新建构知识，共学有深度。				

......

2. 个性化评价

学生个性化评价表

一级指标	二级指标	评价内容	分值	等级
创新学习基础	学习态度	刻苦钻研，积极主动思考，努力争取出色完成学习任务。	6	
	合作学习能力	愿意与小组成员合作，善于倾听组员的意见，同时积极发言。	6	
创新学习能力	实践操作能力	能够运用所学知识解决实际问题，有较强的动手能力和操作意识。	6	
	自学能力	有良好的自学习惯和学习方法，能运用已有的知识体系解决新问题。	6	
	发现问题能力	具有较强的学习意识，善于从老师提供的问题情境和自己生活中发现问题。	8	
	获取信息能力	具备基本的多渠道、多角度提炼信息的能力，并能为解决问题寻找和储备有效信息。	8	
	分析问题能力	掌握研究问题的科学方法，能有效分析信息并寻找到解决问题的突破口。	8	
	学科融合能力	具备学科整合的能力，有学科融合的意识，能多角度、多方位寻找问题的解决方法。	6	

......

三、课程保障

（一）组织保障

为提升对校本课程的领导力、执行力，学校成立了三个小组：一是课程建设领导小组，负责顶层设计、协调统筹、督导检查等各项工作；二是课程研发小组，负责课程的开发与实施、课程评价等具体工作；三是特色课程建设领导小组，负责课程的管理与实施。

（二）机制保障

1.课程开发与配备

（1）教师根据自己专业特长，自主申报一项社团课程。课程经审核通过后，进行后续课程纲要、教材内容的编写与实施。

（2）激励家长参与课程开发。

（3）每周四第7、8节安排社团课程，每一门社团课程都要做好课程纲要编写。在实施过程中，定期进行反馈梳理加以改进。

（4）制订科学的评价细则，有效地检测目标达成情况，督促提升课程质量。

2.选课机制

（1）提供选课指南说明，学生自主选择喜欢的科目。

（2）每学期初选定课程，不得自行更换，修满一学期计入学分2分。参与相关比赛取得较好成绩可奖励0.5到1学分，与评优挂钩。

（3）每学期初发放调查问卷，依据智能测评和问卷结果，确定学生智能类型，为选课提供参考。下发选课单及课程二维码，学生选择参加的课程。政教处汇总四个年级选课的学生数，根据学生意向和学校实际情况，双向选择，确定选课名单，最终统一下发课程选修名单。

3.课程运作机制

（1）每学期召开两次教研工作专题会议，研究课程工作计划，总结分析教学工作中存在的问题，形成计划和调研报告。

（2）教师每月一次集体教研、课例研讨，做到有主题、有分享。

（3）成立课程研究小组，建立一支相对稳定、有特长、知识面广的引领型教师队伍。

（4）建立师资培养体系。定期举办"三分享"活动，即分享一本科技教育好书、一个先进做法经验、一个教学策略。尽快构建承上启下的教师群体，形成合理的梯队结构。

（5）规范教研评估机制，定期检查教研活动内容和效果，组织研讨活动，并将实绩作为业务考核、评选先进的依据之一。

4. 制度保障

（1）完善教师评价制度。依据"实验中学校本课程评价量表"进行评价。实施前，根据课程纲要进行评价；课堂中，主要从教学方式的创新、问题的精心设计、过程的动态把握、学生的主动学习等方面对教师进行表现性评价。学期末，以学生成果的评价结果为基础进行评价，并记入业务档案，作为教师年度考核依据之一，促进教师的专业成长与主动成长。

（2）教师专业成长制度。在学科教研的基础上，着力建设多元化的教研体系，开发多视角的校本课程。学校成立跨学科教研共同体、跨学科综合教研组和跨学科研修互助组，进行跨学科教研，促进教师专业发展。

贰 "校园绿色生态灌溉系统"课程纲要

设计者：刘军波

一、课程简介

本STEM课程引导学生聚焦"生态"主题，在探索"人与自然的循环与可持续发展"中发现问题，并运用学到的数学、科学等知识来创新设计、解决问题。此主题是学生在设计雨水收集器的实际问题中持续生成的"新"项目。基于校园灌溉系统费水、低效的现状，探究物质、能量的良性交换，逐步培养学生对自然、社会和自我之间内在联系的整体意识，实现发自内心的自信与充盈，达到自然养育人类和人类护育自然二者统一，助力学生未来成长。

二、背景分析

（一）顺应社会教育改革趋势

山东省教育厅下发《关于贯彻落实全国教育大会精神实施基础教育"十大行动计划"的意见》，推行实施 STEM 教育、项目化、跨学科学习，培养学生勇于探索的创新精神和善于解决问题的实际能力。

（二）吻合学校课程育人目标

学校在绿色生命教育办学理念下，以立德树人为根本，培育科技特色品牌。引导学生手脑并用设计校园生态灌溉模型，培养学生的科学精神、实践创新、学会学习、责任担当等核心素养。通过设计与制作，让学生综合应用所学知识创造改变生活环境，突出了新时代劳动教育的特征，有利于提升学生面向未来的关键技能，并培养重要品格。

（三）紧扣已有学情基础

学校联盟一体校中的实验小学是全国 STEM 种子培育学校，具备项目化学习基础。结合课程开设，对不同年级进行项目知识储备、意愿与目标问卷，调查结果显示，86%学生希望继续探究，47%学生实践能力和创新能力弱。据此，对缺乏探究与创新思维能力的学生，通过课程学习夯实基础；对学有所长的学生，则给予能力梯度提升。

（四）立足丰富资源条件

学校作为省 STEM 项目培育校和齐鲁师范、威海哈工大的科技教育合作校，由山东大学生命科学学院冯力骏教授进行专家指导与技术支撑。拥有全市规模最大的3D打印室，以及机器人、激光雕刻、科普实验室。建有明德湖、生态种植园，利于生态劳动教育的开展。

三、课程目标

（一）核心育人价值

让每一个生命心智灵动生长。

（二）学生学习目标

（1）通过情境分析，学会利用问题的客观性聚焦，并能发现提出一个有价值的问题。

（2）通过观察、比较、推理等方式了解灌溉系统，掌握生态灌溉系统形成的基本思路，并能够创造性地对"灌溉系统设计的可能性和预测效果"规划出自己的项目方案。

（3）通过小组合作进行制作、测试与评估，能够从跨学科的视角对事物的真实问题形成比较全面的结构性认知，设计表达出学校生态系统图纸，并能在活动中制作出一个相应的蓄水、供水、灌溉系统模型。

（4）通过考察农业科技社会实践活动，初步做出与人类环境有关的力所能及的实际行动，理解和感受灌溉系统对生活和社会发展的价值，发展社会责任感与担当意识。

四、学习主题/活动安排

课程单元主题及实施要求

单元主题	主要内容	课时	周次	实施要求
一、身边的灌溉系统——发现问题	1. 校园实地考察	1	第一周	目标：从真实情境的考察中发现问题，培养绿色生态持续发展观。
	2. 生态园、生物园、明德湖地形测量	1	第二周	实施要求： ① 考察后，每人至少提1~2个问题。 ② 筛选亟须解决的4个问题。 ③ 确立一个能解决问题的驱动任务。
二、灌溉系统的历程——定义问题	1. 文献查阅	1	第三周	目标：针对不同灌溉系统观念库的集合，学生进行猜想论证，探究节水、高效的灌溉系统的一致性理解。
	2. 采访调查不同时期、不同类型的灌溉系统	1	第四周	实施要求：每小组选择收集灌溉系统中（蓄水、供水、管道、田园工程）一个或两个流程的信息，并实现此流程功能应用的原理支撑。
	3. 方案改进	1	第六周	资源配置：信息型支架（有关节水、高效的灌溉系统的信息）。
	4. 方案优化与确定	1	第七周	

......

五、评价活动/成绩评定

课程评价表

得分	设计制图	信息收集	核心知识	作品功能	测试改进	合作能力
A	尺寸或标签不清晰	信息来自同一来源，或信息不准确	小组或成员陈述中无法说明作品涉及的原理	作品无法实现预期功能	几乎没有对作品做任何修改	组内没有清晰分工，组员没有全程参与

得分	设计制图	信息收集	核心知识	作品功能	测试改进	合作能力
B	尺寸清晰，大部分结构有标签	信息来自两个不同的出处，没整理	小组或成员陈述中较为准确说明作品所涉及的原理	作品能实现一部分功能	有一些证据表明在测试后对作品进行修改	虽分工，但分配不均，工作量多少不均
C	设计图清晰，有准确的尺寸，大部分结构有标签	信息来自不同的出处，系统整理	所有小组或成员在陈述中较为准确说明作品涉及的原理	作品能实现大部分功能，但无法实现设想	有清晰证据表明在测试后对作品进行修改	分工合理，有证据表明组内沟通及时顺畅
D	设计简洁易懂，结构有标签，尺寸标注准确	信息来自不同的出处，并经过整理	小组成员陈述中准确说明作品涉及的原理	作品能很好实现设想	有清晰证据表明修改不仅基于测试数据，更基于深刻科学认识	分工合理，有明确的机制审核个人工作，组内沟通顺畅

小组名	设计制图	信息收集	核心知识	测试改进	作品功能	总评

叁　"模型方案设计与验证"课时教学方案

设计者：刘军波

一、课时目标

（1）通过欣赏科学节水案例进行情境探究，收集灌溉信息，为设计学校灌溉系统做好铺垫。

（2）通过地形勘测（模拟），运用知识经验生成有价值的信息，并对方案做出科学判断。

（3）通过分享设计初步方案，能对他人提出质疑，分析讨论并听取合理建议，修改完善设计。

（4）通过反思加工单，再次论证总结、深层剖析方案，提升科学素养及社会责任与担当意识。

二、评价设计

基于上述课时目标，设计评价任务；能提供目标达成所需的行为表现（证据）。

评价任务及评价标准

评价内容	评价标准	评价主体		
		自评	互评	师评
图纸	1. 不清楚，结构尺寸不合理 2. 简洁易懂，结构尺寸合理			

评价内容	评价标准	评价主体		
		自评	互评	师评
原理	1. 不科学，无法实现预期功能 2. 科学，能实现功能			
创意	1. 一般，无特色 2. 新颖、突出、有特色			
表达	1. 断断续续，陈述不清晰 2. 陈述思路清晰			
合作	1. 有分工，组员参与度不高 2. 分工合理，沟通及时			

三、学与教活动设计

（一）创设情境，提出任务

（1）视频导入：呈现喷灌、滴灌两种灌溉方式。

观察比较两种方式的优缺点。同时，交流是否还经历过其他灌溉方式。

（2）师生共同分享：灌溉初印象。

（3）教师设疑：随着时代发展，高效方式怎样适用于任何田园农业呢？

（4）师生交流归纳并引出驱动任务：招标一份高效节水绿色灌溉方案。化身农田水利工程师，为学校设计绿色灌溉系统方案。

（二）观察与发现

任务一：赏析案例，了解系统

（1）教师提供信息资源支架——灌溉案例，学生观察、搜索灌溉信息。

（2）学生交流搜索的灌溉信息。

（3）用思维导图呈现样例中涉及的知识。

（4）学生联系已有知识经验，从搜集的信息中，做出证据分析。

（5）结合视频，引导学生交流实现节水高效灌溉需要注意的问题，以及渗透的技术。

（6）学生小组讨论并归纳。

任务二：慧眼识图，分析系统

（1）提供南水北调地形图、等高线图、平面图，运用课件直观建立联结，引导学生构建知识网，迁移知识解决问题。

（2）引导学生从提供的信息资源中结合已有知识经验，提炼并生成信息。

（3）学生结合地形图和测量的数据，从搜集的信息中，做出证据分析。

（4）学生根据比例尺的大小、等高线的疏密，判断水源与灌溉区域的地势特点，生成有价值的信息，并运用于自己的设计方案中。

（三）构思与设计

任务三：头脑风暴，设计方案

（1）提供设计构思支架——专家支着。

教师引导：掌握了方法，针对学校地势及资源匹配情况，开始设计吧。

（2）结合不同学生水平差异，提供两种形式：物理模型、草图绘制。

（3）学生根据专家支着的构思方法，结合支架选择适当形式表达方案。

（四）交流与评价方案

任务四：交流分享，评价方案

（1）提供分享及评价工具支架，学生明晰投标员和招标员的要求。

（2）教师引导小组交流、评价，必要时进行点拨。

（3）学生对方案进行陈述，面对质疑，有理有据地进行解答与表现。同伴结合评价方案进行评价，并给出合理的建议。

（五）反思总结方案

各小组对方案进行展示，教师出示反思加工单：

---

1. 你是如何觉知到自己的方案确定存在缺陷的？

A. 与同伴交流　　　　　　　　B. 与别人作品相比较

C. 专家点评　　　　　　　　　D. 与他人讨论

2. 在优化方案中，如何解决问题？

A. 实验探究原理　　　　　　　B. 请教专家调整参数

C. 与同伴学习数字化技能

总结归纳：把方案中需要解决的问题，以日志或书信形式总结出来。

（六）拓展延伸

小结激励：设计流程往往不是线性的，回头路并非预示着方案的失败，相信通过对方案的不断改进，不仅为校园灌溉系统提供优秀的设计方案，而且为将来生态环境可持续发展贡献出自己的一份力量！

9

"邮"彩课程，"邮"向未来

案例点评

　　"幸福课程"体系在顺应学生年龄特点、身心发展规律基础上，能够清晰地呈现课程逻辑。基础课程、拓展课程、探究课程三类课程，既横向统筹各学习领域，又纵向关照个体兴趣爱好和发展差距。"邮"彩课程作为基于道德与法治学科的拓展类必修校本课程，课程开发紧扣学校育人目标，在课程内容设计与实施过程中，始终让学生站在成长的中心，为学生提供综合素养螺旋式上升的条件与保障。需要指出的是，评价任务设计要与学习目标相匹配，指向目标的落实，此外课程中的评价量规设计也有必要在科学性和规范性方面继续探索。

壹　青岛市第二实验小学校本课程规划方案

设计者：江建华　崔少琳　苏　静　刘　静　刘　慧

青岛市第二实验小学位于李沧区黑龙江中路472号，于2015年8月建成使用，目前有55个教学班，2233名学生，教师120人。学校秉承"建一所有温度的幸福学校"的教育理念，围绕培养具有"规则意识、合作境界、民族情怀、国际视野"的现代小公民的育人目标，为进一步引导学生形成科学准确的幸福观，特制订本课程规划方案。

一、课程开发背景

（一）基于课程改革的需要

2016年，《关于全面深化课程改革落实立德树人根本任务的意见》明确了核心素养是深化课程改革、落实立德树人目标的基石。2019年，《关于深化教育教学改革全面提高义务教育质量的意见》强调突出德育实效、提升智育水平、强化体育锻炼、增强美育熏陶、加强劳动教育，更好地全面发展素质教育。《义务教育课程方案（2022年版）》规定：校本课程由学校组织开发，立足学校办学传统和目标，发挥特色教育教学资源优势，以多种课程形态服务学生个性化学习需求。

（二）基于学校发展的需要

学校倡导"好人在好的关系里做好事"，坚持"教师是学校发展的第一资源"的主张，以科研为引领，以"教师专业成长共同体建设"改革项目为支点，促进教师自主自愿"生长"。校本课程与学校"培养守规则、乐合作、讲情怀、广视野的现代公民"的育人目标有机结合，让学生的成长真实自然。

（三）基于学生发展的需求

课程是学校的灵魂。建校之初，656名来源于周边学校申请就近入读的学生，个体差异很大，学习兴趣普遍较低。因此，深度建构学校校本课程，创设丰富多样的特色课程，提供适合学生发展需求的个性化教育，是培养学生核心素养的有效途径。

基于此，学校以"看世界、做自己"为核心理念，站在"整体育人"的高度，多措并举培养学生核心素养，积极探索深度建构学校校本课程体系之路。

二、课程方案

（一）课程目标

学校以"修养之雅、语言之妙、逻辑之强、健康之乐、艺术之美、探索之真"作为校本课程建设的特色要求，优化拓展课程群，推进探究课程群，使校本课程体系横向链接、纵向深入地构成体系，最终以环环相扣的链条式形态出现，引导学生自主、自由地学习。

（1）通过体育健康课程学习，掌握基本运动技能，养成体育运动习惯，强身健体，健全人格，树立生命安全与健康意识，提升身心素质和社会适应能力。

（2）通过公民生存课程学习，在研学和职业体验中掌握基本的生存法则，明确基本的职业操守和职业素养，在历练中学会担当，在担当中学会尽责。

（3）通过国际理解课程学习，了解中华文化、多元文化、全球问题等知识，感知世界文化的多样性，增进对不同国家文化的理解与认同，提升对中华文化的认同感与自豪感。

（4）通过人文课程学习，体会中华优秀传统文化的魅力，养成乐于提问、敢于质疑的能力，学会与环境、他人、自己相处，关爱他人，培养探究能力、合作能力和创新精神，全面提升综合素养。

（5）通过"邮"彩课程学习，认识、欣赏和设计邮票，感受方寸天地所展现的文化风韵，丰富科学文化知识，增长见识，培养自主学习、主动参与实践的能力，提高合作探究能力及审美鉴赏能力。

（二）课程结构与设置

1. 整体课程结构及其关系

我校建构的幸福课程体系分为基础课程、拓展课程（校本必修）和探究课程（校本选修）三大类。其中，基础课程涵盖了国家课程和地方课程，是幸福课程体系的"主色"；拓展课程和探究课程属于校本课程，分别是幸福课程体系的"亮色"和"炫色"。学校以基础课程引领学生全面发展，以拓展课程助推学生多元化发展，以探究课程辅助学生个性化发展，注重学生课程体验，关注学生生活，帮助孩子塑造一个丰盈的心灵。

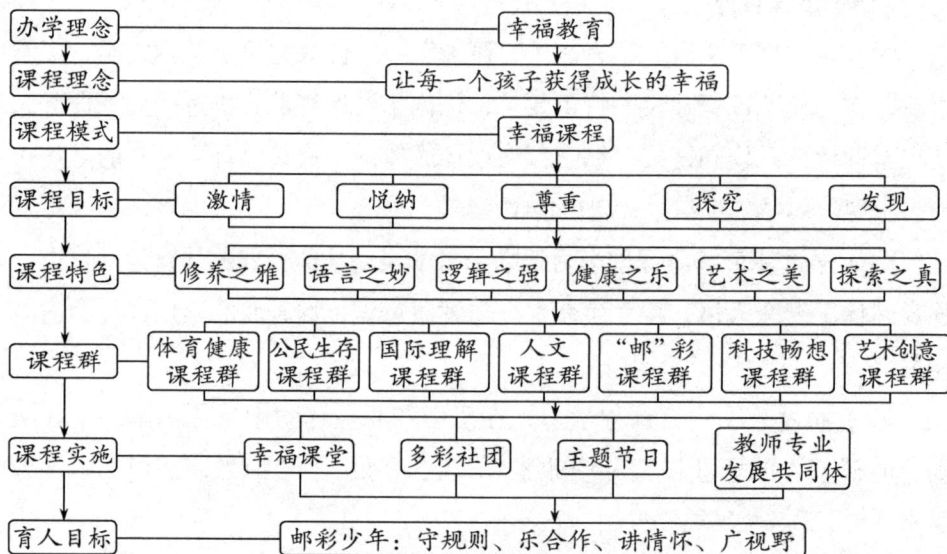

幸福课程体系结构图

2. 课程设置与课时分配、比例及其说明

校本课程包括拓展课程（校本必修）和探究课程（校本选修）两大类，根据《山东省义务教育阶段课程安排表》的要求，校本课程设置为间周开设一次，总课时设置为每周1课时。学校结合孩子们的年龄特点和心理特点，分年级、分年龄段逐步实施，螺旋上升，让孩子们在积极投入、快乐合作、幸福体验中，获得成长的内驱力，拥有幸福的童年。

校本课程设置与课时分配情况

类别	性质	形式	课程群	课时安排	比例（按年级实施）
拓展课程	校本（必修）	学科拓展项目推进	体育健康课程群	每周0.5课时	一年级（100%）
			公民生存课程群	每周0.5课时	二年级（100%）
			国际理解课程群	每周0.5课时	三年级（100%）
			人文课程群	每周0.5课时	四年级（100%）
			"邮"彩课程群	每周0.5课时	五、六年级（100%）
探究课程	校本（选修）	主题体验自主走班	科技畅想类课程群	每周0.5课时	一至六年级（50%）
			艺术创意类课程群	每周0.5课时	一至六年级（50%）

3. 校本课程开设的具体内容

校本课程开设的具体内容与说明

类别	课程群	课程内容
拓展课程	体育健康课程群	心灵奇旅、羽球飞扬、足球、花样跳绳、啦啦操等
	公民生存课程群	研学、安全、劳动、责任、模拟法庭等
	国际理解课程群	小脚丫心向传统、小脚丫情系丝路、小脚丫走五大洲、小脚丫游学GO精彩等
	人文课程群	悦读、二十四节气、四季、数学文化等
	"邮"彩课程群	"邮"·说本源、"邮"·走天下、"邮"·想未来等

续表

类别	课程群	课程内容
探究课程	科技畅想类课程群	科技苑、3D打印、创客城、"编"学"编"玩等
	艺术创意类课程群	布简单、直笛部落、瓦楞纸、太阳花舞蹈、妙"剪"生花等

（三）课程实施

1. 学科拓展，项目推进——拓展课程助推学生多元发展

拓展课程是着眼于基础课程群的延伸、发展和补充，保持学科内部各学段之间的序列性和认知的逻辑性，参照各学段所应达到的水平标准而设计的校本必修课程，关注学生生活，注重学生课程体验，促进学生多元化发展。

（1）体育健康课程群主要包含心理课程、羽毛球课程、足球课程、花样跳绳课程、啦啦操课程等。其中，心理课程以"心灵有约""我手绘我心""心灵奇旅"三个子课程展开。"心灵有约"子课程依托校园电台分享心灵鸡汤，让心安稳温暖，使事有始有终。"我手绘我心"子课程开展系列绘画活动"看见"，学生制作漫画、曼陀罗绘画、道具等，为情绪打开天窗，为心灵赋能。"心灵奇旅"子课程通过丰富的心理社团活动，让学生遇见更好的自己，感受成长，学会感恩。

（2）公民生存课程群主要是通过丰富的生活体验和实地考察，提高学生的社会适应能力。学校逐步构建与完善了以"小好奇看大世界"为主题的研学课程体系，包括小好奇学科技、小好奇试职业、小好奇探邮电、小好奇践生存、小好奇爱自然五个课程主题，让孩子们在探究学习的基础上走进应急体验中心、丝路协创中心、八大关、邮政局、博物馆、少年法院……在"小好奇"的陪伴下，让每一位学生能畅游每个场馆，探索和学习各种知识，增长见识，保持和发展乐于探究的欲望，在实践中丰盈思维。

（3）国际理解课程群以"尊重、理解、包容、认同"为目标，包含小脚丫心向传统、小脚丫情系丝路、小脚丫走五大洲和小脚丫游学GO精彩四个子课程。以"小脚丫走美洲"为例，针对学生实际情况，跨越学科界限，课

程内容呈现了风格各异的建筑、丰富多彩的饮食和异彩纷呈的服饰等知识。其中的"牛仔很忙"主题，引导学生走进美洲服饰，了解不同国家的服饰差异，以手抄报等形式介绍美洲的牛仔文化；此外，在实践层面举办牛仔服饰展览，学生在参观展示的过程中懂得服饰文化的差异性和丰富性，形成对不同民族服饰文化的包容和尊重的态度。

（4）人文课程群旨在提高学生的传统文化知识素养。以悦读系列课程为例，其中的整本书阅读课程、百家讲坛课程、诵读微课程、"1+X"专题活动课程、"妙笔生花"写作课程五个子课程相互衔接、相互补充。学校将语文新课标中要求背诵的136首古诗划分为六级，跟《三字经》等传统经典蒙学、小古文、必读选读书目相匹配，印制成一套六册的《悦读手册》。学生们手捧一册，放声吟，静心读，跨越时空，跟诗人对话，听智者教诲。

（5）"邮"彩课程群是我校打造的综合性特色课程。学校以"校园邮局"为载体，将邮票文化、邮政服务与校园文化融为一体，自主研发个性化的"邮"彩课程，包括"邮"·说本源课程、"邮"·走天下课程和"邮"·想未来课程等。以一枚小小的邮票，引发学生学习邮票知识、探究邮票奥秘的欲望，在欣赏、研究邮票的过程中丰富学科知识，提升思想道德及文化素养，提高合作探究能力及审美鉴赏能力等。

2. 主题体验，自主走班——探究课程助力学生多元发展

探究课程以改变学生的学习方式和思考方式为核心，以学生的兴趣为起点，通过开设多姿多彩的社团，进行科技畅想和艺术创意，旨在培养学生的创新意识、创新精神、创造能力和实践能力。通过自主选修，为孩子生命成长提供一份"营养菜单"，做到课程选修化、校外实践常态化，提炼出一批优质课程资源，建设学校课程资源库，为每个学生"发现自己"提供机会和可能。教师共同体开设艺术创意类课程，学生自主选择、全员参与。以"纸箱乐园"瓦楞纸课程为例，该课程采用发展学生开放思维的教育方式，并与国际理解课程相关联，引导学生将研学过程中的所见，以瓦楞纸为载体加以表现，形成了一种独特的课程元素。在教学楼内，师生们专门搭建了一处"丝路公园"，以瓦楞纸为载体的标牌和板凳让人领略到了艺术的无限魅力。

（四）课程评价

在幸福课程体系的助推下，学校着重完善了以"校园邮局"为载体的个性化"邮"彩课程，并将教育评价与"邮"彩文化相结合，建构五育融合的"邮"彩评价体系，以"邮"彩课程开阔学生文化视野，以"邮"彩评价促进学生全面发展，提升幸福课程实施的效度。

"邮"彩评价从德育（道德品质与公民素养）、智育（学习愿望与能力）、体育（运动与健康）、美育（审美与表现、个性与情感）、劳育（劳动素养、创新实践能力）五个维度展开，每个维度下设计相应的评价细则，各项细则直接指向学生发展核心素养的培养。校园邮局每学期初发行主题鲜明、蕴含课程元素的邮票，分设德育、智育、体育、美育、劳育五大类别，每类邮票分设不同的内容，邮票图案涵盖当代功勋人物、新时代科技成就、奥运冠军、古代四大发明、古代名家名作等，学生通过参与课堂互动、参加校园活动、遵守校规与班规、讲文明懂礼貌等方式积极参与征得，珍藏在《成长集邮册》里，并用邮彩日记的形式记录收获。学期末，根据学生集邮数量评选"集邮王"和"潜邮王"，为学生颁发真正的邮票和邮册，以正面评价强化学生的积极行为，以过程性评价促进学生的多元发展。

三、课程保障

（一）建立课程协作机制，给予课程开发多方协作

学校成立校本课程领导小组，建立经费支持制度，设立校本课程开发专项基金，以保障课程开发的水平和质量。定期邀请课程专家入校进行指导，开展相关讲座，在各位专家的点拨与指导下，校本课程体系不断完善，"邮"彩评价方式日渐丰盈。

（二）借力教师成长共同体，提供课程开发组织保障

教师是学校课程建设的开发者、实施者和组织者。不同级部、不同学科的班主任们自发地组成课程开发小团队，从学生的兴趣需要、经验现状等方面出发，积极开启头脑风暴，以问题为导向，围绕课程目标、课程资源、课程内容、实施策略等进行多次详细的审议与研讨，大家相互学习，迸发出新

的火花和思考。

（三）完善教师激励制度，调动教师课程开发积极性

第一，学校层面规定教师开发校本课程的课时等同于开设主科的课时，并适当减少课程开发团队教师的常规工作量。

第二，制订倾斜政策，在年终工作考核和评优、评先中对课程团队教师予以优先考虑。

第三，给予课程团队教师多渠道、多形式的进修培训机会，以提高他们深入进行课程开发的能力。

贰 "'邮'彩课程，'邮'向未来"课程纲要

设计者：江建华　崔少琳　苏　静　刘　静　刘　慧

一、背景分析

邮票，方寸之间，博古今，观世界，一直以来被冠以"国家名片"之美誉，幽幽方寸间亦蕴涵着丰富的教育资源。然而，随着网络的日益普及，以书信为媒介的传统联络方式被逐渐取代，学生与邮票之间的距离越来越遥远，甚至不知邮票为何物。

随着时代的发展、社会的进步，对青少年加强素质教育的观念深入人心。重视培养学生广泛的兴趣和爱好，促进学生德智体美劳全面发展的教育理念已越来越引发学校和社会各界的广泛关注。2015年8月末，随着学校的正式启用，校园邮局应运而生，开学当天隆重发行了首日封、首日戳，并收到了老师、家长、社会各界热心人士的来信，助力学校发展。从此，校园邮局就成了学校里的幸福驿站。近几年，在学校幸福教育理念的引导和幸福课程体系的助推下，学校逐步构建与完善了以"校园主题邮局"为载体的个性化"邮"彩课程，并将教育评价与"邮"彩文化相结合，开发出以多元评价为导向的"邮"彩评价体系，以"邮"彩课程开阔学生文化视野，以"邮"彩评价促进学生全面发展，让幸福邮票引导学生发展核心素养。

二、课程目标

（1）通过主题课程学习邮票基本知识，了解邮票的构成元素，丰富审美经验。

（2）通过搜集各种各样邮票的设计背景和文化内涵，学习邮票欣赏和评

述的方法，提高艺术鉴赏能力。

（3）尝试设计制作各种邮票、邮戳、明信片、邮资封等，表达自己的情感和思想，美化环境与生活。

（4）能够主动参与邮寄书信、打卡邮政场所等"邮"彩实践活动，激发创造精神，提升劳动实践能力。

三、课程主题及课时安排

"'邮'彩课程，'邮'向未来"课程将邮票作为课程研发的原生点，构建起"邮"彩课程群，以四个主题组织展开，共计18课时，每课时为40分钟。

（一）主题一："'邮'·说本源"单元内容

目前划分为三个单元，分别是"邮票的自述""邮·说生肖""邮·说美丽中国"，其中"邮·说美丽中国"又包括山水邮票、"一带一路"、港珠澳大桥三个分主题，共计5课时。

"邮票的自述"单元，透过一枚邮票的自述，吸引学生观察邮票上的基本要素，加深学生对邮票的认识。"邮·说生肖"单元，学生借助资料包，分小组合作探究生肖邮票文化知识，感悟中国生肖邮票图案中蕴藏的中国传统文化色彩。"邮·说美丽中国"单元中的"山水邮票"主题，学生借助资料袋了解中国山水邮票的历史和文化，领略祖国大好河山与壮丽景色；"一带一路"主题，学生欣赏"一带一路"邮票图案独特的构图和色彩，体会"一带一路"历史文化的丰厚底蕴和无穷魅力；"港珠澳大桥"主题，学生借助邮票资料卡认识港珠澳大桥，明确其在世界桥梁建筑领域的地位，激发学生对强大祖国的赞美之情。

（二）主题二："'邮'·走天下"单元内容

本单元属于实践活动课程，包括"游世界，'邮'不同""那些邮缘故事""邮票里的70年"三个部分，共计3课时。

1. 游世界，"邮"不同

以世界各国、全国各地的邮政或集邮场所为空间教材，开展"'邮'兴大发"主题实践活动，同学们利用寒暑假、节假日等时间走进邮局、邮票博物馆等场所，参观了解当地的邮票文化。

2. 那些邮缘故事

在了解名人集邮故事的基础上，组织学生寻找身边的集邮达人，听他们讲自己与邮票的小故事。借助调查表对集邮者开始集邮的时间、集邮的起因、邮品收藏情况等进行统计，打破年级界限，在校园里以沙龙形式进行集邮交流，促文明，广交友。

3. 邮票里的70年

2019年正值中华人民共和国成立70周年。学生透过邮票了解新中国成立70年来的巨大变化，各中队利用每周升旗仪式，通过访谈、小剧场等形式展示学习成果，每个班级的"邮票里的70年"主题邮票展览异彩纷呈，学生们在探究式学习活动中探知邮票之蕴意、祖国之伟大。

（三）主题三："'邮'·想未来"单元内容

本单元包括"毕业季邮寄未来""新年到'寄'往开来""制作精美的邮票"三部分，共计3课时。

以校园邮局为载体，利用邮局的原始属性，在校内外进行邮寄活动。每年元旦，校园邮局发出倡议，邀请学生写一封真正的、可以邮寄的信，亲身体验写信、寄信、盼信和回信的整个过程，感受浓浓的书信文化。引导学生运用绘、剪、拼贴等方式绘制有创意的邮票作品，将自己设计的邮票运用到书信中，投寄到校园邮局里，传递情谊。

（四）主题四："特别追踪"单元内容

1. 邮票映百年，方寸忆党史（3课时）

在庆祝中国共产党成立100周年之际，校园邮局发行了党史主题邮票，学生为了征得红色邮票，通过观看红色经典、阅读党史书籍等方式，了解党史邮票的寓意，讲述邮票中的深刻故事。

2. 为冬奥加"邮"，一起向未来（2课时）

中国邮政都发行了哪些冬奥会相关题材的邮票呢？每张纪念邮票的背后

都寄托着什么故事呢？教师引导学生搜集冬奥会会徽、吉祥物、冰上运动等一枚枚冬奥主题邮票，学生通过讲一讲、画一画等方式，讲述方寸故事，传递奥运精神，凝聚中国力量。

四、实施要求

本课程根据小学生的年龄特点、生活阅历、知识水平和接受能力，将"邮"彩课程分为"确立主题—激趣导入—合作探究—欣赏评述—设计应用"五步实施。

1. 确立主题

在确定课程主题时，教师应遵循学生认知发展规律，从学生实际出发，选择贴近学生生活实际的、较生动的、趣味性较强的主题，使学生始终保持学习的浓厚兴趣和创造欲望。

2. 激趣导入

教师从课程伊始采取新颖有趣的方式，最大限度地激活学生潜在的学习欲望，使学生主动参与到"邮"彩课程中。低年级可以采取猜谜语的方式，如"薄薄一张纸，四边细牙齿，两地朋友要谈心，必须请他当差使"，简练而有趣的谜语让学生明白邮票的外形特征和使用价值，激发学生深入走进邮票天地的兴趣与欲望。

3. 合作探究

本环节，教师需依靠敏锐的信息捕捉力，事先对邮票知识及历史资料进行搜集、筛选与整理，形成丰富的资料袋，最大限度地拓宽学生的知识面，并为接下来的学习做好知识铺垫。然后，教师组织学生借助资料袋，分小组有序开展合作探究。

4. 欣赏评述

由于小学生的思维大多处于具体形象思维阶段，因此，生动具体的实物、模型更能吸引学生的注意，帮助学生认知事物。教师要组织学生欣赏各类邮票作品，让学生在直观视觉感受中学习邮票的基本元素，感受丰富多彩的主题。

5.设计应用

教师创设各种情境，学生尝试不同工具，利用身边的素材，通过看看、想想、说说、画画、做做等方法，进行自由主题的想象、创作和展示，并表达自己的创作意图，教师进行适当的点评指导，让学生切身体验设计、制作邮票的无穷乐趣。另外，借助"校园邮局"组织学生在校内外进行邮寄活动，让学生粘贴上自己设计的邮票，传递真挚情感。

五、课程评价

"邮"彩课程实施中始终秉持"评价导向"的理念，借助"邮"彩评价把握好课程实施的深度与效度，主要从班级和个体两个方面进行评价。班级层面，从行为习惯、班级文化、体质达标、活动质量、学科质量等方面实施月评，并根据各班每周集邮情况，进行班集体奖励性场馆课程。个体层面，从德智体美劳五个维度展开，学生通过参与课堂互动等方式积极争取获得邮票，珍藏在《成长集邮册》里，并用邮彩日记的形式记录收获，每月进行家长评价、同伴评价、教师评价。学期末则根据学生个人集邮情况，进行个人奖励性场馆课程，并为德智体美劳五个维度表现突出的学生颁发"邮彩少年"勋章。借助"积分—集邮—兑奖"这一评价途径，使学生在收获知识的同时，实现综合素养的螺旋式上升，真正地实现让孩子站在成长的正中央。

"邮票里的70年"课时教学方案

叁

设计者：江建华　崔少琳　苏　静　刘　静　刘　慧

一、背景分析

本节课是第二单元"'邮'·走天下"中的主题实践活动课。以特别发行的纪念新中国成立70年的邮票为媒介，引导学生透过邮票，认识祖国70年风雨历程，了解中国人民对幸福的向往，感受"实现中华民族伟大复兴的中国梦"是人民不断的追求。同时，本节课将引导学生采用欣赏、讨论、动手制作等方式，感知邮票的纪念价值，学会与他人交流，养成合作学习的行动自觉，激发学生乐于探究邮票奥秘的欲望。

二、教学目标

（1）通过观察"新中国成立纪念"邮票，学习邮票的基本元素，掌握观察邮票的基本方法。

（2）通过交流讨论印象最深刻的一枚"新中国成立纪念"邮票，学会欣赏邮票，感知邮票传递出的祖国的沧桑巨变，主动表达身为中国人的自豪感和幸福感。

（3）在自主设计邮票环节中，掌握设计邮票的基本步骤与注意事项，学会用邮票图案传递爱国之情。

（4）通过小组合作，引导学生学会与他人交流，养成合作学习的行动自觉。

三、学与教活动设计

（一）激趣导入——回顾祖国70年变化

引入情境：大家看，这是新中国第一枚国庆纪念邮票，它发行于1949年11月1日。仔细观察这枚邮票，你发现了什么？

学生交流讨论。

（二）合作探究——方寸观中国，辉煌七十载

2019年正值中华人民共和国成立70周年。70年沧桑巨变，70年卓彩华章，伟大的祖国发展日新月异，壮丽的河山依旧神采飞扬。其实，新中国成立70年的巨大变化就藏在一枚枚小小的邮票里。学生小组内交流展示邮票里的70年风风雨雨，展示课前搜集查阅的国庆系列纪念邮票。

（三）欣赏评述——祖国发展我成长，红领巾点赞新时代

回忆以前学习的知识，说说可以从哪些方面来欣赏一枚邮票。学生概括：与这枚邮票相关的历史事件、人物、文化和社会背景、邮票设计和图案分析、邮票收藏历史和市场价值、邮票上的文字和标志研究、邮票在社会和文化方面的影响（包括艺术、历史、教育等领域）等。学生选择自己印象最深刻的一枚国庆邮票，选择分析欣赏的角度，小组讨论并分享自己的感受。

全班交流，教师总结：70年沧桑巨变，70年卓彩华章。70年的巨大变化就蕴藏在一枚枚小小的邮票里。

（四）设计应用——设计邮票记录身边的大事

学生完成任务：设计一枚邮票，要求是记录身边大事的邮票。学生讨论设计邮票要注意的要素有哪些。学生概括：确定邮票的主题、图案设计、颜色和构图、邮票尺寸和形状等。教师提醒学生需要聚焦主题。学生小组讨论如何设计邮票才能传达出想要表达的主题和情感，学生尝试设计，互相点

评，反思修改，不断优化，最后展示成果。

（五）总结升华

教师和学生共同提炼优秀邮票设计的评价标准，比如主题清晰，能清楚地传达我们的民族自豪感和自信心，能引起情感共鸣，再如图案精美，细节清晰，色彩搭配合理，有创意等，根据标准评选出最佳邮票设计。全班交流，学生分组讨论，为获奖作品设计颁奖辞，完成颁奖仪式。

10

瓷都探秘

　　该校本课程规划方案遵循了国家课程方案中的"统筹设计综合课程"的原则，基于学校育人目标，开发五类特色课程。"瓷都探秘"作为创新类课程，涉及对学生自主创造能力和创新思维的培养，如果能够在课堂教学中植入项目化主题学习的思维，指导学生进行主题探究和合作共建，或许更易产生思维和情感的触发。项目化学习同样要追求深度学习，避免流于肤浅的活动化，聚焦关键问题，比如梳理出类似的问题，包括瓷器产业演变和技术发展，瓷器市场变化和需求分析，品牌的维护和宣传，瓷器需求的变化趋势，全球化对瓷器产业的影响，或者瓷器在文化和艺术领域的地位等，提取更上位、抽象的大概念，进一步结构化学习内容，让学习指向迁移与创新的水平，那么"瓷都探秘"课程将更有品质。

壹 临沂光耀实验学校校本课程规划方案

设计者：陈之笑

临沂光耀实验学校是一所十二年一贯制学校，地处罗庄区，区域特色文化、地域历史文化、沂蒙红色文化丰富多样，文化底蕴深厚。为落实红星教育办学理念，深化课程改革，打造红星教育办学品牌，培养担当、明理、健康、尚美、创新的红星少年，我校根据《基础教育课程改革纲要（试行）》和课程标准中的相关精神，依据临沂光耀实验学校的教学资源、环境以及学校的理念，在对学生的兴趣与发展需要进行科学评估分析的基础上，特制订校本课程规划方案。

一、课程依据

学校的教育哲学、学生的课程需求、本地社会经济的发展需求及学校拥有的资源将决定校本课程开发的方向与质量，现具体分析如下。

（一）内在需求

1. 学校教育哲学解析

"红星"一词最早出现在唐代诗人李白的《秋浦歌》中："炉火照天地，红星乱紫烟。"解释为"火星，火花"，表达光辉灿烂之意。"红星"的字面意义——红色五角星，通常是共产主义和社会主义的象征性标志。"红星"还出现在《红星照耀中国》一书中，此书作者斯诺用毋庸置疑的事实向世界宣告：中国共产党及其领导的革命事业犹如一颗闪亮的红星，不仅照耀着中国的西北，而且必将照耀全中国，照耀全世界。综上可见，红星的隐喻与意象很多：闪亮、光辉、灿烂、不屈、坚韧、抗争、勇气、无私、公正、团结、奉献、信念、责任等。红星精神中的"红",指的是中国优秀文化。红星精神中的"星",指的是勇于超越的时代品格。我校提出的红星精神根源于优秀的传统文化、红色的革命精神以及敢于超越的时代品格。红星教育是一种以自然教育思想、生命哲学、积极心理学为理论支撑,以红星精神为核心价值观,以传承优秀文化、实现自我超越为使命,以培养担当、明理、健康、尚美、创新的红星少年为目的的学校教育形态。

所以,我校的培养目标具体体现为:

担当:责任担当、文化传承;

明理:明辨善思、知书达理;

健康:身心健康、自我管理;

尚美:审美创美、雅行雅趣;

创新:想象创造、问题解决。

2. 学生群体需求分析

学校发展研究中心、教科室、年级组联合对学生进行了需求评估,评估结果见下表。

临沂光耀实验学校校本课程需求统计表

临沂光耀实验学校校本课程需求统计表						
序号	课程目标	课程类别	课程名称	开设年级	教师姓名	实际人数
1	担当	文化传承	传统礼仪	1—2	王艺霏	55
2			经典茶艺	3—6	吴美霖	55
3			中国象棋	3—6	王伟星	56
4			以案说法	7—9	孙玉珍	50
5		革命传统	红色电影赏析	5—6	陈慧芝	70
6			红领巾的故事	1—2	郭娜	67
7			沂蒙红色故事	3—6	李捷	45
8			厉害了我的国	7—9	王志宏	50

续表

序号	课程目标	课程类别	课程名称	开设年级	教师姓名	实际人数
9	明理	语言人文	红星文学社	7—9	杜晓丽	54
10			国学吟诵	1—2	李凯	43
11			自制绘本	3—6	魏玉娟 葛沙沙	54
12			双语情景剧	1—2	吴雪梅	48
13		数理逻辑	数独	3—6	张群 任娇娇	76
14			超脑麦斯	7—9	主国伟	48
15			思维导图	5—6	佟玉荣	43
16			故事里的数学	1—2	孙燕	53
17			行走的地理	7—8	毛阿娜	47
18	健康	身体健康	轮滑	1—2	王小龙	41
19			羽毛球	3—6	杜凤颖 葛丽伟	83
20			篮球	3—9	朱茂浩 胡梓一	97
21			足球	3—6	张贺	45
22			花样跳绳	1—6	李梦霞 乔彦	81
23			跑酷	3—6	黄文鹏	42
24			户外游戏	1—2	黄鑫	42
25			花样体育训练营	7—9	崔广强	56
26		阳光心态	心理拓展	7—9	贾凤仟	42

表头标题：临沂光耀实验学校校本课程需求统计表

续表

序号	课程目标	课程类别	课程名称	开设年级	教师姓名	实际人数
			临沂光耀实验学校校本课程需求统计表			
27			红星民乐团	3—9	谷传伟 赵苏媛 李慧慧	120
28		音乐与舞蹈	中国鼓打击乐	3—6	刘莹 王雪	90
29			曳步舞	3—6	宋立雪	47
30			音乐手势舞	1—2	王志敏	54
31	尚美		音乐梦工厂	3—6	黄金凤 李建芳	78
32			沂蒙歌舞剧	7—9	王兆梅	52
33		书法与绘画	写意国画	7—9	朱本文 葛瑞艳	57
34			素描	7—9	刘正山	43
35			翰墨书艺	5—6	李雪	46
36			美术妙妙屋	1—2	吴珂宇	57
37			美家美化	3—6	马丹丹 李凤梅	74
38			七巧板	3—6	李甜甜 仇丽雯	89
39			小小发明家	1—2	高君	52
40			3D打印	7—9	杨阳	56
41	创新	科学技术	创意编程	5—6	王振丽 李丹	56
42			魔幻科技	3—4	赵风艳	57
43			科学探究营	5—6	王宝菲	51
44			生活中的科学	8—9	李莉	48

续表

			临沂光耀实验学校校本课程需求统计表			
序号	课程目标	课程类别	课程名称	开设年级	教师姓名	实际人数
45	创新	劳动实践	开心农场	3—9	朱鹏丽 韩艳艳	66
46			实践超市	3—6	刘鹏举	45
47			手作校园	1—2	扈晓东	55
48			沂蒙美食	5—9	王红 尹秋迪	72
49			熠尘陶艺	3—6	季玉秋	48
50			瓷都探秘	7—9	陈之笑	42

3. 教师群体的能力分析

对教师的兴趣特长进行了问卷调查，总体来看，师资在体育及综合类方面比较充足，形式多样，基本能满足学生需求。

（二）外部环境

临沂是革命老区，是闻名全国的"沂蒙精神"的承载地。"爱党爱军、开拓奋进、艰苦创业、无私奉献"的沂蒙精神，充满生机与活力的沂蒙红色文化教育体系中蕴藏着丰富的红色资源。中小学应进行开发与提炼，把沂蒙红色文化做成经典，用经典带动流行，以主流引领多元。

（三）资源评估

能够有效促进学生发展的资源才是理想的"课程资源"。我们对周围社区及学校的资源，通过调查、考察、申报、面谈、盘活等形式，从人力、物力、财力、时间、空间与信息等方面进行了评估，形成了校本课程开发与建设所需要的课程资源。

1. 学校环境资源

学校的软、硬件设施齐全，可以满足各类各级课程的开发与实施。

2. 社会资源

（1）社区资源

沂河是临沂的母亲河，风光秀丽。学校地处沂河西岸，周边环境优美、商业发达、房产开发迅猛。学校周围还有鲁南花卉市场、粮食批发市场、铁路等。

（2）家长资源

调查发现，学校有特长的家长共122位，涉及音乐、美术、体育、手工、电脑、棋类、机械、语言、女红、电工等领域。其中滨河花园社区老人肖桂芝擅长面塑，是周边闻名的民间艺人，经过沟通，已向三位美术教师进行了面塑技艺传授。

（四）生成性资源

课程在实施和优化的过程中会形成大量的资源，这些资源也是校本课程再开发的重要资源。因此，在课程实施过程中，尽量收集和整理学生的学习体会、活动照片、教师的课程纲要、课件、教学反思、课程案例等文本、图片、视频资源，这些都是后续课程开发与建设的宝贵资源。

二、校本课程方案

（一）课程目标

（1）拓展知识领域，满足个性化发展需求，增进对自然、社会和文化的认识和理解，提高科学精神和人文素养。

（2）通过课程学习，培养良好的体育锻炼意识和习惯，掌握体育锻炼的方法，身体健康、精神饱满、豁达地生活。

（3）在学习过程中，了解自我发展需求和个性特点，关注自我生活，具有良好的个性、健康的生活态度和生活方式，生活乐观，充满自信。

（4）通过课程学习，培养良好的审美情趣，发展社会生活能力，具备承担社会责任的意识和能力，敢于担当。

（二）课程的结构与设置

具体课程整体框架图如下图所示。

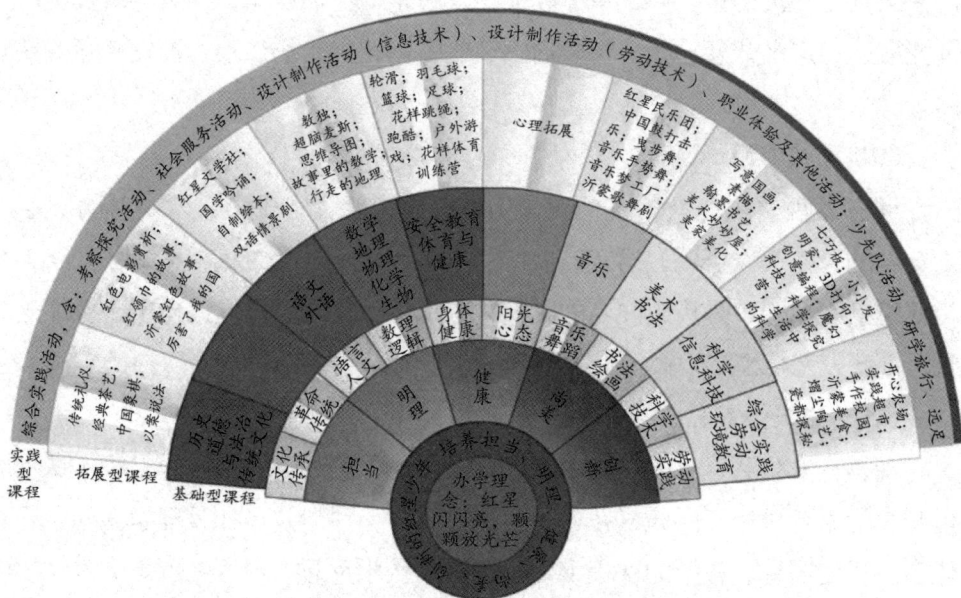

临沂光耀实验学校校本课程整体框架图

我校校本课程主要规划为四类。教师可以根据不同的类别选择开发相应的校本课程或者进行课程改编，也可以根据自己的智能兴趣在学校整体规划下跨学科、跨领域开设校本课程。

（1）担当类课程

① 文化传承课程：通过体验式活动，如传统礼仪、经典茶艺、中国象棋等传统文化课程，引导学生传承中国优秀传统文化，形成良好的道德品质，懂得辩证地看待问题。

② 革命传统课程：通过红色电影赏析、红领巾的故事、沂蒙红色故事、"厉害了我的国"等小剧场课程，传承红色革命文化，体验红色教育的光荣使命感。

（2）明理类课程

① 语言人文课程：包括红星文学社、国学吟诵、自制绘本、双语情景剧

等。英文方面，除了国家课程外，还开发了绘本阅读课程。

② 数理逻辑课程：包括数独、超脑麦斯、思维导图、故事里的数学、行走的地理等。

（3）健康类课程

① 身体健康课程：包括轮滑、羽毛球、篮球、足球、花样跳绳、跑酷、户外游戏、花样体育训练营等。

② 阳光心态课程：主要有心理拓展等。

（4）尚美类课程

① 音乐与舞蹈课程：主要有红星民乐团、中国鼓打击乐、曳步舞、音乐手势舞、音乐梦工厂、沂蒙歌舞剧等。

② 书法与绘画课程：主要有写意国画、素描、翰墨书艺、美术妙妙屋、美家美化等。

（5）创新类课程

① 科学技术课程：主要有七巧板、小小发明家、3D打印、创意编程、魔幻科技、科学探究营、生活中的科学等。

② 劳动实践课程：主要有开心农场、实践超市、手作校园、沂蒙美食、熠尘陶艺、瓷都探秘等。

（三）课程实施

1. 校本课程的实施

（1）注重引导学生去发现自己的优势智能，帮助确立发展的欲求。关注具有特殊智能潜力的学生，并给予针对性的引导，鼓励学生在追求全面发展的同时，确立自己的发展方向。学校也会创设条件，确保对学生独特智能品质的培养。

（2）建立选课机制，学生可通过选课表自主选择各类学校课程。以课程海报及课程推介会的形式，向学生和家长详细介绍学校课程的特点及对学生素质培养的功能。

（3）学校一学年进行一次重新选课，一学期进行一次个人调课申报及调整，在尊重学生意愿的基础上，利用评价、教师引导等方式，培养学生稳定的兴趣及为自己的选择负责的态度。

2. 校本课程的课时安排与要求

（1）每门校本课程的课时安排一般为每周1课时，总课时为15课时。

（2）凡户外校本课程均配备室内活动场地。

3. 校本课程的常规管理

（1）教师

① 开设的校本课程要建立在学生问卷调查基础上，结合学生身心发展特点、兴趣和发展需求，有针对性地开设相关课程，提高教学服务质量。

② 教师不得自行调课、替课、停课；不得私自更改上课时间、地点。

③ 教师必须自觉遵守核定课时量，不得违规擅自增加或减少课时，以免造成学生课时负担或管理松散。

④ 每门选修课要注重课程过程资源的收集、归类、整理，建立齐全的电子档案。开设一段时间后，要形成完善的课程纲要，逐渐向精品化课程发展。

（2）学生

① 学期初，学生有一学期的试听机会，在试听基础上进行选课。一旦确定选修的校本课程，不得随意更改或退出。学生如想改换选修校本课程，必须到课程组领取课程调换申请表，并自己通过理由陈述等方式获得新课程教师及原课程教师的批准，经课程组签字后方可进班听课。

② 校本课程原则上需报名不少于10人才准予开课，超过55人要分班教学。中途学生流失而造成人数低于底线，则该课程终止。

③ 遵守校本课程课堂常规管理，每次开课前必须准备好材料和装备。

④ 学生如果在校本课程学习过程中遇到不满意的情况，有权向课程组反映。每学期学校组织一次学生问卷调查。

4. 课程开发步骤及措施

第一阶段：建立组织。成立校本课程开发顾问组、领导小组、课程审议委员会、课程管理组。

第二阶段：需要再评估。在上一阶段社团建设初具规模的基础上，根据学校的教育哲学，对学校、学生的发展需要进行再评估，分析学校与社区的课程资源。

第三阶段：确定目标。在分析与研究需要再评估的基础上，通过课程审议委员会的审议，确定校本课程的总体目标。

第四阶段：编制方案。

① 根据前期工作，编制校本课程规划方案，对校本课程的开发基础、目标设定、课程结构、开发程序等进行详细呈现。

② 邀请专家予以指导。

③ 根据专家指导进行调整与完善，形成校本课程开发指南。对教师进行校本课程开发的相关培训。

第五阶段：解释与实施。

建立校本课程开发制度；教师对校本课程进行开发申报；学校课程审议委员会根据校本课程的总体目标、学生的兴趣需求与教师的课程开发能力，对教师申报的课程进行审议，将通过审议的课程编入《课程开发目录》；教师编写课程纲要；课程实施。

第六阶段：评价与修订。

① 对《课程纲要》的评价。

② 对学生学业成绩的评定。

③ 对教师课程实施过程的评定。

④ 对《校本课程开发方案》的评价与改进建议。

⑤ 对校本课程进行修订、完善。

第七阶段：课程开设成果总结与展示。

课程成果总结；课程成果展示与鉴定；第二轮课程规划。

（四）课程评价

设计《临沂光耀实验学校校本课程评价方案》，主要包括对课程本身的评价；对课程实施过程的评价；对课程效果的评价。

"瓷都探秘"课程纲要

设计者：陈之笑

一、课程简介

"瓷都探秘"课程是一门集艺术性、实践性、创新性于一体的综合性课程。本课程的关注热点是沂蒙非遗项目——罗庄民窑与陶瓷，设计了"走近瓷都""学习陶艺""陶艺进阶""传承陶魂"四大系列主题活动。

二、课程目标

（1）通过实地调查与研究，了解家乡陶瓷文化历史，搜集常见的罗庄民间陶瓷，总结罗庄民间陶瓷的造型特征，小组合作运用多种形式制作罗庄陶瓷推广册，并进行汇报展示。

（2）通过观看视频与图解，学会手捏、倒模、上釉、烧制等陶瓷手工制作技法，能够总结作品烧制成功的经验以及失败的原因，感悟民间手工艺人吃苦耐劳的精神。

（3）通过了解陶瓷非遗传承人的精彩事迹，体会手工艺人的传承精神和艺术追求，尝试结合资料搜集，分析罗庄陶瓷的创新发展思路，小组合作完成创意陶瓷作品。

（4）通过本课程的综合学习，体验动手实践制作的乐趣，提升审美能力和创新能力，生发出对家乡的热爱和对传统手工艺的保护与传承意识。

三、学习安排

本课程共32课时，每周1课时，每课时45分钟；适用于七、八年级。课

164

时具体安排如下：

（一）走近瓷都

课时1：预备篇

实施要求：分享课程纲要，讨论并提出意见，分配小组（每组3~5人）。

课时2：考察准备

实施要求：通过各种途径搜集关于罗庄陶瓷的资料，了解罗庄民窑与陶瓷的发展历史；从罗庄陶瓷商城、山东园博会罗庄园、临沂市博物馆、罗庄区文化馆等地点进行选择，小组合作设计考察任务、准备考察材料和设备。

课时3—4：参观考察

实施要求：根据选择的相应地点和场所，进行小组合作参观考察。填写考察记录表，拍摄工作图片，搜集具有代表性的罗庄民间陶瓷样品。

……

（二）学习陶艺

课时9：体验手捏法

实施要求：观察教室中的罗庄日用陶瓷样品，进行模仿制作；初步尝试揉泥、捏制，了解取泥、和泥、洗手的技巧。

课时10：制作瓷缸和瓷碗

实施要求：① 构思好陶瓷形状，把陶土压出空气，用手捏法按照各种需要，将原料制作成各种不同形状的坯胎，再进行修饰。② 体会罗庄日用陶瓷的朴拙大方、线条硬朗的造型风格。

……

（三）陶艺进阶

课时17：探秘"蛋壳陶"

实施要求：查阅关于蛋壳陶的相关资料。

课时18—20：尝试制作"蛋壳陶"之黑陶高柄杯

实施要求：① 选择含有丰富的黏土矿物质的陶土原料，经过多次淘洗、去杂、沉淀等工序，取得陶土。② 制作陶杯坯胎，以快轮工具将陶土拉坯成型。③ 分段制作，然后粘接成器。④ 烧制时预热，并进行"渗碳"的工序。

......

（四）传承陶魂

课时25：了解陶瓷传承人的人物事迹

实施要求：了解陶瓷传承人谢景岭的人物事迹，阅读相关文献资料。

课时26—27：陶瓷创意

实施要求：采用上网搜索、小组讨论等方式，分析罗庄陶瓷的创新发展思路，研究具体的创新方法与途径；分组讨论，选取一种创新角度，进行创意陶瓷作品设计，绘制草图，填写创意陶瓷作品说明表。

......

四、评价活动/成绩评定

评价形式采取嵌入式表现性评价，分"走近瓷都""学习陶艺""陶艺进阶""传承陶魂"四个单元，每单元25分，共100分。学生的学期成绩以等级制方式呈现。

"走近瓷都"单元嵌入式表现性评价表

评价要点（每项5分）	任务要求	评分操作说明			评价主体
		5分	3~4分	1~2分	
任务参与程度	任务活动中主动参与、积极合作	非常好	一般	较差	学生
资料搜集情况	收集途径广泛、质量高；能搜集到有代表性的陶瓷样品	非常好	一般	较差	教师
小组合作能力	能与小组成员很好地进行沟通、配合	非常好	一般	较差	教师
评价分享能力	能合理评价自己与他人的作品；能与他人分享自己的经验	非常好	一般	较差	学生
汇报考察结果	声音清晰洪亮；态度端正，不怯场；汇报材料精良，内容全面	非常好	一般	较差	教师

"学习陶艺"单元嵌入式表现性评价表

"学习陶艺"单元（25分）				
评价要点 （每项5分）	任务要求	评分操作说明		评价主体
		5分	3~4分	1~2分	
手捏法	会用手捏法进行模仿制作简单的陶瓷作品，如瓷缸、瓷碗	非常好	一般	较差	教师
模具法	会运用简单的模具进行陶瓷制作，如瓷缸、瓷碗。能掌握模具取放时机以及利用隔纸法使陶坯表面光滑的方法。能对湿坯、半干坯、干坯进行修饰	非常好	一般	较差	教师
陶瓷上釉	学会多种上釉技艺，可以用毛笔在瓷碗干坯上绘制简单的图案和添加颜色	非常好	一般	较差	教师
评价分享能力	能合理评价自己与他人的作品；能与他人分享自己的经验	非常好	一般	较差	学生
经验总结能力	能够总结自己作品烧制成功的经验以及失败的原因	非常好	一般	较差	学生

叁 "陶瓷创意"课时教学方案

设计者：陈之笑

一、活动背景

本课"陶瓷创意"属于校本课程"瓷都探秘"的第四单元"传承陶魂"。学生在前两单元的学习中，已经调查了罗庄陶瓷文化的发展历史，总结出了罗庄民间陶瓷的独特造型，也基本学会了简单的陶瓷手工制作技法，在此基础上对罗庄日用陶瓷进行艺术改造和创意升华。

二、课时目标

（1）通过了解陶瓷非遗传承人的精彩事迹，欣赏美好的陶瓷作品，体会手工艺人的传承精神和艺术追求；阅读现代罗庄陶瓷的发展现状，感悟传承与发展并存的重要性。

（2）尝试结合资料搜集，总结手工艺生产方式和工业化生产方式的特点，分析罗庄陶瓷的创新发展思路，研究具体的创新方法与途径。

（3）选取一种创新角度进行创意陶瓷作品设计，绘制草图，填写创意陶瓷作品说明表，小组合作完成创意陶瓷作品的设计。

三、学与教活动设计

（一）创设情境，激发兴趣

1. 曾经的成就

教师引出话题：工艺美术大师韩美林看重谢景岭师傅的技艺，希望用他的作品带动传统民窑烧制技术的发展。

播放视频，让学生欣赏两人合作完成的陶瓷作品，引发思考，体会民间陶瓷工艺的魅力、手工艺人的传承精神和艺术追求。

2.现在的湮灭

教师引出话题：随着大量新材料的出现，笨重的陶瓷器具已失去了生存的土壤，在激烈的竞争中便逐渐被淘汰掉了。现在罗庄民窑也就只剩下谢景岭师傅一家了。他的窑也是一波三折，惨淡经营。

学生了解祖传手工艺的执着和信念，以及面对没有足够资金、缺乏传承人等问题的苦苦困守。教师抛出问题：难道保护和传承传统民间手工艺仅仅是个人所能为的事情吗？我们要不要帮助这些珍贵的手工艺做些什么？学生阅读相关文献资料，充分了解罗庄陶瓷"绚烂至极，归于平淡"的现状，体会传承与发展并存的重要性。

（二）自主探究，交流分析

任务1：调查罗庄民间陶瓷发展衰落的原因

学生调查罗庄民间陶瓷发展衰落的原因，并试着从手工艺和工业化生产方式的角度进行解释，总结手工艺生产方式和工业化生产方式的特点。

任务2：分析罗庄陶瓷的创新发展思路

提出问题：可以从哪些角度对罗庄民间陶瓷进行创新改造？请通过上网搜索、小组讨论等方式分析罗庄陶瓷的创新发展思路，研究具体的创新方法与途径。教师引导学生根据搜集到的材料进行分析，并提供可参考的角度，如材料创新、造型创新、用途创新等。

（三）小组合作，设计创新

任务3：感悟现代产品的情感化设计

抛出问题：你认为单单只在外形上进行创新就可以了吗？你在外面杂货铺淘到的很多新奇物品，是不是把玩到最后也丢掉了？那么创新的灵魂在哪里呢？

任务4：创意设计任务

选取一种创新角度，融入情感化设计，进行创意陶瓷作品的设计，绘制草图，并填写创意陶瓷作品说明表。在完成作品后，大家互相观看其他同学

的作品。小组讨论并选取优秀设计作品进行展示汇报，讲解创新角度和设计
情感。其他小组同学对各作品进行点评。

创意陶瓷作品说明表

作品名称		物品用途	
创作人		组别	
创新角度			
设计情感			
设计草图			
组内评价			

（四）展示评价，反思升华

学生分组进行创意陶瓷作品的展示评价，并根据评价表中的项目对自己
进行相应的评价。教师引导：这节课学到了什么？对于民间陶瓷和其他手工
艺，你有哪些更好的保护措施？学生回顾和总结，思考并分享本节课得到的
思想收获。

11 稻米飘香

案例点评

　　本课程聚焦体现当地特色的稻米种植传统，采用项目式学习方式，基于学校育人目标，从学生最熟悉的生活经验出发，通过设计驱动性任务，引导学生主动探究、合作建构，形成紧扣任务、展现探究思维的学习成果，同时，将表现性评价嵌入任务落实的全过程而非独立存在。整体来说，课程设计清晰、有逻辑，富有科学性与实用性。学生在探究实践中，了解家乡的风土与文化，对家乡的认同感和传承与创新的使命感不断增强，埋下了用科技创新来造福家乡的理想之种。这种立足本土、放眼未来的课程开发与实施的思路值得借鉴。

壹　临沂高都小学校本课程规划方案

设计者：陈宏敏　段金贵

　　临沂高都小学是一所全日制公办小学，坐落于美丽的沂河西畔，位于罗庄区高都街道办事处驻地，占地26000平方米，建筑面积15390平方米。学校环境优美，设施先进，功能室齐全。多年来，学校重视开发和实践科技教育校本课程，创建科技特色学校。

一、课程背景

（一）学校教育哲学

　　学校秉承"博趣启智，润德修身"的办学理念，践行"办有趣味的学校、做有情趣的教师、育有智趣的学生"的办学目标，培育"雅行启智、博趣明慧、人文科技"的办学特色，实现"给孩子快乐童年，让生命别样精彩"的办学愿景。根据学校的办学目标"办有趣味的学校、做有情趣的教师、育有智趣的学生"，分解出育人目标"育有智趣的学生"，并进一步细化为培养"智能优异、兴趣广泛"的智趣学生。

（二）学生需求

　　学校采取发放调查问卷、座谈等多种形式，对学生需求进行调查。从对全校1900多名学生进行的问卷调查发现：我校学生多来自周围乡村学校，家庭差异较大，相当部分为留守儿童，学习成绩不稳定，学习层次差异大；学生的学习兴趣和能力基础参差不齐，在情感、社会性发展方面也有一定的差距。学生渴望学校能为他们的成长提供丰富的课程内容，通过自主选择快乐学习，获得全面发展和素养的提升。基于学生兴趣爱好和核心素养的发展需

求，开展丰富多样的课程，为学生提供主动发展的机会，已经成为他们生命成长的需求。

（三）课程资源开发评估

任何课程只有在可为的空间内才能实现预期的目的，在学校课程体系规划完成后，我们基于学校的资源评估和学生需求，对科技课程体系进行了现实的审视、优化。

（1）区域资源。高都小学地处塘崖，所产"塘贡米"久负盛名，素有"一家煮饭四邻香，四邻煮饭香满庄"之美誉。近当代涌现出众多的文化名人，尤其是以书法和绘画居多，学校周边名人书画社林立，擅长书画丹青之人更是比比皆是，书画氛围浓厚。罗庄区《南部生态科技新城规划方案》的出炉为我校的发展提供了良好的契机，周围建起了乐义生态蔬菜基地、丰喜园、沂蒙乐园等，为人文课程的开发提供了必要的资源。

（2）师资资源。学校对教师的专业特长情况进行了调查了解。一定数量的懂科技的教师为我校科技校本课程的开设提供了强有力的保障。

（3）学校软硬件资源。学校建有乡村少年宫，美术活动室、书法绘画活动室、七巧板活动室等一应俱全；学校设立果壳创客空间、生物实验研究室、科技展室、航模制造室、无线电测向室、电子创新室等，开辟室外航模训练中心和太空种子研究园地，建立校内外科技实践基地，为科技教育推广创造条件，我校的果壳智造空间是全国第一所农村创客空间。

二、课程目标

以学生的终身发展为指向，依据联合国教科文组织提出的核心素养的三个维度，培养学生的六大核心素养：人格健全、乐学善学、科学精神、实践创新、人文底蕴、健康生活。

（1）心理健康发展，形成正确的人生观和价值观，用积极健康的态度面对人和事。

（2）掌握独立学习的方法与技巧，对学习充满兴趣，进而达到乐学的学习境界。

（3）动手实践能力强，科学探究能力强，有科学的态度、情感和价值观，能运用科学知识解决实际问题。

（4）热爱生活、热爱科学，具有创新意识和实践能力，具备求真、求实、尊重科学的态度。

（5）热爱中国古典文化，具有健康的审美价值取向，并具有艺术表达和创意表现的兴趣和意识。

（6）热爱生活、快乐成长，身心健康发展，具有积极健康的兴趣与特长。

三、课程结构与内容

近几年我校创建了"智趣教育"的品牌。与"智趣教育"相对应的智趣课程以教育部《义务教育课程设置实验方案》为依据，结合学校的办学愿景，对教育资源和教育教学经验进行整合和梳理，重新构建了智趣课程体系。校本课程层次上分低段起步与童趣，中高段普及与兴趣；内容上涉及智、趣、雅、和四大体系。每个课程领域均指向培养学生六大核心素养：人格健全、乐学善学、科学精神、实践创新、人文底蕴、健康生活。课程体系构建基于学生学习兴趣、学习水平、学习风格的差异，提供丰富多样的课程选择，以满足学生个性化发展需要，最终达成育人目标：培养"智能优异、兴趣广泛"的智趣学生。

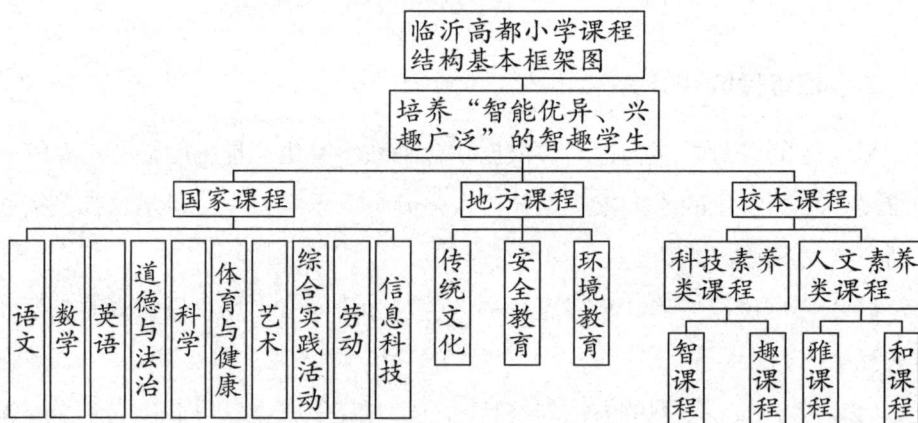

临沂高都小学课程结构基本框架图

校本选修课程指学校提供给学生，可供自主选择的学习内容。校本选修课程开设充分体现兴趣性、活动性、层次性和选择性。在科学规划和系统评估、审视的基础上，学校逐步形成了"科技素养系列课程""人文素养系列课程"。科技素养系列课程细分为"智课程"和"趣课程"，人文素养系列课程细分为"雅课程"和"和课程"。

（一）智课程类

课程目标：科学精神。拓展科学知识视野，增强科学素养，提高动手实践能力，提高科学探究能力，了解科学研究方法，体验科学探究过程，形成科学的态度、情感和价值观，培养运用科学知识解决实际问题的能力。

开设课程：创意智造、科学创意、种植、航模、搭纸桥、航天智造、七巧板、美画板、象棋、魔方等。

（二）趣课程类

课程目标：实践创新。通过创新制作，培养科技兴趣、创新意识、实践能力；引发自主学习、主动探究和情感体验；养成求真、求实、尊重科学的态度。

开设课程：科幻画、泥塑、编织、折纸、叶贴画、手绘脸谱、衍纸、五彩绳、剪纸、稻米飘香等。

（三）雅课程类

课程目标：人文底蕴。通过艺术活动和文化活动，陶冶情操，感受中国优秀传统文化，增强艺术修养，提升发现美、欣赏美、表现美、创造美的审美能力。

开设课程：曲艺、国画、钻石画、简笔画、布艺、线描画、十字绣、毛笔字、乐器等。

（四）和课程类

课程目标：健康生活。通过对生活知识的学习，掌握一定的生活技能，提高生活质量；增强生活中的主体意识，强健体魄，促进身心健康发展，培养积极健康的兴趣与特长。

开设课程：合唱、表演唱、模特、跳绳、舞蹈、武术、羽毛球、足球、篮球、高尔夫、装饰画等。

四、课程实施

（一）选课制度

1. 自选课程管理

在落实好课堂常规管理的前提下，重点落实自选课程的管理。建立学校的课程管理流程：专家指导—纲要编写—课程开发—课程记录—检查反馈。学校在原有教学管理制度的基础上，平时上课时间有领导小组成员巡视点名，确保学生认真、有效完成拓展课程的学习。学期结束，通过展示、汇报等形式给予评价。

2. 学生选课制度

每周四下午的自选课程为学生提供了丰富多彩的"菜单式自选课程"，以儿童为中心，满足了不同学生个性发展差异性的需求，保证每一个学生有喜欢的课程可以参与，培养每位学生的爱好与兴趣。

（二）科技教育特色

1. 创建科技特色课程群

完善"航天智造""稻米飘香""开源电子""物联网"等科技特色课程，继续开发新的科技课程，打造科技特色课程群。

2. 校园节日课程化改造

对学校设立的体育节、艺术节、读书节、科技节等节日进行课程化改造，促进学生特长的发展，突显教育内涵。重点指导合唱队、舞蹈队、科技队、田径队、足球队等各类团队的活动开展，为学生兴趣和特长的发展搭建舞台，提升校园生活品质，让学生健康高雅地成长，让每一个学生享受教育的幸福。

五、课程评价

（一）课程学习评价

学校建立了与课程相适应的评价制度，评价主要由过程性评价和终结性

评价组成。为配合这一评价制度的实施，学校在校园里开展了科技节、读书节、艺术节、体育节等活动，给学生展示成果提供了广阔的平台。

（二）课程实施的评价

（1）建立教学考核制度。聚焦有效教学，重点考核课程纲要的编写和课程成果的展示，并通过学生访谈和家长满意度调查进行考核。评价是为了提升和改进，通过评价，促进教师根据学校特色、学生基础、培养目标调整自己的教学行为，提高教育教学质量。

（2）搭建教师成长平台。学校将给不同层级的教师搭建各种教师成长平台，通过教师发展平台，检视课程实施的效果以及研究水平。

六、课程管理与保障

（1）成立课程开发领导小组，由校长任组长，主要负责校本课程开发的决策工作。

（2）为加强校本课程的管理与研究，特成立"学校课程审议委员会"，负责对申报校本课程的审批、常规管理、特色课程的认定等工作。

（3）成立课程研究小组，负责校本课程的具体开发及实施后的管理和评价工作等常规管理。定期对校本课程的开设情况进行评估、检查、反馈、评价，及时调整和改进，确保校本课程的开课质量，保证校本课程开发与建设的有序性、科学性。

贰 "稻米飘香"课程纲要

设计者：陈宏敏　段金贵

一、课程简介

"稻米飘香"课程是一门围绕稻米开设的综合类校本课程。小学中高年级学生于每年开学初自愿报名参加。本课程旨在让学生了解稻米文化，实践稻米种植，通过主题研究和动手实践，认识稻米，研究稻米，通过学习成为基础扎实，具有人文思想、创新精神、独立思考和实践能力的综合人才。本课程采用项目式学习，活动任务中既注重过程评价又注重结果评价，通过多元化的嵌入式表现评价提高学生的兴趣和活动效果。

二、背景分析

塘贡米的故事是当地广为流传的民间故事，相传唐太宗李世民东征驻此地，对塘崖村大米倍加赞赏。从此该地种植的大米多被官府征收进贡，并得名"塘米"。塘米故事是当地本土文化的典型代表，其文化底蕴源远流长。在1978年山东省稻米质量评审会上，临沂市塘崖村出产的"塘米"以其独特的风味荣获第二名。1985年11月，"塘米"又被评为省名优特稀产品，选送北京参加展评，引起有关专家和外宾的注目。

随着时代的发展，年轻人会种稻米的越来越少，生长在稻米之乡的孩子们品尝着餐桌上美味的白米饭却不知道大米是怎么来的。在农业现代化的今天，我们的孩子不需要面朝黄土背朝天，但是我们的孩子需要去了解家乡的风土与文化，培养他们对自己家乡的认同感，将本土文化薪火相传，并在传承的基础上进行创新，用科技创新来造福家乡。通过开设这样一门课程，培

养热爱家乡，理解本土文化，有爱国主义精神，基础扎实，具有创新精神、独立思考和实践能力的人才。

三、课程目标

（1）完成稻米文化项目任务。采用小组合作的方式，通过网络调查和实地参观访问等途径，了解稻米的古诗、谚语、传统习俗等文化，并通过对所收集信息的分析比较，形成较系统的稻米文化成果，在探寻中增强民族自豪感，在自信展示中传播本土文化。

（2）完成稻米种植项目任务。在实践中了解稻米的主要特征，知道稻米的生长周期；在稻米种植中学会观察与记录、交流与表达、合作与分享，感受劳动的辛苦，养成坚韧耐挫的意志，提升综合素养。

（3）完成科技造福农业发明项目任务。在科技创新实践活动中，成为基础扎实，具有创新精神、独立思考和实践能力的人才，从小立志用科技造福农业。

四、学习主题和活动安排

（一）课程内容及相关实施要求

单元一：开启单元

课时1：分享课程纲要；分享塘米故事

（1）通过分享课程纲要，学生提出自己的想法，教师在课后根据学生需求调整课程纲要。

（2）课前向长辈了解当地塘米故事，课上交流讨论，引发学生对稻米飘香课程的兴趣向往。

（3）学员分组，根据性别和研究专长的不同，把所有同学分为稻秧组、稻花组、稻穗组和米粒组四个小组。

课时2：学唱开启歌"拾稻穗的小姑娘"

在儿歌画面和轻松愉悦的歌唱中激发对稻米课程的喜爱，并在接下来所有课程的学习中，每个项目的开始都以开启歌开启新的学习之旅。

单元二：传播稻米文化

课时3：文化项目开启

（1）明确文化项目任务的情景。

（2）进行头脑风暴，梳理稻米所涵盖的文化，如稻米古诗、稻米谚语、稻米习俗等，尽可能多地覆盖学习内容，并分组认领文化搜寻任务。

（3）确定稻米文化项目的调查渠道，如网络调查、实地调查访问等。

（4）制订可行的项目任务计划。

课时4—5：调查稻米文化

（1）各小组分头集合制订调查计划。

（2）各小组去微机室和图书室调查稻米文化资料。

（3）各小组汇总整理分析所收获的稻米文化。

……

单元三：一粒米的来龙去脉

课时10：种植项目开启

（1）明确种植项目任务的情景。

（2）讨论用何种方式来了解大米的来龙去脉。

（3）制订可行的项目任务计划。

课时11：认识稻米

通过网络、书籍、访问等形式了解稻米的生长周期、稻米的地理分布、发展历史、稻米分类等相关知识。

课时12—14：育秧

（1）通过网络、采访等形式了解水稻育秧知识。

（2）梳理所搜集到的育秧知识，小组合作制订育秧方案。

（3）体验育秧过程，包括购买种子、泡种、育秧、浇水、施肥、拔草等各个环节。

（4）形成项目成果，成果评定。

……

单元四：小小发明造福家乡农业

课时21：发明项目开启

（1）明确发明项目任务的情景。

（2）制订可行的项目任务计划。

课时22：寻找发明灵感

（1）回忆稻米种植过程，找寻发明灵感。

（2）走进农田，找寻发明灵感。

……

单元五：学习汇报

课时31：稻米飘香作品成果展览会

用作品成果的形式展示本课程的"科技造福农业"小发明等各项可以展示的项目成果，对各小组和每位同学进行综合评定。

课时32：稻米飘香成果展演汇报会

把塘米故事，本土文化，有关稻米的古诗、谚语、习俗，袁隆平的故事，水稻种植过程的收获等各方面的课程学习成果用展演的形式展示评定。

（二）课程实施注意事项

1. 学习对象

小学中高年级学生，控制在16人左右。

2. 课时安排

每年的春季开课，随着当地水稻生长过程合理安排上课的节奏，春季开设水稻育秧和插秧课，秋季开设水稻收割课。稻米文化项目任务主要安排在种植项目任务之前，如果根据当年气候特点，育秧时间前完不成，就穿插安排在种植项目的中间；科技造福农业发明项目主要安排在冬季，水稻收获之后。春夏季12课时，秋冬季10课时，根据气候的变化适时合理调配。

3. 活动场地

室内课安排在多媒体教室、计算机室、图书室、学校创客空间；室外课安排在水生植物种植园地、当地文化馆等实践基地。

4.课程资源

当地的人文资源像文化馆和有经验的农民，种植水稻用的农具，蒸米饭的电饭煲等。

5.活动建议

（1）注重科技与人文的融合，在种植中渗透谚语民俗。整个课程分为五个单元，除了第一单元的开启和最后一个单元的成果展示，第二单元为人文单元，第三单元和第四单元为科技单元。整个课程内容分为科技和人文两条主线，两条主线相互交叉，相互融合，互为补充。

（2）水稻种植是一个漫长而艰辛的过程，从育秧、插秧到收获，从五月份到十月份历时五个月。在此期间学生参与全过程，在种植中学会观察与记录、交流与表达，感受劳动的辛苦，养成坚韧耐挫的意志，提升自己的综合素养。

（3）稻米文化是当地本土文化的典型代表，学习并传承塘米文化是一种光荣的使命。教学时通过参观、访问等活动，让学生走进社区、走近当地稻米种植农民，在探寻中增强民族自豪感，在实践中体验传承民间技艺，在自信展示中传播本土文化。

（4）课程采用了项目式学习方式，关注大目标大任务，基于项目学习的理念，课程实施过程中关注团队合作，适当指导。本课程注重对学生团结协作能力的培养，鼓励学生通过互相帮助，取长补短，合作完成项目学习任务。同时，在整个课程实施过程中，关注学生对资料的调查搜集与整理分析能力，通过对资料的分析形成项目成果。

五、评价活动

采用过程性评价和终结性评价相结合的方式进行评价，面对不同的单元学习任务，开发出不同的评价量规进行相关评估。采用学生自评、小组同伴互评、教师评价相结合的评价方式。注重评价主体多元化，通过让学生参与评价量规的开发过程，树立对评价模式的主人翁意识，并清楚地理解应该从哪些方面评价学习以及如何评价学习。

　　稻米文化单元主要按照稻米文化项目评价量规进行评价。项目完成的表现主要从信息意识、参观素养、访问素养、问题解决、沟通合作五个维度进行评定，活动成果从成果质量和成果分享两个方面进行评价。稻米种植项目单元主要按照水稻种植项目评价量规对学生进行评价，包括对水稻种植过程中的观察与记录、交流与表达、合作与分享情况进行评定，并从水稻插秧后的效果、美观、成活率等方面对项目成果进行评价。科技发明单元主要按照科技发明项目评价量规进行评价，活动过程从信息意识、问题解决、沟通合作、动手操作、创造革新五个维度进行评价，活动成果从成果质量和成果分享两个方面进行评价。

　　课程的终结性评价主要考察课程成果的展示效果。作品成果方面能否成序列地展示各个项目作品成果，摆放有序，作品美观有创意，让人感受到"稻米飘香"课程的无穷魅力。展演成果方面能否以有创意、有内涵的节目展演形式展示"稻米飘香"课程学习过程中所取得的体验和收获。

叁

"插秧"课时教学方案

设计者：陈宏敏　段金贵

一、课时目标

（1）通过调查访问等形式，了解如何插秧。

（2）通过实践水稻插秧的过程，感受稻米生长周期中的插秧环节。

（3）在稻米种植中学会观察与记录、交流与表达、合作与分享，感受劳动的辛苦，养成坚韧耐挫的意志。

二、评价设计

按照水稻种植项目评价量规对学生进行评价。

水稻种植项目评价量规

水稻种植项目评价量规								
评价指标		评价等级			评价主体			综合评定
A指标	B指标	A ☆☆☆	B ☆☆	C ☆	自评	小组评	师评	
项目完成表现	观察记录	在稻米种植的过程中，能够自主选择合适的观察点进行观察，并及时有序地进行记录。	在稻米种植的过程中，会观察和记录稻米生长过程中的变化。	能在老师的指导下观察和记录稻米生长过程中的变化。				

续表

水稻种植项目评价量规								
评价指标		评价等级			评价主体			综合评定
A指标	B指标	A ☆☆☆	B ☆☆	C ☆	自评	小组评	师评	
项目完成表现	交流表达	在稻米种植实践过程中，能积极主动恰当地和小伙伴交流表达自己的想法。	在稻米种植实践过程中，能和小伙伴交流表达自己的想法。	在稻米种植实践过程中，能在老师的要求下和小伙伴分享交流。				
	合作分享	在稻米种植实践过程中，能根据需要和小伙伴合作完成种植任务，并分享自己的经验。	在稻米种植实践过程中，能和小伙伴合作劳动。	在稻米种植实践过程中，能在老师的要求下和小伙伴合作劳动。				
项目成果评定	成果质量	能够按时高质量地完成项目成果，成果形式有创意，有借鉴意义。	能够按时高质量地完成项目成果。	能够按时按要求完成项目成果。				
	展示评价	能大胆、自信地汇报交流项目成果，客观公正地评价他人作品。	能较自信地汇报交流项目成果，合理评价他人作品。	能按要求汇报交流项目成果，评价他人作品。				

三、学与教活动设计

（一）课前调查任务

（1）课前通过查阅资料信息和询问农民专家，了解如何插秧。

（2）回顾整理与插秧有关的谚语、诗词、习俗等内容。

（二）任务情景创设

（1）课前歌曲《拾稻穗的小姑娘》。

（2）情景创设："水田是镜子，照映着蓝天，照映着白云，照映着青山，照映着绿树。农夫在插秧，插在绿树上，插在青山上，插在白云上，插在蓝天上。"时下正是插秧的季节，吟诵插秧儿歌、播放插秧视频，开启插秧之旅。

（3）通过调查研究，学生梳理、回忆有关插秧的习俗、故事、谚语。第一天插秧，称为"开秧门"。主妇要备好饭菜酒肉，供家人和帮工者聚餐。餐间，每人要吃一个鸡蛋，意谓"讨彩头"。有的农家还要绕田走一圈，拔一把秧苗带回家，扔在门墙边，说是"秧苗认得家门，丰收由此进门"。插秧结束那天的晚餐，主人家要宴请帮工者，称"打散"。

（三）活动任务一：插秧知识调查汇报

（1）同学分享交流自己所调查、搜集和访问到的各种插秧知识。

（2）梳理插秧步骤和插秧技巧：插秧时，水田的水不要过深，达到不露地皮的程度；地的硬度成为保证质量的关键，如果地过分软，即使插秧浅，插秧后因为自身重量，秧苗会往下沉，也就会插得较深；如果地过硬，插秧后容易飘苗；插秧时，接触地面的手指最好是两个手指，并且不是向下插，应该是横着贴，这样就可以在浅插的同时，保证不飘苗。

（四）活动任务二：插秧实践

学生了解到插秧有这么多的学问，有这么多有趣的习俗，进而把学到的知识去水生植物种植园地加以尝试。

（1）拔稻秧：分小组拔下自己小组的秧苗。

（2）整地：把两块水稻种植园地的土整得松软。

（3）插秧：按照调查梳理的插秧知识及技巧进行实践。

（五）活动任务三：插秧成果展示

（1）各小组介绍自己的插秧成果以及插秧过程中的感受和收获。

（2）对各小组的表现和插秧成果进行评定。

（3）秧苗后期护理安排。教师引导：水稻秧苗插在了我们的试验田之后，还需要我们的精心浇水、施肥、捉虫、防鸟等各种护理，同学们要经常来看看我们的稻苗，给它们最贴心的呵护，期待香喷喷的大米饭。

（4）学生完成观察日记，记录学习过程中的发现和感悟。

12 寻圣贤足迹，做圣城少年

案例点评

　　研学旅行课程因其多样化的教育体验，以及真实情境中的参与感和实践性，深受学生的欢迎。"寻圣贤足迹，做圣城少年"就是这样的课程，学生通过实地瞻仰烈士陵园，了解陵园的基本情况、英雄事迹和扫墓习俗，完成调研报告，涵养不忘历史、保家卫国的爱国情怀，值得肯定。但是在设计这类课程时，要注意有明确的学习目标，聚焦有意义的主题，还要注意评价先行，确保学习不流于形式。要充分考虑学情，将课程目标设定在学生的最近发展区，具有挑战性与探究价值。评价任务要指向目标的达成，学生在研学过程中要始终盯紧目标，教师的评价标准要告知每一个学生，实现教学评一致，让学生在课程中有实实在在的成长和收获。

壹 寿光市圣城小学校本课程规划方案

设计者：房承明　任龙艳　王　莉　甄秀萍

寿光市圣城小学，坐落于"中国蔬菜之乡""三圣（文圣、农圣、盐圣）故里"。学校创建于1980年，原为寿光县工业职工子弟学校，2004年3月更名为寿光市圣城小学。学校共有54个教学班，2382名在校生，176名教职工。学校坚持理念引领、立德树人，致力于创建适合师生共同成长的和谐幸福家园。

一、课程依据

（一）学生需求

现在学生学习压力较大，年龄不大、接触面少、知识有限。在身心发展、成长过程中，其情绪、情感、思维、意志、能力及性格还极不稳定和成熟，具有很大的可塑性和易变性。学生希望拓展知识面，希望获得肯定和尊重。为更好地提升学生的核心素养，我校针对不同年级研发了相应的校本课程。

（二）国家要求

根据《国务院关于基础教育改革与发展的决定》和《基础教育课程改革纲要（试行）》构建符合素质教育要求的新的基础教育的要求，合理设置义务教育阶段的课程，课程设置应体现义务教育的基本性质，遵循学生身心发展规律，适应社会进步、经济发展和科学技术发展的要求，为学生的持续、全面发展奠定基础。

（三）愿景、使命与培养目标

学校以"圣子明理，贤达四方"为校训，以"圣人无名，贤书达理"为校风，把"学本课堂、全息课程、圣贤教育"作为发展顶层设计，坚持质量立校、内涵发展，引导教师存善心、行好事、做现代圣贤之师，教育学生从细节入手，养成好习惯，形成好品格，做现代圣贤之人；精心打造"圣贤教育"特色品牌，让每一个学生都站在学校中央。

（四）对基础教育的课程需求

社区的发展需要学生走出教室，参与社区和社会实践活动，拓展以获取直接经验、发展实践能力、增强社会责任感为主旨的学习领域。通过该学习领域，可以增进学校与社会的密切联系，不断提升学生的精神境界、道德意识和能力，使学生人格不断臻于完善。

（五）学校师资与课程开发分析

寿光因有文圣仓颉、农圣贾思勰和盐圣夙沙氏而被称为"三圣之城""圣城"；学校紧邻占地350亩的"仓圣公园"，为学校实现"小学校做大课程、小学校做大教育"提供了得天独厚的条件；学校的名称是"圣城小学"。学校反复研讨、深入挖掘学校内涵，在传承学校优秀传统的基础上积极进行创新，确立了打造"圣贤教育"的基点和愿景，即以中华优秀传统文化为主题，打造特色鲜明的校园文化，最终达到"以文化人""立德树人"的目的。

二、校本课程方案

（一）课程目标

学校传承创新办学理念，在校训"圣子明理，贤达四方"和校风"圣人无名，贤书达理"的引领下，确定实施了"学本课堂、全息课程、圣贤教育"的发展顶层设计，引导全体教师存善心、行好事、做现代圣贤之师，教育学生从细节入手，养成好习惯，形成好品格，做现代圣贤之人。用圣贤之心育圣贤之人，打造和谐温暖、润泽生长、公平公正的教育生态，建设有阳光、有温度、有故事、有美感的校园，让每一个学生在爱心和智慧的校园里自由飞翔、快乐成长。

（二）课程设置

校本课程设置及实施要求

学习主题		课时	周次	内容	实施要求
游舜帝故里，寻访苏东坡	方案制订	1课时	第1周	通过课堂讨论，结合课本知识，设计考察路线，做好行程安排。通过阅读书籍、上网搜集资料等方式，组建研学小组，确立研学问题。	学生搜集整理资料，课堂展示交流，老师适当补充，引导学生设计考察路线，做好行程安排，确立自己感兴趣的研学问题。在研学过程中，学生小组活动，在寻找研学问题答案的过程中，了解苏轼的政治、文化和艺术成就。展示环节，学生详细了解先贤圣人苏轼的爱国爱民思想、超然思想以及在诗词方面的突出成就，领略大文豪苏轼的风采。老师引导点拨，引发情感升华。
	诸城寻访之旅	2课时	第2周	带着研学问题，到研学地点，按照既定的行程安排开展探究。	
	成果展示	1课时	第3周	通过撰写研学报告、成果会演、组织知识竞答等方式，进行研学成果展示。	
访三元朱村，了解寿光名人	方案制订	1课时	第4周	通过课堂讨论，结合课本知识，设计考察路线，做好行程安排。通过阅读书籍、上网搜集资料等方式，组建研学小组，确立研学问题。	学生设计考察路线和行程安排时，分组搜集整理资料并展示，老师建议、调控、总结。研学过程中，学生以小组为单位进行活动、体验、学习。每班由一名导游和一名班主任带队，保证学生研学的教育性和安全性。学生通过完成研学课后作业，汇报展示。
	走进三元朱村，学习寿光名人	2课时	第5周	带着研学问题，到研学地点，按照既定的行程安排开展探究。	
	成果展示	1课时	第6周	通过撰写研学报告、成果会演，以研学课后作业为抓手，记录寿光名人的感人事迹以及自己每天学习名人、提高自己的点滴行动。	

续表

学习主题		课时	周次	内容	实施要求
红色研学	走进烈士陵园，弘扬爱国精神	3课时	第7—9周	学生根据已有的知识经验，通过课堂讨论、教师指导，设计研学方案，确定研学小组和研学问题。参观烈士陵园时，学生通过调查、实地采访等方法，了解烈士陵园的基本情况、典型的英雄故事和扫墓的基本程序等。最后展示阶段，学生在展示研究成果的同时，用多种方式表达对英烈的钦佩之情和爱国情怀。	学生设计合理的研学路线和研学问题。在研学过程中，老师注意引导，当学生遇到问题时，老师要适时解决。总结展示环节，教师指导学生写好研学报告，鼓励学生增强探究意识，提高科学观察、推理能力以及提出问题、解决问题的能力，发展综合运用知识的能力。
	参观牛头镇抗日武装起义陈列馆	3课时	第10—12周	带着研究问题参观牛头镇抗日武装起义陈列馆（潍坊市级爱国主义教育基地），祭扫烈士墓。	学生搜集整理马保三的资料、故事。参观展馆，与讲解员互动。采访当地村民。师生交流座谈，完成研学报告。
做圣城少年	"五个一"主题活动	4课时	第13—16周	以"寻圣贤足迹，做圣城少年"为主题，进行"五个一"活动：讲一位古今圣贤的故事、朗诵一篇圣贤文章、做一期"学圣贤，做好少年"的板报、写一篇赞颂圣贤的作文、每天做一件小事，力争成为圣城好少年。	学生通过"五个一"主题活动，充分表达自己学习古今圣贤、报效祖国的感情，并落实为生活中的一言一行、一举一动。

三、课程实施

为保证本课程的实施，将学校的综合实践课进行适当整合，与本课程穿插进行，部分主题活动利用每周五下午的"全息课程"时间开展。在课堂教学中有效融入各项德育活动，为课堂教学提供活动经验、情感体验支撑；依据教材教学内容，整体设计学校相关爱国德育活动，将活动课程化，引领学生学做圣贤好少年。

四、课程评价

（一）评价方式

本课程的评价由形成性评价和总结性评价两部分组成，成绩以等级形式计算。

1. 形成性评价（50%）

"寻圣贤足迹，做圣城少年"课程学生自我评价标准表

评价项目	评价内容	星级		
		优秀	良好	一般
学习态度	积极参与活动，敢于尝试，乐于发表自己独到的见解。			
合作探究	小组成员团结协作，合理分工，主动承担任务。			
学习技能	熟练掌握实践活动方法，勇于尝试新挑战，自主学习。			
	形成性评价成绩			

2. 总结性评价（50%）

"寻圣贤足迹，做圣城少年"作品评分标准（教师用）

内容	星级		
	★★★	★★	★
能积极进行问卷调查、资料整理； 能明确公益讲座的基本流程，并能积极参与； 能与团队合作，完成分配的任务。			
能积极参与资料搜集活动； 小组活动中，能主动与他人合作； 能完成对信息的整合处理，学会撰写研学报告。			
能积极参与展示汇报，主动与同学合作； 小组组员分工合理，能圆满完成小组任务； 在汇报和反思中能激发自己的爱国情感。			
结果性评价成绩			

（二）评价结果呈现

学期总评成绩以等第形式呈现。如学生两项评价成绩合计为1个A等+1个B等或2个A等，则学生总评等第为A；如获得1个A等+1个C等，则学生总评等第为A-；如获得2个B等，则学生总评等第为B；如获得1个B等+1个C等，则学生总评等第为B-；如获得2个C等，则学生总评等第为C。

五、课程保障

（一）组织保障

组建学校课程规划小组，负责制订学校课程规划方案和实施计划；负责材料收集、资料汇总；提出课程建设指导意见；负责定期组织学校课程教研活动。活动内容包括：课程规划实施情况、课程审议研讨、课程方案评估、课程教学设计、教学公开课、课后辅导答疑、学生反馈、家长评价等。

（二）机制保障

1. 校本课程申报制度

（1）课程开设。教师个人结合自身实际，根据学校课程目标和结构要求，申报课程。

（2）审定批准。申报课程由学校课程规划小组负责审定批准。审定标准是申报课程具有教育性和趣味性，启发性和实践性，特色性和针对性。符合以上要求的，可根据本学年课程设置情况安排开设；基本符合、尚有不足的，提出修改意见，重新申报；对于不符合的，指出研究方向，重新考虑课程的相关内容。

（3）科目设计。申报课程教学的教师必须提交课程实施的科目设计，包括课程名称、课程目标、教学内容、课时安排、组织形式、评价方法、课时教学方案提纲等相关资料。

（4）鼓励参与。学校鼓励并支持教师参与课程的开发、实施，科目一旦申报获准实施，不得无故撤销。如有两位及以上教师合作开设，需要注明各自承担的内容，保证课程目标及相关内容的实现。

2. 校本课程选课机制

（1）对学生进行正确的选课指导。

（2）选课指导的主要程序。每学期第一周向全校师生公布本学期课程及任课教师名单，班主任需要提前了解学校各门课程信息，方便学生询问和选择。学生根据教师介绍并结合自己的兴趣爱好和个性发展需要，自愿选择本学期的课程。班主任、任课教师可提供针对性指导，必要时可以参考学生家长的意见。负责教师根据学生填报的志愿进行汇总和分类；社团教师可根据学生具体情况，在充分尊重学生志愿的前提下，进行合理微调。学生原则上服从学校安排到指定教室进行学习活动，不得随意缺课。学生有权向教师提出合理化建议和要求。

3. 制度保障

制订教师发展性评价考核计算办法，修订国家课程教学实施绩效考核计算办法。设立国家课程建设教学考核评价激励机制，考核激励的机制分离课程实施，用于评价课程结果奖励。建立潜心教学激励机制，在骨干教师、优秀教师、学科带头人、教坛新秀、优秀教研组等评优评奖中给予固定指标。

4. 资源保障

学校配备阅览室、创客教室、综合实践活动室，部分主题活动可以级部为单位在圣贤学堂举行。学校购买相关的书籍、视频以及学习（研学旅行）活动的各种用品。学校先进的教育教学理念和完备的校本课程总体方案，是本课程开发和实施的基础。课程实施团队的研究意识和氛围是课程设计及推进的最重要条件。在学校课程教学中心的指导下，任龙艳、王莉、甄秀萍三位综合实践学科骨干教师，带领青年教师全程参与"寻圣贤足迹，做圣城少年"课程的设计、实施、评价，同时，以课程研究和实施促团队成长。

贰 "寻圣贤足迹，做圣城少年"课程纲要

设计者：房承明　任龙艳　王　莉　甄秀萍

一、课程简介

本课程引导学生在充分活动体验的基础上自主探寻圣贤的足迹，自然而然地生发出学做圣贤少年的感情，坚定文化自信、道路自信，树立报国之志，并落实到自己的日常生活当中去。本课程是结合我校周围的德育活动资源，从寻访苏东坡、访三元朱村、红色研学着手研发的研学校本课程。本课程能有效破解课堂教学与德育活动两张皮的难题，实现课堂教学与日常德育活动的良性互动，可作为统编教材的有益补充与拓展。

二、背景分析

本课程的设计实施基于如下考虑：

（1）基于学生发展需求设计课程。立足"圣贤教育"顶层设计以及研学课程教育体系，在全校高年级中，开展以"寻圣贤足迹，做圣城少年"为主题的课程研究。

（2）基于学生学科素养开发课程。学生经历资料收集、问题探讨、动手操作、展示汇报等过程，不仅体现学科内素养提升，也和其他学科进行整合，体现了学生综合素养的培养。学生从自己的活动中自然而然地感受圣贤精神，追寻圣贤足迹！

（3）基于学生全面发展实施课程。以包括文圣仓颉、农圣贾思勰和盐圣夙沙氏的"三圣"为文化底蕴，梳理构建了"圣贤·全息"课程体系，既聚焦学生的全面发展，又指向学生的个性培养，旨在培养诚信、明礼、博学、

笃行的现代圣贤少年。

三、课程目标

（1）学会设计研学路线和研学行程，能够根据兴趣组建研学小组，确立研学问题。

（2）学会设计采访问题和采访记录表，能顺利进行采访并记录关键信息。

（3）能了解先贤圣人苏轼的爱国爱民思想，感受苏轼的超然文化以及中华民族传统文化的源远流长，生发出爱家乡、爱祖国的情感。

（4）能了解寿光名人，了解寿光历史，感受优秀传统文化，体会爱国人物内心深处的家国情怀，产生民族归属感与文化认同。

（5）能通过红色研学活动，体悟寿光英雄儿女慷慨赴国难、热血浴中华的无畏精神。

四、学习主题及活动安排

1. 主题1：游舜帝故里，寻访苏东坡

"游舜帝故里，寻访苏东坡"主题活动安排

课时名称	评价任务	活动设计	评价标准（总结性评价）	活动方式	课时安排
方案制订	通过自主搜集整理资料、课堂展示交流，学会设计研学路线和研学行程，能够根据兴趣组建研学小组，确立研学问题。	1. 谈话导入，引出课题；2. 小组讨论，根据搜集到的资料，确定研学问题和研学路线；3. 根据研学问题确定研学小组，并根据兴趣爱好组建小组；4. 各班级根据自己所选小组的活动特色，制订自己的小组活动方案；5. 小组展示活动方案，并根据建议修改方案。	能积极进行小组讨论、资料整理，并能提出至少3个研学问题；能设计合理的研学路线和活动方案，并能根据建议进行修改；能与团队合作，完成分配的任务。	小组讨论、查阅资料、整合资料	1课时

197

续表

课时名称	评价任务	活动设计	评价标准（总结性评价）	活动方式	课时安排
诸城寻访之旅	通过文字、图片等形式，深入思考，详细了解先贤圣人苏轼的爱国爱民思想，感受苏轼的超然文化以及中华民族传统文化的源远流长，激发学生爱家乡、爱祖国的情感，弘扬民族文化。	1. 学生根据设计的研学路线，到达研学地点； 2. 学生分小组探究研学问题； 3. 学生小组讨论，整合信息； 4. 通过撰写研学报告、成果会演、组织知识竞答等方式，进行研学成果展示。	能认真听取讲解员的讲解并做好记录； 能积极探究研学问题，并将信息整合； 能与团队合作，完成分配的任务。	实地参观、搜集信息、成果展示	3课时

2. 主题2：访三元朱村，了解寿光名人

"访三元朱村，了解寿光名人"主题活动安排

课时名称	评价任务	活动设计	评价标准（总结性评价）	活动方式	课时安排
方案制订	通过自主搜集整理资料、课堂展示交流，学会设计采访问题和采访记录表，确定采访注意事项。	1. 谈话导入，引出课题； 2. 小组讨论，根据搜集到的资料，确定采访问题； 3. 小组合作设计采访记录表； 4. 小组讨论采访注意事项； 5. 小组展示活动方案，并根据建议修改方案。	能积极进行小组讨论、资料整理，并能提出至少3个采访问题； 能设计合理的采访记录表，并能根据建议进行修改； 能与团队合作，完成分配的任务。	小组合作、查阅资料	1课时

续表

课时名称	评价任务	活动设计	评价标准（总结性评价）	活动方式	课时安排
走进三元朱村	以圣贤教育为主线，通过实际采访，了解寿光名人，了解寿光历史，感受优秀传统文化，体会爱国人物内心深处的家国情怀，产生民族归属感与文化认同。	1.学生通过老师联系寿光名人，确定采访时间；2.学生按照设计的记录表进行采访；3.学生小组讨论，整合信息；4.通过撰写研学报告、成果会演，以研学课后作业为抓手，记录寿光名人的感人事迹，为自己制定目标，努力提高自己。	能明确采访的基本流程，并能积极参与；能积极探究研学问题，并将信息整合；能与团队合作，完成分配的任务。	采访、搜集信息、成果展示	3课时

3. 主题3：红色研学

"红色研学"主题活动安排

课时名称	评价任务	活动设计	评价标准（总结性评价）	活动方式	课时安排
走进烈士陵园	通过参观烈士陵园、搜集英雄故事、与讲解员互动、采访当地村民等活动，用心体悟寿光英雄儿女慷慨赴国难、热血浴中华的无畏精神，自然表达爱党、爱国之情。	1.小组讨论确定研学路线；2.小组讨论，根据搜集到的资料，确定研学问题；3.学生根据兴趣选择研学小组；4.学生听取讲解员的介绍，并做好记录；5.学生分小组探究研学问题；6.学生对信息进行整合，发现新的问题，并设计采访问题；7.学生根据问题对园区工作人员进行采访；8.以"寻圣贤足迹，做圣城少年"为主题，开展"五个一"活动。	能积极进行小组讨论，设计研学路线和研学问题；能设计合理的采访记录表，并能完成采访；能与团队合作，完成分配的任务。	小组合作、查阅资料、实地采访	5课时

叁 "走进烈士陵园，弘扬爱国精神"课时教学方案

设计者：房承明 任龙艳 王 莉 甄秀萍

一、背景分析

本课为"红色研学"主题单元的第二课。学生已经接触过实地考察类课程，并不陌生，但鉴于年龄小，安全意识还不足，所以安全教育不可少。在参观烈士陵园时，学生通过调查记录、实地采访等方法，了解烈士陵园的基本情况、典型的英雄故事和扫墓的基本程序等。本课重点是通过多种方式了解烈士陵园的基本情况、典型的英雄故事和扫墓的基本程序等。

二、教学目标

（1）能说出烈士陵园的基本情况、典型的英雄故事和扫墓的基本程序等。

（2）能对收集的信息进行整合，撰写研学报告。

（3）能用多种方式表达对英烈的钦佩之情和爱国情怀。

三、评价设计

（1）学生走进烈士陵园展开探究，通过调查记录、实地采访等方法，了解烈士陵园的基本情况、典型的英雄故事和扫墓的基本程序等。

（2）学生对获得的信息进行整合，在教师的指导下撰写研学报告。

（3）学生在展示研究成果的同时，用多种方式表达对英烈的钦佩之情和爱国情怀。

四、学与教活动设计

1. 导入课题，整体感知纪念馆

（1）到达陵园，激情引入

教师：现在我们来到了寿光革命烈士陵园，陵园位于寿光市城区西北隅，始建于1959年，占地120亩，园内安葬着许多革命烈士，珍藏着许多感人的革命故事。现在沿石阶向上而行，就会到达咱们今天要探究的主要目的地。

（2）走进陵园，整体感知

请讲解员做整体介绍，学生认真倾听、留心观察、耐心记录，在寻找之前提出的问题的同时，发现新的线索和秘密。学生认真听讲解员介绍纪念馆基本情况并做记录。

（3）深入陵园，分组探究

经过前期的选题和准备，学生根据兴趣爱好分成四个小组：陵园情况介绍组、烈士遗物瞻仰组、扫墓活动筹备组、英雄故事收集组，各组同学到自己队长身后站好。教师提醒大家活动时要注意的问题，引导学生在探究时要多看、多问、多思考、勤记录。活动结束后，以小组为单位进行成果交流和评价。

2. 整合信息，撰写研学报告

（1）教师现场指导学生整合信息。提醒学生，各小组收集的信息是否都围绕小组的子课题，是否需要把无用和无关的信息删掉。接下来将有用信息按照一定的逻辑顺序排列，思考如何叙述能把子课题讲解清楚。学生根据老师的提示，小组讨论，整合信息。各小组分享自己探究的感受和心得，并做好记录。

（2）学生根据收集的信息，撰写研学报告。

"走进烈士陵园，弘扬爱国精神"研学报告

班级：＿＿＿＿　姓名：＿＿＿＿＿＿

课题名称	
研究方法	
研究过程	
研究成果及感受	

13

吞吐江河东平湖

案例点评

    与国家课程的建构和实施逻辑不同,校本课程可以突破年级、学科的藩篱,实现课程与学习的综合、融合。"吞吐江河东平湖"课程就是这样一则典例。走进东平湖湿地,开展观察和研究活动,识别并了解常见的湿地动植物。学生了解治水实践和滩区移民避险社区的生活状态,掌握黄河水闸等治水设施涉及的物理原理,评价新中国成立后黄河治理的变迁,感受前辈艰苦创业、团结协作、勤劳坚韧的优良传统,分析和探讨生物多样性对湿地生态保护的作用,归纳人类与自然和谐相处之道,推断湿地生态对人类生存和社区发展的长远影响。课程提供了一个聚焦问题解决和价值关切的跨学科主题学习的好范例。需要指出的是,本课程的评价设计要具体指向开发和实施的各环节,在规范化方面还有待完善。

壹 泰安市东平县第二实验中学校本课程规划方案

设计者：郑 军 卜庆振

东平县第二实验中学位于泰山西南的东平县政府驻地，北望白佛山，南眺大清河，东接龙山书院，西邻稻屯洼湿地。学校创建于1948年，文化底蕴深厚，校风优良。全体教师充满激情，充满生机和活力；现有24个教学班，1000多名学生，学子们爱校惜时，好学上进，朝气蓬勃。经过近几年校本课程的实践与改进，初步构建出东平县第二实验中学校本课程的基本框架。

一、课程依据

东平县第二实验中学位于东平县县城西部，处于城乡接合部。学校前身是乡镇初中，2021年7月升级为县直初中。学校在转型升级后，面临着独特的教育资源分布、家庭教育环境、学生心理状态、未来职业规划以及社会适应等方面的挑战。学校的学生群体主要包括父母外出务工的留守儿童和随着城镇化进程来到城市的农民子女。这些学生不仅需要在学习上得到支持，更需要情感上的关怀和社会适应能力的培养。他们面临着教育资源不均衡、家庭教育环境差异、心理压力大、就业前景不确定和社会融入问题等多重挑战。这些问题往往导致他们缺乏学习动力，出现学业倦怠，甚至影响心理健康。

在2022年发布的课程方案中，强调了"跨学科学习"的重要性，跨学科学习鼓励学生将不同学科的知识和技能应用于解决真实世界的问题，这种学习方式有助于培养学生的创新思维和综合解决问题的能力。此外，劳动教育和综合实践课程的校本化实施也为解决学校学生面临的问题提供了新的途径。劳动教育可以通过实践活动让学生学习劳动技能，培养他们的自立自强精神，同时也能让他们更好地理解不同职业的价值和重要性，为将来的就业做好准备。综合实践课程则可以让学生在实践中学习，通过参与社区服务、环境保护、社会调查等活动，增强他们的社会责任感，提高他们的社会适应能力。

二、校本课程方案

（一）课程目标

（1）通过校园文化建设，立德树人，跨学科综合育人，教学做合一，加强学段衔接，贯彻党的教育方针，学生有理想、有本领、有担当，将个人梦想与国家与社会的发展进程有机结合，立大志，明大德。

（2）通过一系列入学活动，走好入学第一步，明确学习目的，端正学习心态，拓展学习路径和学习内容，学以致用，学用结合。关注和参与当代文化生活，初步了解和借鉴学校发展历程中的优秀成果，开阔文化视野，丰厚文化底蕴。

（3）树立适合自己的学习目标，掌握有效的学习方法，涵养科学、严谨的学习态度；在学习中注意倾听、乐于交流、大胆尝试；学会自主探究，合作互助；学会反思和评价学习进展，调整学习方式；学会自我管理，提高学习效率，做到乐学善学。

（4）发现生活的美丽，感受生活的美好，将读书与实践相结合，增长见识，增强能力；获得较为丰富的审美经验，具有初步的感受美、发现美、表现美和创造美的能力；涵养高雅情趣，具备健康的审美意识和正确的审美观念。

（5）积极锻炼身体，强健体魄，形成健康与安全的意识及良好的生活方式，促进身心健康、体魄强健，为全面发展提供坚强的保障。

（6）参与校园劳动实践活动，树立正确的劳动价值观，崇尚劳动、尊重劳动，增强对劳动人民的感情，发展创新意识，提升实践能力和社会责任感，成为懂劳动、会劳动、爱劳动的时代新人。

（7）形成对学校精神文化的认同感，在心理上实现接受和认同；建设各具特色的班级文化，促进个性化发展。

（二）课程结构与设置

1. 整体课程结构及其说明

（1）学生在人文课程中学会做人

① 稻蒲荷香里的人文与科学：学校地处稻屯洼湿地附近，关注稻蒲荷香里的人文与科学，是对教学的形式拓展。

② 好声音密码：该课程从学生关注的好声音元素出发，选取了"好声音"中的旋律、歌词、歌手三个方面，将其中蕴藏的音乐素养、文学素养、励志元素作为提升学生综合素养的突破口。

③ 电影与学生心理自助成长：将"听见幸福，看见梦想——电影与学生心理自助成长"作为一门校本课程进行开发，并利用本课程对学生进行心理健康教育。

④ 行知校园少年行：将单纯的软硬件隐含的校园文化，转化为包括目标、过程、反馈等要素的整体性课程。与校园"行知十六景"的硬件设施建设有机融合。

（2）学生在科学课程中学会探究

从学生的实际出发，创造探究科学的条件和环境，引导学生在学习中体验科学的魅力和乐趣，使学生的科学素养在主动学习科学的过程中得到发展。

① 吞吐江河东平湖：研究东平湖吞吐江河、治水调水、航运、旅游、环境治理、生态发展的科学技术及人文要素，总结东平县域循环经济、生态农业、旅游发展、文化振兴的经验，探索可持续发展的新路径。

② "运河之心"水事：戴村坝是位于县城附近的一项水利工程，被称为"京杭大运河的心脏"，是一项世界文化遗产。南水北调工程是一个当下运行中的工程。该课程的学习，可以成为学生研学全国范围内大运河的契机。

③ 科技航模课程：学生参与制作和操控科技模型，既可以非常生动地巩固、活用大量的物理、数学等科学知识，又能较好地培养学生分析问题、解决问题的能力。

（3）学生在实践课程中学会创新

学校围绕"多元成长"的办学理念，着力完善学生社团实践微课程建设。

① 春蕾文学社：成立了蝶梦社、花蕾女孩等近10个分社，开展朗诵、演讲、征文、采风等活动。

② 魔笛音乐学社：培养学生团队合作精神，通过优美的旋律陶冶情操，培养学生的表现力、鉴赏力，提升学生合唱、器乐、声乐和舞蹈的技艺和水平。

③ 心之语播音社：负责宣传校内最新动态，开阔学生视野，做"带领校园潮流，传播校园文化"的使者，指导学生播音技巧，是培养校园广播主持人的摇篮。

④ 莲子彩绘社团：邀请省级非遗传承人担任艺术指导，建设莲子彩绘社团，并着力构建学校莲文化体系。以莲子彩绘为亮点，不仅提高了学生的技艺，同时，帮助学生养成了耐心细致的良好品质。

（4）学生在自主课程中学会发展

在校本课程开发的过程中，最重要的转变是课程开发理念的转变，比如以前的课程开发是以"教师能开什么课"为出发点，当前的课程开发则以"学生需要什么课"为出发点。

① 离校课程：师生互致感谢，学生书写毕业留言，师生合影留念。学生离校，全校领导、老师进行校园送别。离校课程，把真情留在学生心中，让学校成为师生心灵深处最温馨的家。

② "诗意四季"课程：让学生近距离地了解诗歌，感受身边的诗意，感知诗意来自生活，亲近诗歌，热爱诗歌。

2. 课程设置与课时分配、比例及其说明

校本课程设置情况

课程	年级或社团	课题	周课时	总课时	备注
人文课程	六年级	行知校园少年行	1/1	20	
	七年级	稻蒲荷香	1/2	16	
	八年级	好声音密码	1/2	16	
	九年级	电影欣赏与心理自助成长	1/4	16	

续表

课程	年级或社团	课题	周课时	总课时	备注
科学课程	六、七年级	"运河之心"水事	1/4	16	
	八年级	吞吐江河东平湖	1/2	16	
	八、九年级	航模制作	1/4	16	
实践课程	春蕾文学社	阅读写作、校报编辑	1/1	16	
	音乐社团	声乐、器乐、舞蹈	1/1	16	
	唯美工作室	素描、水彩、水粉、国画	1/1	16	
	英语社团	英语写作、演讲等	1/1	16	
	彩绘社团	莲子画制作	1/1	16	
自主课程	六年级	知稼园课程	1/2	16	
	七年级	诗意四季	1/4	10	
	八年级	带西方人过中国节	1/4	10	
	九年级	离校课程	离校周	6	

（三）课程实施

结合PBL项目式学习、STEM课程的理念，参照学科课程标准的课程内容组织和教学提示，结合大量实践案例，选择了一个主题、双线目标、三维表现、四大活动四个设计要素，确定校本课程实施的基本路径。

（四）课程评价

评价课程方案，评价实施效果，评价教师成长和学生发展。通过问卷抽样调查，倾听学生的意见和声音，以此作为重要的反馈信息，判断校本课程开发的效果。教师参与校本课程开发的过程就是教师学习与行动的过程。以教师的专业成长为视角，能够准确地评价校本课程开发的成效。设计者卜庆振老师近年来致力于课程研发的个案研究，多次获得国家及省级奖项。

三、课程保障

（一）组织保障

学校为了形成"学术领导—学科自主"的课程管理体系，设立了学习课程发展委员会，从纵向与横向的角度，将学校各职能部门、教研组、学科组以及全体教师有机地整合起来。

（二）机制保障（课程运作）

在校本培训中设立校本课程开发专题，举办讲座辅导和自学研讨，深入领会校本课程开发的意义和作用，提高认识，明确目标。同时，创造条件，开展校本课程开发的技能培训。

贰 "吞吐江河东平湖"课程纲要

设计者：郑 军 卜庆振 耿进红 李 超 田素梅

一、相关学科课程标准分析

根据《义务教育地理课程标准（2022年版）》，学生需要认识家乡的地理环境，了解自然和人文地理事物，并描述家乡的特点。通过野外考察和利用图文资料，他们可以归纳出家乡地理环境的特点，并举例说明其形成过程和原因。此外，他们还需要说明家乡环境和生产发展对当地居民生活带来的影响和变化，并提出合理建议，运用绿色发展理念对家乡的发展建设进行规划，以加强热爱家乡和建设家乡的意识。

结合生物学课程标准中的生物与环境主题，学生需要了解生物与环境之间的相互关系，认识到生物离不开环境，同时生物也能适应和影响环境。他们将学习到生物与环境之间的相互作用，以及这种相互作用如何实现了物质循环和能量流动。学生还会明白水、温度、空气和光等是生物生存所需的环境条件。此外，学生还将了解到生态系统具有一定的自我调节能力，但受到人类活动的影响，生态环境可能会受到破坏。为了维护生态平衡，保障人类的生存和发展，学生将学习采取措施防治环境污染、合理利用自然资源等，以保障生态安全。在生物学课程的项目式学习活动中，学生将制订保护当地生态环境的行动计划，以实践所学的知识和概念，为保护环境做出贡献。

二、综合分析

随着"黄河流域生态保护和高质量发展"国家战略的稳步推进，东平湖的生态、航运、调水、旅游等功能正在发挥着巨大作用。本课程从乡土资源入手，将江河湖港湾、山水林田湖草融为一体。依托STEAM理念和PBL项目学习，促进学生在科学、技术、艺术、工程和数学领域的发展和提高，增强学生的乡土情怀、生态观念、国家意识。课程开发团队与当地国家级水情教育基地、文化旅游集团、南水北调管理处、黄河河务局、东平湖管理局等部门建立了多方合作关系，家长作为某一领域专家参与课程研发，游艺营亲子团队作为课程实验组提供支持，这些都为课程实施提供了强有力的支持和保障。

三、课程目标

（1）参观东平段黄河治水工程，走访滩区移民避险社区，探讨黄河水闸涉及的物理学原理，评价新中国黄河治理的成就。阅读黄河、运河相关书籍，结合《水浒传》，研究黄河与东平湖、梁山泊的联系，提升文献研究能力。继承和发展中华民族艰苦创业、团结协作、勤劳坚韧的优良传统。

（2）模拟东平段运河复航重点工程与南水北调工程，掌握工程背后的科学、技术、数学、艺术、生态等知识技能，运用古人的科技智慧设计工程宣传模型，探讨历史遗迹的保护与发展，交流东平在运河复航、南水北调工程中的重要地位。

（3）考察东平湖湿地生态建设项目，认识常见的湿地动植物，分析生物多样性在湿地保护中的作用，归纳人与自然和谐相处之道，推断湿地生态对人类生存发展的影响。

（4）梳理东平在山水林田湖草生态治理、黄河滩区移民、循环经济、旅游发展等方面的系列举措，讨论当地文化振兴、城乡振兴、可持续发展新路径，撰写研究报告，为家乡发展建言献策。

四、学习主题/活动安排

校本课程结构及实施要求

课程结构			实施要求
课程指南： 志在江湖 少年扬帆	第1课时	一日看尽江河湖	了解课程背景，把握课程主要内容。在老师指导下完成选题，组建学习小组。
第1单元： 黄河安澜 治水有方	第2课时	大禹公园说治水	采集黄河水样，观察水沙比例，评价新中国成立后治理黄河的主要方式和取得的成效。说出黄河与东平湖的关系，概述东平人民为黄河安澜、保家卫国做出的巨大贡献。
	第3课时	探秘东平黄河闸	参观东平段黄河治水工程，探究黄河水闸涉及的物理学原理，提炼中华民族治水智慧。
	第4课时	黄河滩区访移民	访问黄河滩区移民新社区，了解黄河滩区变迁，探讨人与自然和谐相处之道，总结黄河滩区安居乐业的东平经验。
	第5课时	行读水浒话水泊	梳理黄河与东平湖、梁山泊的关系，研学水浒城、烈士陵园，活读水浒，聆听革命故事，阐述忠义情怀的传承与变化。
第2单元： 运河复航 调水有度	第6课时	力挽狂澜戴村坝	把握戴村坝的力学原理，了解大坝的历史地位，探究大坝与运河公园的生态发展路径。
	第7课时	运河复航东平港	参观港口，了解港口设计的基本原理，总结运河兴衰与东平城市发展的关联。讨论当地循环经济、可持续发展新路径。
	第8课时	南水北调八里湾	概述国家南水北调整体规划，模拟南水北调入湖闸工程，交流城市生活用水水源地的保护措施。
	第9课时	调水管道胜利渠	对比20世纪70年代胜利渠与南水北调干渠工程，迁移运用相关材料学、工程学知识，完成当地旧水渠的改造设计方案。

续表

课程结构			实施要求
第3单元：生态治理一水护田	第10课时	关关睢鸠知鸟兽	与东平观鸟协会合作学习观鸟，辨识《诗经》中的鸟类，寻找鸟类栖息与湿地生态变化的关联。例证外来物种的影响，编写解决方案。
	第11课时	蒹葭苍苍识草木	辨识《诗经》中的植物，诵读相关诗词名篇。分类整理湿地植物在湿地生态保护中的作用，提出植物养护建议。
	第12课时	满目湖山收眼底	走访东平湖周边采石场，对比政府山石开采治理前后的不同状况。采访附近村民，调查村民就业转型情况，整理调查报告。
第4单元：青山绿水城乡振兴	第13课时	县城水系探治污	阅读东平县城水系规划并实地探访运行情况，参观污水处理厂、稻屯洼湿地净水系统，对比工厂治污与湿地净水的原理与效果。
	第14课时	乡村旅游南堂子	游览南堂子乡村旅游基地，调查并整理近五年村委与村民收入情况，梳理乡村振兴的路径。
	第15课时	荷荷美美品美食	品味东平湖传统美食，学会制作一道传统美食。尝试从节俭与营养学角度改良东平湖传统美食，制作一份营养美食食谱。
课程总结：穿越古今共谋发展	第16课时	博物馆里阅古今	回顾东平历史，比较兴衰变化，交流地方文化振兴、生态发展的路径，预测东平未来发展的核心竞争力，合作整理发展规划。

五、评价活动/成绩评定

结合学生的学习过程，建立研学档案，让学生主动对学习过程进行回顾并做出总结，及时调整自己和团队的行动。每个学习单元安排研学小论文写作与答辩，结合单元学习评价表，进行打分。对于优秀学员，颁发"江河湖研学小院士"证书。

单元学习评价表

研究主题				
评价指标	**评价内容**	**评价分值**	**自评**	**师评**
主题评价	能依据课程指南和课时学习目标，结合老师布置的核心任务，确定研究主题。	完全没有做到为0分，完全做到为10分。依据完成情况，在0~10分之间得分。		
分工评价	任务均衡，具体明确，责任到人。			
资料搜集	通过各种渠道搜集资料（网络、图书、报刊等），资料标注出处，来源可靠，资料有价值。			
个人参与	积极参与研究过程，按时高质量完成自己的研究任务，有研究反思。			
小组合作	小组有团结合作的氛围，能通过商讨研究过程中出现的问题，找出解决方案。			
研究成果	研究成果完整，研究内容切合本节的学习目标和教学内容建议，可有所拓展。资料翔实，表达方式多样，如图片、视频、文字等。			
展示交流	展示形式新颖，运用展示工具操作熟练，解说条理清楚，语言清晰，重点突出。			
小计				
总分（自评：50%；师评：50%）				
研究反思或建议：				

"调水管道胜利渠"课时教学方案　　叁

设计者：耿进红　卜庆振

一、课时目标

（1）了解东平20世纪70年代的水利工程"胜利渠"，分析工程采用的主要技术手段，继承和发展中华民族艰苦创业、团结协作、勤劳坚韧的优良传统。

（2）分析东平段南水北调工程引水设施防渗水技术与工程，掌握调查研究的基本方法，增强技术应用、生态保护与成本控制并重的意识。

二、评价设计

（1）实地参观东平20世纪70年代的水利工程"胜利渠"，结合地理等高线知识绘制工程图。走访当地60岁以上村民，了解"胜利渠"建设的背景和使用情况，继承和发展中华民族艰苦创业、团结协作、勤劳坚韧的优良传统。

（2）参观访问东平湖南水北调管理所，向管理人员询问南水北调工程采用的引水设施和防渗水技术，上网查询相关资料，理解相关技术，了解相关材料。撰写"胜利渠"旧水渠改造方案，掌握调查研究的基本方法，增强技术应用、生态保护与成本控制并重的意识。

三、学与教活动设计

（一）情景导入：人工天河胜利渠

实地参观20世纪70年代的水利工程胜利渠（东平湖畔通往山区的"天河"）和东平段南水北调干渠。（或出示东平湖畔废旧的水渠和南水北调工程东平段的新渠道图片。）

教师提问：你能够提出什么样的问题？

学生提出以下问题：人们为什么要修这些水渠？这些水渠的作用是什么？为什么这两个水渠一个废弃了，一个还在使用？废弃的水渠还有没有必要修复？用什么方法修复？

（二）任务一：新旧水渠大对比

南水北调工程东平段的新渠道与东平旧水渠相比，有哪些相同与不同？

下发调查任务表，完成问题调查。可以采用实地走访当地的农民和水利专家进行调查，也可以邀请当地的南水北调工程水利专家和农民到学校和学生交流。

调查任务表

	东平湖畔旧水渠	南水北调工程东平段新水渠（渡槽）	备注
修建原因及起到的作用			
服务的对象			
修建的成本及维护的成本			
运行的现状和使用的技术			

文献卡片样卡：因特网上查询的资料

文献编号：1　网址：https://place.fliggy.com/poi/16951428　访问日期：2018-08-05

文章题目：格里诺倾斜树

要点记录：格里诺郡（Shireof Greenough）遍布着倾斜树（Leaning Tree），这是一种奇特的自然现象，长期盛行的南风使得树木横向生长，而不是往高处生长。

根据调查任务表完成情况，交流汇总各组调查结果。需要注意以下问题：废弃原因是多方面的吗？如果是多方面的，那其中主要原因是哪些？南水北调工程在修建水渠的时候会不会面临旧水渠遇到的问题？又是如何解决的呢？学生讨论。

任务完成情况评价表

评价项目	评价标准	得分
是否注明来源	标注清楚1处资料来源得2分，最多得5分。	
调查是否多元	采用1种调查方式并获得有用资料得3分，最多得5分。	
结论是否严谨	能够引用调查资料，结合自己理解，表达条理，有理有据，得5分。	

（三）任务二：创新修复旧水渠

阅读材料：《今日东平报》（记者 李平）近日，在东平县湖西银山水厂银山段施工现场，工人们正忙着铺设管道；在丁庄、戴庙引黄灌区农业节水改造工程，刘口引湖灌区节水改造项目施工现场，挖掘机、工人紧张工作，清淤、测量、衬砌……呈现出一派繁忙的景象。

任务指引：（教师给出东平湖畔10公里旧水渠等高线工程图）在这个工程中，要用新工艺来修复旧水渠，恢复灌溉功能，我们一起来寻找一个优选方案吧。

学生观看南水北调新渠道相关视频，大致了解施工材料。

在东平段南水北调渠道附近，技术人员会打几口深井，根据水位的变化观测渠道渗水情况。学生探究背后的道理。小组完成修复旧水渠问题的探究，注意技术层面能否在本地使用以及成本的核算。核算成本需要用到的材料价格，可参考网络报价或进行电话询问等确定。

引导学生开放思维，对改造旧水渠更合理的方法提出自己的建议，完成下面的表格。

改造旧水渠任务完成情况评价表

初步设计方案：	改进后的方案：	
初步设计方案中的材料：	改进后的材料：	
初步设计方案中的材料价格：	改进后的材料价格：	
初步设计方案的成本核算：	改进后方案的成本核算：	
评价项目	评价标准	得分
主题与创造力	直接使用教师提供的主题得2分；发挥小组创造力，表述准确、有吸引力，记3～5分。	
历程与心得	学习历程记录完整，详略得当，有研究心得，记5分。	
使用表格、图像	纯文字记录记2分；使用表格、图像更清楚地表现，记5分。	
对结果的反思	能够结合研究过程写出反思，记5分。	
小组合作精神	研究报告中对小组合作情况进行反思，交流时体现合作精神，记5分。	

（四）拓展思考：国计民生"防渗水"

学生探究：在关系国计民生的大工程中，防渗水非常重要。"防渗水"一词还有哪些丰富的含义？除了技术和材料，作为责任人员，还应该注意哪些方面的"防渗水"？学生汇报成果，反思改进。

14

诗词诵写

案例点评

　　"诗词诵写"课程是基于对国家课程（语文）的"课程理解"基础上的"课程开发"，是将国家课程和校本课程进行有机融合的有效尝试。本课程以层级性突出的目标和内容，在关联万物中促进学生学做人，以简易可行的实施与评价增进学习者的"主体感"，实现文以载道，文以化人。未来的书香校园课程也可以尝试超越单一学科，涵盖各个学科领域的内容，帮助学生建立跨学科的知识体系，促进综合学习。同时在数字时代，阅读也可以包括数字文献和在线资源的利用，毕竟筛选、评估和利用信息的能力也是学生所必需的。

壹　威海市统一路小学校本课程规划方案

设计者：刘　静　王蓉蓉　刘　芳　牟春林　李　丹

　　为贯彻党的教育方针，威海市统一路小学落实立德树人根本任务，以"阅读让每个生命更精彩"为办学理念，坚持"建立读书生态，打造书香校园"的办学特色，深化课程教学改革，加快高质量学校建设，培养"腹有诗书、气有浩然"的新时代书香少年，特制订本课程规划方案。

一、课程建设背景分析

1. 学生的课程需求

　　通过问卷星对低、中、高三个学段的学生进行五大类课程群的需求调研。基于真实的调查结果，学校采用以"需"定"课"的思考方向，形成具有拓展性和探究性的书香课程体系，在不同年级开发不同比重的校本课程，促进学生德智体美劳全面发展。

2. 国家和地方课程政策

　　2023年《全国青少年学生读书行动实施方案》提到要围绕提高"书香校园"建设，积极创设适宜读书的校园环境，将青少年学生读书行动与教育教学有机结合。在保证国家课程的全面落实、教育教学目标不降低的前提下，学校围绕办学核心理念和特色，将国家课程、地方课程、校本课程三级课程深度融合，探索促进学生"德智体美劳"全面发展的课程体系。

3. 学校教育哲学

　　学校教育哲学是学校课程规划的灵魂与归宿。学校秉承书香教育，传承与发展700多年历史名校的"书香"文化，以"书香校园、人文课堂、涵养教师、儒雅学生"为办学愿景,坚持"阅读成就人生"的办学理念,以"求真、至善、尚美"为校风,以"敬业爱生、为人师表、博学善教、终身学习"为教风,以"读万卷书、行万里路,立君子品、做有德人"为学风,培养"腹有诗书、气有浩然"的新时代书香少年。

4.社区资源

威海市统一路小学位于中心城区,北邻威海地标性建筑物威海市政府、环翠楼公园、威海民俗村,地理位置优越。学校周围的前进社区作为威海文明建设的标杆社区,有着深厚的社区资源,真实地存在于学生的现实生活中。通过调查、论证,结合我校师生实际情况,我们对威海的人文景观、风土人情、历史人物、文化底蕴等进行开发利用,促进了书香课程的设计与实施。

二、校本课程方案

(一)课程目标

基于国家课程方案中的基本要求与目标,学校将育人目标"腹有诗书、气有浩然"进行分解与细化,提炼课程目标,努力贴合"有理想、有本领、有担当"的教育目标,培养德智体美劳全面发展的人。

校本课程目标体系结构

育人目标		阶段发展目标		
		低年级	中年级	高年级
培养"腹有诗书、气有浩然"的新时代书香少年	悦读	喜欢阅读,能独立阅读富有童趣的图画书,感受阅读的乐趣。	能感受作品传达的真善美,乐于和他人分享阅读所得。	能独立阅读文学作品,敢于质疑,做出自己的判断,能与他人分享阅读获得的有益启示。
	厚知	对知识产生兴趣,能在阅读中积累一定的知识,养成良好的学习习惯,学会学习。	积累丰厚的课内外知识,能够理解知识,掌握基本的学习方法和基本的技能,并学会灵活运用知识,养成良好的思维习惯。	能独立搜集、整理、掌握知识,对知识有正确的理解和质疑,掌握学习策略,能结合知识,运用已有的经验和技能,独立分析、解决问题,形成解决问题的能力,产生高阶思维。

育人目标	阶段发展目标		
	低年级	中年级	高年级
培养"腹有诗书、气有浩然"的新时代书香少年	**善言** 具有提问题的意识，并根据问题乐于表达自己的观点。	能提出有价值的问题，并根据问题有条理地表达自己的观点。	能提出有价值的问题，根据问题有理有据地表达自己观点，并形成完整的结论。
	明礼 个人礼仪自信大方，学会礼貌用语，注重仪容仪表，行立坐卧规范有矩。	学校礼仪符合集体生活要求（学习礼、路队礼、课间礼、集会礼、就餐礼）。	交往礼仪和公共礼仪从容得体、举止有度，体现良好公民素质。
	创新 具有探究生活和世界的意识，有一定的创新思维。	能在真实情境中发现问题、解决问题，具有探究能力和创新精神。	能解决生活、学习中的实际问题，加强知识学习与社会实践之间的联系，具有创新创造的能力。
	志远 热爱祖国，热爱人民，热爱学校，对五年的小学生活充满美好向往和期待。	热爱祖国，热爱人民，热爱家乡，明确小学五年努力的方向。	热爱祖国，热爱人民，明确人生发展方向，对未来人生有一定的规划，将个人追求融入国家富强、民族复兴、人民幸福的伟大梦想中。

（二）课程结构与设置

"书香课程"体系由"慧"课程群和"雅"课程群为主体构成。"慧"课程群以国家课程为主体，奠定基础；以地方课程和校本课程为补充，兼顾差异。"雅"课程群以德育课程为延伸，丰厚成长。

统一路小学校本课程内容分布情况

课程结构 课程群	人文阅读	数理阅读	健康阅读	美韵阅读	创客阅读
校本课程	1.现代诗诵写 2.古体诗词诵写 3.儿童绘本阅读 4.名著阅读 5.国学经典诵读 6.百草园文学创作 7.童味哲思 8.亲子阅读 9.家长讲堂 10.硬笔书法 11.校园朗读者 12.英语绘本创编 13.英语童话剧 14.红色印记 15.传统节日 16.与礼同行	1.读画数学 2.百变七巧板 3.神秘孔明锁 4.智走华容道 5.妙手九连环 6.炫动舞魔方 7.科普小实验 8.科学探索	1.魅力篮球 2.酷跑少年 3.抖空竹 4.乒乓球 5.沙盘游戏 6.OH卡牌 7.心灵有约 8.心理绘画	1.藏书票 2.水墨丹青 3.多彩儿童画 4.巧手蜡印 5.名品解码 6.爱乐民乐 7.舞韵舞蹈 8.铜鸣管乐 9.翰墨飘香 10.葫芦丝	1.创客机器人 2.创意编程 3.C++编程 4.蓝天之翼航模 5.童创电子报 6.胶东面塑 7.贝壳创意制作

（三）课程实施

1.隐形课程"润物细无声"，浸润书香气质

让每一处景观育人，让每一处文化蕴含课程基因，是我们的隐形课程文化理念。学校以"经典、传统、书香"共融为原则，努力营建特色书香环境文化，全力打造"图书馆式"学校，最大程度优化学校育人环境，打造"人在书中，书在手边"的读书氛围，营造立体多元特色文化"育人场"。

2."慧"课程群——"悦"读引领，涵育学生核心素养

"慧"课程按照"学科+"的创新项目推进思路，以"1+X"（"1"指国家课程，"X"指全科"悦"读）为国家课程和全科"悦"读的连接纽带，深化全科"悦"读的实践探索。

3. "雅"课程群——以礼为根，落实全环境立德树人目标

围绕"立德树人"的总体目标，以书香德育"双雅"课程为根基，实现德育课程化、课程特色化的全程、全员、全方位育人工作格局。

（1）雅知课程。雅知课程的目标是明礼怡心，引导学生"知规范、怡身心"。

（2）雅行课程。雅行课程的目标是实践导行，引导学生"行规范、提素养"。

（四）教学与教研层面

1. 明晰课堂要素，完善研究策略

围绕"厚知·善言"书香课堂特质，借力国家级优秀教学成果"课程领导力"和"情境教育"的推广应用，定位书香课堂内涵，明晰书香课堂三要素，基于单元整体教学背景，助推书香课堂三策略的落地生根。

2. 聚焦核心环节，定位三个"一"

各学科依托书香课堂三要素，根据学科特质，聚焦核心教学环节，明确标准，形成既有共性又有个性的三个"一"，让书香课堂的特质与学科要素并列凸显，使其成为学科教师在备课、上课、评课时的风向标。

3. 开展集体备课，梯次落实

围绕书香课堂开展集体备课研究。以"1+3"课例研究为抓手，用一节课带动对书香课堂三要素的深入研究，分期推进，梯次落实（本学期重点研究前两个要素）；每两月一个要素主题，通过"新锐教师赛课—种子教师展课—名优教师亮课"三轮课堂开展集体备课研究。

4. 研发相关量规，以评促研

充分发挥"评价"的杠杆作用，在我校原有观课量表的基础上，充分对接区域研究重点，各学科形成具有三要素基因的备课评价量规、观课评价单，导向明确。要求备出"三要素"，上出"三要素"，评出"三要素"。最终实现备课中有"专栏体现"，上课中有"环节彰显"，观课时有"量规评价"，评课时有"主题聚焦"。

（五）课程评价

1.课程评价

通过对课程开发和实施情况进行过程性和终结性评价，促进课程的不断优化。成立课程研究共同体，进行课程建设成果汇报，同时引入多元评价主体：学校、学生、家长等，对课程的开发、课时实施及成效进行综合评价。

2.教学评价

教学评价关注教师教学行为与成效。利用共同体活动、种子教师展示课、新锐教师赛课、全员晒课、主题论坛、信息技术比赛等活动，关注教师的"六能"考核：能阅读、能上课、能科研、能学习、能反思、能运用信息技术。

3.学生评价

运用《七彩阳光评价手册》加强对学生进行过程性评价和增值性评价，把多元评价、"代币制"有机结合，采用"七彩阳光评价"，对学生进行全方位、全过程、激励性评价。

4.评价实施要求

（1）日常过程性评价：实行"日日争章，过程激励"的机制进行评价。通过发放七彩激励章（包括品德章、智慧章、实践章、科学章、艺术章、体育章、读书章），提高学生的日常行为规范和读书成效。

（2）阶段性月评价：实行"积章换卡，每月一评"的机制进行评价。每个月末，学生通过日常积累的五个七彩激励章兑换一张对应的七彩阳光卡（包括品德卡、智慧卡、实践卡、科学卡、艺术卡、体育卡、读书卡），进行阶段性评价。

（3）学期末终结性评价：实行"积卡争星，期末盘点"的机制进行评价。学期末，根据日常和阶段评价结果进行评价。期末评价分两步走，一是积卡换购，学生可带着获得的七彩阳光卡到"童童·怡怡"阳光超市进行商品的换购。二是积卡争星，根据七彩卡的数量，评出综合荣誉"七彩阳光少年"和单项荣誉"品德之星""智慧之星"等奖项，颁发荣誉奖章，并记录在成长册中。

（4）评价结果运用：《七彩阳光评价手册》是学生评价的最终展现。用数据、图片、文字等详细梳理学生每学年的成长历程，分析自我当下状态，明确将来努力方向，立体化再现学生一学年的成长足迹，帮助学生认识自己、悦纳自己、调整自己。

（六）课程保障

1. 组织保障

学校建立有效的课程组织网络，成立由学校行政、课程专家和教研组共同组成的课程研发团队，明确职责分工。

2. 机制保障

采用"研训一体"的方式，融合教师读书、青蓝工程、种子教师共同体等多种形式，完善《统一路小学集体备课制度》《统一路小学教科研制度》，打造专业化、优质化的教师队伍，确保课程有效实施。

3. 制度保障

学校建立相应制度，保障课程研发和实施的质量，如《统一路小学课程开发实施指南》《统一路小学校本教研训制度》《统一路小学课程管理制度》等。学校定期检查各项制度的执行情况，保障课程计划的真正执行。

4. 资源保障

一是积极引进社会优质资源，诊断课程、开展培训、评鉴成效，实现资源共享、优势互补。二是主动积极争取课程专家的指导，积极争取与社区、政府对话，获取广泛支持。三是充分利用威海市智慧教育平台获取相关课程资源，建立校内、校外两个支持系统。

"诗词诵写"课程纲要

设计者：王蓉蓉　刘　芳

贰

一、课程简介

为了更好地提升学生的语文核心素养，学校依托语文课程标准中关于优秀诗文的要求，结合学校书香特色育人的理念，进行校本课程"诗词诵写"的开发。本课程在一至五年级全体学生层面推行实施。课程既注重诗词的诵读积累，又注重诗词的仿写和创作。我们希望以中华经典诗词为载体，通过诵写的形式，提升学生运用语言文字的能力，丰厚其人文底蕴。

二、背景分析

《义务教育语文课程标准》要求学生背诵古今优秀诗文，继承和弘扬中华民族优秀文化。学校以"阅读成就人生"为办学理念，开设了丰富多彩的校本课程。"诗词诵写"课程的开设，既能推动学校书香校园、人文课堂的建设，又能很好地传承和发扬中华优秀传统文化。因学校早读内容为《蒙学经典精选》读本，学生诵读的量已有一定的积累，在诗词浸润中学习、鉴赏能力也有了一定提升，不少学生对诗词创作产生了极大的兴趣。学校爱好诗词的教师成立了诗词诵写共同体，坚持学习与创作，为课程的开发与实施提供了强大的师资保障。学校还积极引进校外优质资源，如聘请山东大学（威海校区）的教授为诗词客座讲师，实现校社资源共享、优势互补。

三、课程目标

（1）通过诗词诵读，达到量的积累，在"腹有诗书"的基础上，拥有"气有浩然"的自信。

（2）通过诗词的仿写、创作，能掌握一定的诗词写作技能，并在想象力、创新精神和创造能力方面得到发展，最终迁移转化为语文学习能力。

（3）学会由关注诗词作者的思想情感到关注自身对生命及事物的态度，形成正确的世界观、人生观、价值观。

四、学习主题/活动安排

（一）明确学习内容和主题

一至三年级重点进行儿童诗的仿写和创作，其中一年级小节填写，二年级儿童诗仿写，三年级儿童诗创作。四、五年级重点进行诗词创作，其中四年级填词创作，五年级古体诗创作。

根据语文统编版教材每一单元的人文主题，确定各自年级诗词诵写课的学习主题。

（二）探索不同学段的课堂范式

一、二、三年级儿童诗授课模式为"诵读、体会感情—积累、形成语感—创作、迁移写法—点评、改善提高"；四年级填词创作授课模式为"回顾复习—诵读理解—讲解赏析—窍门点击—依谱填词"；五年级古体诗授课模式为"诵读经典—探究写法—学以致用—创作鉴赏"。

（三）多方位搭建诗词诵写展示平台

班级诗集的建立、每学期学校举办的诗词大会、《法桐树下》诗词专刊、《百草园》校报、学校微信公众号等都为学生诗词诵写提供了展示的平台。除此之外，学校的研学活动、节日活动、劳动课程、大事记录等也为诗词诵写开辟了新的天地。

"诗词诵写"活动安排（节选）

学习主题	教学进度（周次、日期）	内容	实施要求	评价设计
			（四）年级 上学期	
走进宋词	第一周 9.1—9.4	白居易《忆江南》	1. 通过诵读《忆江南》，了解宋词的词牌、词谱、押韵的知识，初识豪放派及婉约派。	1. 以谈话交流的方式，检查学生对宋词的了解认知情况。
	第二周 9.7—9.11	吕本中《踏莎行·雪似梅花》	2. 在反复诵读《踏莎行》中了解词意，感受宋词的魅力，结合《中华新韵》，了解诗词押韵知识。	2. 以诵读积累及填韵的方式，了解学生对韵脚的使用及词意的理解情况。
月光如水	第三周 9.14—9.18	蔡伸《十六字令》	1. 通过想象画面的方法，了解宋词大意，感受宋词的意境美，领悟词作大意，积累两首词。	1. 以小组讨论汇报的方式，了解学生对词意的理解情况。
	第四周 9.21—9.25	李煜《捣练子·深院静》	2. 通过反复诵读，了解《十六字令》《捣练子》词牌特点，会对照词谱填词。	2. 以学生交流、点评的方式，了解学生对照词谱使用平仄及用韵情况。
苍茫边塞	第五周 9.28—9.30	韦应物《调笑令》	1. 通过想象画面、图片欣赏等方法，了解宋词大意，感受边塞词的风格。	1. 以圈画的方式，找出《调笑令》这首词的不同韵脚。
	第六周 10.12—10.16	戴叔伦《转应曲》	2. 通过小组合作读、个人展示读等形式，了解《调笑令》词牌特点，学会填词，并感受《调笑令》《转应曲》的不同之处。	2. 以讨论、交流的方式，了解学生对边塞诗的理解情况。 3. 通过学生填词创作，了解学生对平仄及用韵的掌握情况。
……	……	……	……	……

五、评价活动/成绩评定

（一）评价内容

诗词诵写课程既注重诗词的诵读积累，又注重诗词的仿写和创作，所以评价也围绕着"诗词诵读积累"和"诗词仿创探究"两方面进行。当然也从学生的学习态度、参与程度和诗词素养发展水平等方面进行评价。

（二）评价方式

1.开发工具，细化指标

我们依据课程目标，开发了不同年段诗词诵写的学生课堂表现、学生期末收获盘点评价等测量工具。量规从学生课堂表现、学习效果、学习收获等方面给出相应的指标，对学生进行评价。

"诗词诵写"校本课程学生课堂表现评测卡

班级_____ 姓名_____

同学们，又到了诗词诵写课的盘点时间，请对照下面的项目根据老师的评价、同学的评价及你对自己的评价，记录下自己本次诗词诵写学习活动的成效吧。

项目对照	诗词诵写魅力星
积极上课出勤美	☆☆☆
诵读诗词节奏美	☆☆☆
认真倾听习惯美	☆☆☆
表达完整语言美	☆☆☆
书写观坐姿美	☆☆☆
作品抒情真实美	☆☆☆
修改完善意境美	☆☆☆

学习效果及活动参与：
根据每项表现情况，给予星星评价，表现最好得3颗星，次之2颗星，再次之1颗星，实在表现不好者，没有星。

其他摘星说明：
1.诵读诗词节奏美，是指能读出诗词的停顿和节奏，在诵读中能让读者感受诗词的韵律之美。
2.表达完整语言美，不仅指上课回答问题时要完整，而且在进行诗词句子的应对时也要完整、通顺。
3.作品抒情真实美，指的是学生创作的作品中要有情感的体现，作品呈现的中心思想明确。
4.修改完善意境美，指的是诗词创作完成之后，要反复修改，使之具有一定的意境和画面感。

评价方法说明

快数一数，你一共得了（　　）颗魅力星。

"诗词诵写"校本课程学生期末盘点评测卡

班级_____ 姓名_____ 星星总数_____

	评价内容	个人自评	小组互评	教师评价	家长评价
学习效果	1.诗词积累量先行	☆☆☆	☆☆☆	☆☆☆	☆☆☆
	2.朗读到位有感情	☆☆☆	☆☆☆	☆☆☆	☆☆☆
	3.鉴赏能力有水平	☆☆☆	☆☆☆	☆☆☆	☆☆☆
	4.创作知识掌握精	☆☆☆	☆☆☆	☆☆☆	☆☆☆
	5.作品成果笑盈盈	☆☆☆	☆☆☆	☆☆☆	☆☆☆
活动参与	6.参与活动有雅兴	☆☆☆	☆☆☆	☆☆☆	☆☆☆
	7.媒体发表心欢庆	☆☆☆	☆☆☆	☆☆☆	☆☆☆

学习收获：参加诗词诵写课，你都有哪些收获？下学期打算怎样学？
_____
_____
_____

组长评价：☆☆☆　教师评价：☆☆☆　家长评价：☆☆☆

学习效果及活动参与：
根据每项表现情况，给予星星评价，表现最好3颗星，次之2颗星，再次之1颗星，实在表现不好者，没有星。

其他摘星说明：
1.诗词积累：每学期诗词积累量超过30首得3颗星；20~30首之间得2颗星；20首以下为1颗星。
2.作品成集：作品得A且超过16篇得3颗星；作品得A且在12~16篇得2颗星，作品得A且在8~12篇之间为1颗星。没有不得星。
3.媒体发表：班级、校级、社会均没有发表不得星。

评价方法说明

快数一数，你一共得了（　　）颗魅力星。

2.多元评价，推进学习

我校的诗词诵写课程主要采用他评与自评、过程性评价与终结性评价相结合的方式，从"诗词诵写少年、诗词诵写导师、诗词诵写门第"三个维度进行评价，形成了一套完备的评价体系。其中在"诗词诵写少年"评价中，我们充分尊重学生的主体地位，从学生的兴趣、能力和学习基础等方面组织小组成员、学生自己、家长、教师等参与评价，通过多主体、多角度的评价反馈，帮助学生发掘自身潜能，学会自我反思和管理。

3. 注重过程，适时引导

教师注重过程性评价，对"课堂表现、作品完成、参与活动"表现突出者发放"读书与文化章"进行奖励，学生每攒够5个章就可以换一张"读书与文化卡"；在终结性评价中对"成长集锦、期末测评"表现突出者，直接发放"诗词诵写卡"进行奖励。在期末总评中，过程性评价占评价总成绩的60%，而学期末的结果性评价，占评价总成绩的40%。这种评价方式，关注学生的变化，给学生以指引。

叁 "飞雪寄情思" 课时教学方案

设计者：王蓉蓉　刘　芳

一、内容分析

本课时所在的单元主题为"自然之美"，是四年级诗词诵写校本课程的第一单元学习内容，本单元旨在通过"忆王孙""踏莎行"这两个词牌来引领学生走进宋词，认知《中华新韵》，力求在填词的同时做到押韵，并能够创设一定的意境。本单元的大概念是"创设一定的情境来表达感情，会增加词作的艺术感染力"。学生通过学习，内化概念，达成素养目标。

二、学情分析

四年级学生经过三年的儿童诗诵读、仿写、创作的成长历练，对诗歌的韵脚及节奏感有认知，对于古体诗和宋词的学习都充满了兴趣。但是对宋词的平仄规律、意境创设及《中华新韵》都没有系统的学习认知，对于如何欣赏词作知之甚少。

三、课时目标

（1）通过主题飞花令展示诗词积累的量，并在接龙中能吟诵出诗词的节奏、韵律和其中所蕴含的感情。

（2）欣赏名作《踏莎行》，学习词谱，理解词意，体会作者表达感情的方法。

（3）能够依据词谱进行填词，学习掌握通过描绘事物特点、情景交融、精巧构思等方法来创设整首词的意境。

（4）在交流评价和反复修改中，逐步学会凝练语言、表达情感，感受词文化的浪漫及魅力。

四、评价设计

（1）经典诵读环节，以学生评价为主，从飞花令的速度、吟诵和倾听三方面进行评价。

（2）探究写法环节，以教师评价为主，从诵读积累、理解表达两方面进行激励性评价。

（3）学以致用环节，以学生评价为主，运用填空、选择等形式考查学生的积累内化情况。

（4）填词创作环节，以师生互评为主，从平仄、韵脚、画面和意境四方面进行激励性评价。

五、学与教活动设计

（一）经典诵读

谈话导入：同学们，让我们在"飞雪寄情思"主题中，继续享受词作带来的美好与情趣吧。

1. 积累展示，体会感情

教师：今天飞花令的主题是自然风光中的"雪"，让我们把词人对雪的情思融入飞花令的挑战中吧！计时4分钟，挑战开始。

学生积极参与，交流点评。

学生总结：大量地积累，用心地倾听，都能提高飞花令的速度。

奖励本周诗词积累小明星"读书与文化章"。

2. 欣赏名作，感受音韵美

走进情景交融的词作《踏莎行·雪似梅花》。学生阅读词牌的由来及作者创作风格等文字资料，自读吕本中的《踏莎行》，读出节奏，想象画面。朗读积累，再悟音韵美。配乐诵读，三悟音韵美。

（二）探究赏析

（1）理解上片梅雪交相辉映的奇绝之景："似"的是什么？"不似"的是什么？

（2）体会下片作者心事的由来，领悟作者"为谁醉倒为谁醒"的别恨之意。

（3）回看整首词，赏析作者的表达之妙——用精巧的构思表达含蓄之美。学生探究，概括出"见雪起兴，望梅生情""设下悬念，末句点睛""委婉朦胧，意境含蓄"三个特点。

（4）学生交流在如何创设词的意境方面还有哪些新的收获。

（三）窍门点击：看图猜词作

（1）出示第一幅图汪莘《行香子·腊八日与洪仲简溪行其夜雪作》，学生交流：看到了什么？结合词句，有哪些感受？全班交流。——引出抓住"孤村、几枝梅、几竿竹、几株松、雪峰"等关键事物来领悟以景写情，烘托出清旷疏朗之意境。

（2）出示第二幅图李清照《清平乐·年年雪里》，小组交流：你看到了什么画面？捕捉到了什么情感？——领悟词人借梅花把身世之苦和国家之难糅合在一起的思想境界，委婉含蓄。

（3）诵读积累。

（四）填词创作

（1）对照词谱填词。请打开"中华新韵表"，以"飞雪寄情思"为主题，创作《踏莎行》。有困难的同学可以先创作一部分。

（2）投影展示，小作者诵读，有能力的可以吟唱。学生交流评价。

评价要求：① 平仄、韵脚是否正确；② 画面是否生动；③ 从整首词作来看，作者运用了哪些方法来创设意境。

创作明星评价奖励"读书与文化卡"一张。

（3）学生总结：创设一定的情境来表达感情，会增加词作的艺术感染力。

（4）根据评价意见，反思改进自己的作品。

（五）拓展延伸

（1）继续修改完善，并誊写在自己的诗词集锦本上，同学之间相互欣赏点评。

（2）积累两首《踏莎行》的词作，熟练掌握词谱。

结束语："天人宁许巧，剪水作花飞。"同学们，这节课我们在飞雪中和经典词作遇见，多么浪漫的旅程啊！这是专属于我们中国人的浪漫，希望这种浪漫永远留存在我们的灵魂里。

15

模拟联合国

案例点评

　　从学校整体课程体系来看，"模拟联合国"课程是立足于国学根基的国际视野素养培育，以融合多门学科和贯通校内外的学习活动，建构起情境式的、以实践学习为主的素养培育体系。值得注意的是，在关注辩论的技术和技巧的同时，还需要挖掘出"模拟联合国"外显形态中的内核价值，比如学生在课程中更深入地了解国际事务和复杂的国际关系，培养国际意识，增进对全球问题的理解和责任感，锻炼跨文化交流和尊重多样性的能力，发展分析问题能力、决策力、自信心，以及更好地理解公共政策制定和国际事务对全球社会的影响等。若能如此，课程品质将有更大的提升。

壹 山东省烟台第三中学校本课程规划方案

设计者：张　洁

山东省烟台第三中学始建于1952年，是具有70多年历史的名牌中学。1993年，被确定为首批山东省规范化学校。2015年，根据芝罘区委、区政府的部署安排，校址搬迁至烟台市芝罘区青年南路复光街1号。新校区现有教学班53个，在校学生2651人，在校教职工271人。恰如海滨城市的灿烂阳光，烟台三中积极推行"复色阳光"的教育理念——尊重多彩生命，让每一个学生得到发展。课程体系的开发、实施与评价，致力于让"复色阳光"照耀校园每一处育人细节。

一、课程背景

（一）提纲挈领，方向指引：观国家立德树人宏观目标下的我校育人哲学

结合《中国学生发展核心素养》的要求，秉持"发现自我，追求卓越，公共责任，国际视野"的核心价值，坚持"成长为更好的自己"的办学宗旨，在"复色阳光"育人理念的引领下，探索"协同发展，个性成长"的育人模式。莘莘学子经过复色阳光洗礼，昂扬走出校园，带着青春壮志，奔向报国之路。

（二）有呼必应，携手前行：着眼学生成才需求，育人团队倾囊筑梦

国将兴，必贵师而重傅！烟台三中坚持打造具有"高尚的师德、科学的理念、精湛的业务、全人的教育"的高质量教师队伍，强大的师资队伍更成为孩子们"复色梦想"的筑梦人。

（三）以小见大："模拟联合国课程"在烟台三中

"模拟联合国课程"是烟台三中打造的众多校本课程中的"王牌课程"之一——它热情回应着习近平主席对于青少年心怀国家、把握大势、善于作为的殷切期待；它彰显着《中国学生发展核心素养》中"发现自我，追求卓越，公共责任，国际视野"的核心价值追求；它传承着烟台三中"成长为更好的自己"的向上态度；它更为青年学生恣情追求自己的社交需求与外交梦想提供了完美的课程平台。

二、观课程结构，明课程目标

（一）"复色阳光"课程体系

我校课程体系包含必修课程（即国家要求必须开设的学科课程）和选修课程（即根据学生兴趣趋向和学校特色资源开设的校本课程，每周一次，时长60分钟）两大类别。校本课程体系内部更是大有千秋，构建了拓展性、荣誉性、活动性、社会性四大课程板块，细化为"强健体魄、阳光心理、知行统一、终身学习，心存正义、意志坚定、勇于担当、服务社会，善于沟通、勇于创新、放眼世界、多元包容"12个具体方面的校本课程体系。

（二）多层次、持续性育人目标

1. "修身"：努力让每一位孩子具有公民素养

（1）强健体魄：具备良好的身体素质，在体育课乃至省、市各项体能测试中能够取得合格及以上的评定，在校内外各项体育课程和活动中能够表现良好。

（2）阳光心理：具备健康的心理品质，在生活和学习中具有积极向上的态度，并通过谈吐举止表现出来。

（3）知行统一：重视实践，积极参与实践，即积极参与各项科学实验和校内外各类实践活动，并在实践活动中检验、巩固和提升所学科学知识。

（4）终身学习：具备端正的学习态度和良好的学习习惯，积极上进，谦虚求学，表达出终身学习、持续精进的积极意愿。

2. "治国"：努力让每一位孩子具有国家担当

希望经过三年的悉心培养，孩子们能够心存正义、意志坚定、勇于承担、服务社会，自愿将自己的聪明才智投入社会实践、奉献国家建设。

3. "平天下"：努力让每一位孩子具有国际视野

（1）善于沟通：具备较强的沟通能力，能够通过有效的表达和高效的协商，解决生活和学习中遇到的问题。

（2）勇于创新：具备思辨能力，不默守成规，敢于质疑权威，能够通过调查研究努力得出新发现、新想法、新创造。

（3）放眼世界、多元包容：关心国际时政，积极接受相关教育，包容各国有益文化思想，乐于参与国际交往（包括模拟）活动。

（三）聚沙成塔："模拟联合国课程"在复色阳光课程体系中的地位和价值

模拟联合国课程要求学生先砥砺修身，全面发展，具备良好的个人素养；再立志治国，为人民利益发声，勇担国家大任；最后心怀世界，走入"国际会场"，勇于平天下风浪，为世界和平与繁荣发光发热。由此可见，包括模拟联合国课程在内的许多校本课程，立足专项技能，却也串联起自身全方位素养，更彰显了我校课程目标的环环相扣、彼此成就。

烟台三中课程体系结构图

三、以生为本，家校鼎力——烟台三中课程体系的开发与实施

（一）观时代洪流，听学生呼声——课程萌芽

模拟联合国活动源于美国，是一项历史悠久、开展广泛的学生活动。自2001年以来，模拟联合国活动走入中国并迅速发展，成为许多大学和高中里倍受欢迎的活动。2009年，为顺应时代潮流，响应国家政策，进一步落实我校课程育人目标，烟台三中课程开发中心着手起草"模拟联合国"校本课程实施纲要，并面向高一、高二学生发出调查问卷——是否有意向加入模拟联合国社团、系统学习模拟联合国课程并参与模拟联合国实践。经过统计，学生参与学习的意向极高，课程开发中心开始了更加紧锣密鼓的课程教材研发工作。

（二）觅优质教师，配专业教室——课程绽放

根据课程专业需要，学校选派了两名政治教师专门负责模拟联合国课程研发，并根据课程进展需要，安排语文老师、历史老师、辩论社老师、礼仪老师等到场指导相关章节的知识和技能。总务处在此项工作中负责打造一间专业化、高标准的模拟联合国教室——包括发言时要借助的专业计时器、符合国际礼仪的桌椅摆放、彰显不同参会角色的代表牌、各国国旗等，一切要让师生仿佛置身真实的外交环境之中，才能更好地体悟课程知识。我校硬件设施专业而完备——劳动基地里四季轮回，承载着劳动课师生的春耕夏耘秋收冬藏；音乐教室里乐器齐全、歌声朗朗；美术教室里画架林立、色彩斑斓；木工教室里木香弥漫、木屑飞扬；编程教室里荧屏闪烁、创新思维飞扬……

（三）师生携手，社会赋能——课程实施

课程实施是一个全方位、多层次、系统化的开放性过程，离不开每一个层面每一个环节的精诚努力。

（1）学校层面保驾护航——提供机制与组织保障。我校为"复色阳光"课程体系的全面推进与实施构建了完备的管理机制。

（2）教师团队奉献才能——引领课堂，传道授业。

（3）学生全身心投入——勤于学、善于思、敏于行。

（4）家庭、社会倾囊相助——理解支持，提供宝贵资源。

四、课程评价

（一）有的放矢——不同类型课程的评价内容与达标要求

对于必修课程，评价内容主要为对于理论知识掌握情况的考核和评价，学生能够在周测、月考、市级阶段性考试中取得较为优异的成绩并呈持续进步态势，视为达标要求。对于校本课程，评价内容主要为是否掌握了某项技能、是否具备了某项素养，所以需要对学生能否完成某项操作或活动进行评价。课程在学期末的评价结果划分为优秀、合格、不合格三个等级，优秀者颁发证书，评优选先可加分；不合格者自愿选择重修与否，需要撰写并上交个人反思。

（二）多维考察——评价方式与实施要求的全面性

评价方式根据课程类型的不同，主要分为两种模式。一类是理论类课程评价，另一类是实践类课程评价。无论何种课程类型，我校秉承如下评价理念和评价要求。

1. 以"我"为主，多角色参与

课堂评价最终要回归到"我"，即每一位学生如何保持优点增进课堂收获、改正缺点弥补课堂表现不足。所以，评价机制一定要设置自查环节，并通过二次追踪评价对自查成果进行巩固。与此同时，课堂中每一个角色的评价效能都要充分调动起来——教师的评价、组内成员的评价、他组"竞争对手"的评价，乃至场外听课教师或观众的评价，都可以用来实现对"我"的全面而有效的评价。

2. 以结果为指向，兼顾过程评价

必修课程既要看重学生的学习结果，也要注重各管理层面对于学习过程中学习习惯、品行操守的评价；校本课程，本就更注重能力和素养的收获，测试成绩和活动结果固然是评价的关键指标，而在课堂和活动过程中，是否恪守会议规则、坚持良好行为习惯、展现向上精神风貌、收获好评口碑等，也应当作为评价机制的重要一环。各课程负责教师组成过程评测团队，详细记录学生表现，并给予相应指导。

"模拟联合国"课程纲要

贰

设计者：张 洁

一、课程简介

模拟联合国（下文简称"模联"）是对联合国大会的仿真学术模拟。青年学生们在活动中扮演不同国家的"外交官"，围绕国际热点问题召开联合会议。在模联课程中，学生在教师的指导下，使用标准学术资料，接受专业系统的课程学习，掌握全面且正规的模联议事规则，并参与广泛的模联实践活动，体悟国际大事对自身的影响，展望自身在未来可以发挥的作用。

二、背景分析

（一）把握历史洪流：借力"模联热"

模拟联合国活动风靡世界，形式多样，规模不一，有国际大会、全国大会，还有地区级和校际大会，参与者有大学生、高中生，乃至初中生。全世界每年有近四百个国际模拟联合国大会在五大洲的50多个国家召开。自2009年模联走入烟台三中，受到了历届三中学子的热情追捧与喜爱。

（二）立足学生实际，满足学生需要：模联课程的价值

1. 现实可能性

高中生参与模拟联合国活动有良好的知识和素养基础——既具备初中和高一时期积累的相关思想品德知识，也具备生活中耳濡目染的国际时政和外交要闻。此外，高中学生在此阶段也具有较高的展现自己风采、参与广泛社交的心理需求，模联课程便提供了理想的平台。

2. 课程意义

（1）观世界风云，拓国际视野，树家国情怀。

模联活动聚焦国际热点问题——和平与安全、人权、环境、贫穷与发展、资源危机等，为学生提供了一个了解联合国、关心世界的平台，促使学生用国际眼光思考问题、讨论问题、解决问题，跳出"坐井观天"的狭小天地，勇于"为万世开太平"。

（2）全面提升素养，剑指领袖才能。

模联实践中需要小小"外交官"们出色地完成各项任务——组织与策划，演讲与辩论，合作与管理，阅读与写作，解决冲突与沟通交往等，对学生的综合素养提出了极高要求。原联合国秘书长安南在一封致模拟联合国大会的贺信中说："联合国依靠世界上每个人的努力而存在，尤其是像你们这样的青年。这个世纪，不久就会是你们的。"在能力的全面培养中，青年学生越来越能够胜任未来决策制定者一职。

（三）承蒙托举：我校"模联资源"

1. 育人软实力

（1）模联课程使用国际标准学术材料，为学生传授地道议事规则。

（2）教师团队通力合作。我校设模联课程专门负责教师2名，接受专业议事规则培训和学习；根据课程进度邀请不同学科教师"空降"模联课堂——历史教师带领学生上演"穿越大戏"，或穿越至联合国诞生，或根据不同议题穿越到某个历史大事件；语文教师教给学生如何"锱铢必较"，为学生提供有针对性的阅读和写作训练；礼仪老师也会来到课堂，帮助学生掌握参会礼仪，教他们"将头发梳成大人模样，穿上一身帅气西装"。

2. 固定的模拟联合国教室与相应的硬件设备

我校配备了专业的模联教室，为师生提供高品质课堂教学环境。

三、课程目标

（一）基础性目标

通过理论知识的学习，复述模联的基础知识；通过模联实践活动的锻炼，熟练地进行各种操作，如陈述立场文件、发出动议、写作决议草案等。

（二）拓展性目标

通过系统地学习和练习，精准对接模联会议中的具体议题，写作高质量立场文件，并构思出价值高、可行性大的动议观点。

（三）挑战性目标

通过理论学习和实践锤炼，出色地完成一次模联会议——表达清晰，对答如流，书写高质量的各类会场文件，并获得主席团较高评价；通过模联学习与实践，认同和平与发展的时代主题，培养心怀人类、胸怀天下的国际视野。

四、学习活动安排

按照学校对于校本课程的安排，模拟联合国课程每周开设一次，时长60分钟。学期内完成理论知识的学习、模联会议流程模拟演练与校级模拟联合国会议，假期则奔向全国各地参与各级别模联会议，锤炼和提升实践能力。课程内容及活动安排如下。

（一）第一单元：初识"模联"——模拟联合国的基础知识

课时1：模拟联合国的起源和发展

课时内容及要求：学生观看模联诞生视频，品读历史故事，感受模联教室布置，了解模拟联合国活动的起源与发展，体悟课程意义。

课时亮点：历史老师到场指导，讲解相关历史事件。

……

（二）第二单元：厉兵秣马——模联会议前的准备工作

课时3：穿针引线——会议规则和议事流程

课时内容及要求：学生观看模拟联合国会议视频，感悟模联会议，并在教师指导下掌握模联会议的完整议事规则和流程——议题下发、国家分配、阅读背景文件、撰写立场文件、会议开始后的签到点名、辩论和游说、动议和问题、提交文件和表决通过等。

......

（三）第三单元：运筹帷幄——模拟联合国会议参会技巧与礼仪

课时8：叱咤风云——发言技巧强化训练

课时内容及要求：掌握专业会议发言词句和发言技巧，学会声音洪亮、抑扬顿挫地表达观点，让自己的每一次发声更掷地有声。

课时亮点：学校辩论社社长到场指导，分享表达技巧，进行辩论训练。

......

（四）第四单元：摩拳擦掌——实践课及实践活动

课时11：崭露头角——校内模联实践

课时内容及要求：熟练掌握模联会议规则与流程，运用理论课所学知识与技巧，同学间进行一场完整的模联会议，教师在场进行会前、会中指导与会后评价，为学生踏入校外模联实践舞台进行"最后指导"。

课时说明："最后指导"并不是"终极指导"。模联学员们在校外各级模联会议中必将经历更多的难题与考验，带队教师全程跟进，指导学生直面问题并解决问题，不断提升模联实践能力与素养，在"小小外交官"之旅中促进终身学习。

......

五、课程评价

确定"以结果为指向，兼顾过程评价"的课程评价原则，并设计了相应的评价量规。

模拟联合国校内实践活动"三省吾身"评价表

姓名：		课时名称：		
评价项目及标准 **（基于具体课时内容而制** **订不同的评价标准）**		评价结果分为A、B、C三个等级。A：较高程度地符合 评价标准，出色完成了学习任务。B：基本达到了评价标 准，基本完成了学习任务。C：未能达到评价标准，没有 完成学习任务。		
		自我评价	**组员互评**	**教师评价**
一省吾身 过程评价	评价标准1：	等级：	等级：	等级：
		反思：	建议：	要求：
	评价标准2：	等级：	等级：	等级：
		反思：	建议：	要求：
	评价标准3：	等级：	等级：	等级：
		反思：	建议：	要求：
二省吾身 结果评价	评价标准1：	等级：	等级：	等级：
		反思：	建议：	要求：
	评价标准2：	等级：	等级：	等级：
		反思：	建议：	要求：
	评价标准3：	等级：	等级：	等级：
		反思：	建议：	要求：
	是否获得课 堂荣誉	如"情报高手""阅读高手""撰文小将""最美外交 官"等。		
三省吾身 自我沉淀	课堂得失 总评与改进 措施	知识与理论： 能力与技巧： 心态与态度：		
改进情况 追踪评价		组员与教师对于该生在后续课堂上的表现持续评价，帮助学生改进不 足，巩固评价反馈的成果。		

叁

"崭露头角：校内模联实践"课时教学方案

设计者：张　洁

一、课时目标

（1）写作一份契合议题、符合规范、行文严谨的高质量立场文件，并有力阐述"本国"立场，完成"主发言"环节。

（2）提出有效"动议"并争取得到他国附议和通过，借助恰当的"游说"赢得他国的认可和支持，勇于承担国家责任，感悟国际关系中的国家与国家相处之道。

（3）撰写一份务实有效的决议草案，推动国际问题（即本会议议题）的解决，深入体悟和平与发展的时代主题，培养胸怀天下的国际视野。

二、评价设计

参见前页中的模拟联合国校内实践活动"三省吾身"评价表。

三、学与教活动设计

（一）跃跃欲试：会前活动与指导

教学环节说明：课前进行，属于会议准备工作。

教学内容1：立场文件的打磨与展示

学生活动：小组（即同一国家代表团）内部帮助主发言成员进行立场文件的会前打磨，检查是否满足各项标准；主发言同学进行发言练习，组员旁听，提出宝贵意见。

教师点睛：观摩组员打磨过程，结束后进行审查，确保立场文件契合议题、符合规范、行文严谨、提出举措有效。对于发言过程中出现的问题，进行针对性指导。

教学内容2：仪容仪表整理

学生活动：组员间按照礼仪标准进行自我整理和相互整理，"外交官"准备入场。

教师点睛：悉心观摩记录，必要时可以提供帮助和指导。

（二）运筹帷幄：会中活动与指导

教学内容1：动议

教学内容说明："动议"是国家代表为解决议题所提出的提议与建议。上台陈述动议内容后，如果他国代表不予通过，动议则石沉大海；他国代表附议通过后，方能进行更深入商讨，并最终成为决议草案的内容。"动议"通过后，进入下一教学内容"磋商"。

学生活动：各国家代表精心准备动议内容并向主席团发起动议申请，获得批准后上台陈述动议内容。随后等待他国代表表态（附议通过或不予通过）。

教师点睛：评估各小组动议质量，必要时可向屡次动议不被通过的国家代表提供指导，如努力让动议内容涵盖更多国家的共同利益、动议前进行有效磋商等。

教学内容2：自由磋商

教学内容说明：所谓自由磋商，就是会议进程暂停，各国代表间可自由选择对象进行沟通交流。一场模联会议要历经多轮"动议—磋商—动议—磋商"的反复，方能进入下一环节。

学生活动：各国家代表进入自由磋商环节——阐明动议意图，寻求国家间共同利益，争取他国的拥护和支持等，并在此过程中建立"国家联盟"。

教师点睛：观摩，必要时进行指导。往往会提醒磋商碰壁的国家代表注意倾听、科学选择有效的磋商对象、准确代入对方利益关切点再进行真诚沟通等。

教学内容3：决议草案

教学内容说明：决议草案是对会议有效动议的系统整合，形成系统的会议文件。上台阐释，等待他国投票表决。不予通过，则需要重新修订完善；予以通过，意味着国家间为解决议题达成了共识。写作环节能够以小见大，评估学生在整场会议中的表现——是否全身心投入吸纳有价值信息，是否跟踪研讨有效动议并将其润色为解决问题的有力举措，是否代入真情实感完成一份有效推动国际问题解决的决议草案。

学生活动："国家联盟"合作起草决议草案，总结会议内容，形成推动议题解决的有效路径与可行举措。国家代表陈述决议草案，其他国家表决是否通过。不通过，则继续磋商打磨；通过，则会议结束。

教师点睛：观摩，必要时指导。适时提醒：真正心系世界和平与发展，着眼各国人民切身利益，才能制订出有利于国际问题解决、推动国际局势向前发展的高质量决议草案。

（三）三省吾身，砥砺前行：会后评价与反思

课后依据评价量表进行评价，并在后续课程中对学生的改进情况进行追踪评价。

四、结语

模拟联合国的舞台万花齐放，人人皆可学习，人人皆可参与。北京大学的"红楼"、复旦大学的光华楼、澳门大学的上弦场和厦门大学的建南大礼堂，还有联合国总部召开的"和平·责任·未来"世界中学生模拟联合国大会，都有烟台三中"外交官"的风采。

素质教育的终极目标，是让每一份教育资源的光和热照亮学生素养的全面提升之路。一门课程只有归于实践，才能迸发价值。自2009年成立以来，我校模联团队在各级模联会议中取得丰硕成果（由于文本限制暂不做展示），心中的外交梦想在历练中日益清晰明朗。

16

葫芦 文化与烙画艺术

案例点评

　　"葫芦文化与烙画艺术"课程将传承和发扬非遗的课程表达作为国家课程的有效补充,落实了"延续历史文脉、坚定文化自信"的目标。传统文化类课程并不仅仅是工艺技巧的学习与训练,应指向更加丰富的内涵。如何挖掘出课程的文化价值和意义内涵,特别是如何设计出真实情境下的任务,让学生经历真实的研究过程,能够超越知识和技能目标,走向崇高的审美体验、深刻的感情升华,产生传承优秀传统文化的责任感、使命感,引发学生真正由关注到关心,由兴趣到责任,是校本课程的价值所在和努力方向。

壹 济宁市鱼台县实验小学校本课程规划方案

设计者：姚 辉 王 倩 王新华 张咏梅 张文娜

一、课程目标

济宁市鱼台县实验小学在校本课程建设上坚持"学校管好，教师教好，学生学好"的办学理念，致力于"点亮童年的梦，做最好的自己"的育人目标，将校本课程的总体目标分解细化，具体包括：

（1）培养学生的综合素养，包括知识、技能、思维、情感、态度等多个方面。打破学科界限，培养学生的跨学科思维和综合运用知识的能力，通过多学科融合，激发学生的创新灵感和创造力。

（2）通过实际体验掌握相关技能和方法，拓宽学生的知识视野，让学生了解不同领域的知识和文化，培养多元文化意识。

（3）激发学生的学习兴趣和主动性，增强学生的实践能力和动手操作能力，锻炼学生的耐心和专注力，培养他们沉稳、细致的做事态度。

（4）促进学生的个性发展，尊重每个学生的独特性，帮助他们发掘自身潜力和特长。培养团队合作精神和沟通交流能力，学会与他人协作和分享。

（5）让学生深入了解传统艺术形式，增强学生对传统文化的尊重和热爱，丰富文化素养，增强文化自信，传承和弘扬优秀的民间文化。

二、校本课程结构与设置

1. 整体结构及其说明

我校校本课程体系主要包括传统文化系列课程、科技系列课程、美育系列课程、体育系列课程四大类。其中，传统文化系列课程包括书法、国画、武术、戏曲、古筝、葫芦烙画、扎染等课程；科技系列课程包括3D打印、机器人等课程；美育系列课程包括泥塑、风景画、舞蹈、声乐、街舞、小主持人等课程；体育系列课程包括篮球、排球、橄榄球、乒乓球、轮滑等课程。

我校学制为六年制，校本课程以一至五年级学生为主，每周2课时，学生可以根据自己的爱好及特长自主选择课程。为了兼顾学生的学习量及学习效率，让学生学精学实，每个学生最多可以选择2门不同的校本课程。

校本课程根据学生的身心发展规律制订了不同的学习任务。以"非遗传承葫芦烙画"为例，一、二年级的学生由于手腕控笔能力有限，主要学习"葫芦种植"课程，学生认识了解葫芦的生长采摘过程，并参与体验葫芦的种植；从三年级开始学习"葫芦文化与烙画艺术"课程，从认识烙画机、学会一些简单的烙画技法，到五年级可以独立创作作品。

形式多样的课程设计体现了校本课程结构的均衡性、综合性和选择性。学校定期为学生准备展演活动，通过展演使学生更加自信，让学生看到不一样的自己，让学生认识到自己可以在不同领域发光发彩。

2. 鱼台县实验小学校本课程体系

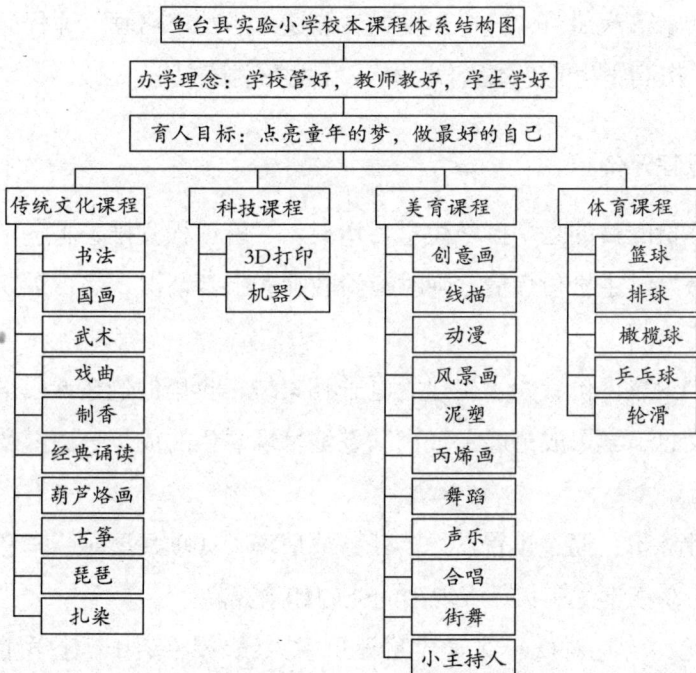

鱼台县实验小学校本课程体系结构图

办学理念：学校管好，教师教好，学生学好

育人目标：点亮童年的梦，做最好的自己

传统文化课程：书法、国画、武术、戏曲、制香、经典诵读、葫芦烙画、古筝、琵琶、扎染

科技课程：3D打印、机器人

美育课程：创意画、线描、动漫、风景画、泥塑、丙烯画、舞蹈、声乐、合唱、街舞、小主持人

体育课程：篮球、排球、橄榄球、乒乓球、轮滑

鱼台县实验小学校本课程体系结构图

3. 地方课程、校本课程开设的具体内容与说明

鱼台县实验小学地方课程，以美育文化、安全教育、环境教育为主，选定教材，形成具有地方特色的地方课程。校本课程是对国家课程和地方课程的有益补充，构建了传统文化系列课程、科技系列课程、美育系列课程、体育系列课程等四大类校本课程，具体内容包括"非遗传承葫芦烙画""好习惯成就好人生""人文鱼台""经典诵读读本"以及"家长必读"等课程。

"非遗传承葫芦烙画"课程是我校重点开发和实施的校本课程，分为"葫芦种植""葫芦文化与烙画艺术"两部分。"葫芦种植"主要包括了解葫芦、种植葫芦、葫芦的种植管理三个方面。"葫芦文化与烙画艺术"主要包括"小葫芦大文化""初识烙画感受非遗——烙画起源篇""走近烙画学习非遗——烙画基础之技法篇""再识烙画传承非遗——烙画基础之方法篇""烙画创作必备神器——主题创作之提高篇"五个方面。葫芦烙画是鱼台县的一项非物质文化遗产，鱼台县具有悠久的葫芦种植和加工传统，学生自小接触葫芦，也非常喜欢葫芦，我校开发的"非遗传承葫芦烙画"课程深受学生喜爱，有助于提高学生的艺术素养，传承和发扬葫芦文化。

三、课程评价

课程评价的目的是掌握学生学习情况。了解课程安排，了解学生是否感兴趣，并激发学生学习热情，同时检验教师的上课情况，是否需要做出课程调整。

电子档案袋评价：为学生建立电子档案袋，收集他们在课程学习过程中的作品、反思、学习成果展示等，动态地呈现学生的成长轨迹以及课程对学生的影响。

表现性评价：通过设置具体的任务或情境，如项目展示、角色扮演、实验操作等，观察学生在实际表现中的能力和素养。

游戏化评价：对低年级学生将评价融入游戏环节中，让学生在参与游戏的过程中自然地展现他们对知识和技能的掌握，增加评价的趣味性和参

与度。

情境模拟评价：针对高年级学生创设与现实生活相关的情境，要求学生运用所学知识和技能发现问题和解决问题，以评估学生的综合学习与应用能力。

家长和社会反馈评价：收集家长对校本课程的意见和建议，了解其对孩子学习效果的评价。关注社会对校本课程的评价和认可程度。

通过综合以上多方面的评价，同时结合新课标的要求对校本课程进行评价，可以不断优化、改进和提升校本课程的质量，确保其能更好地服务于学生的成长和发展，真正落实新课标所倡导的教育理念和目标。

四、课程保障

（一）师资与学科融合保障

配备具有专业知识和教学能力的教师，确保能够高质量地开展教学活动。为教师提供专业培训和发展机会，以提升其对校本课程的理解和教学水平，确保教师深刻理解新课程标准的理念和要求，将其贯穿于校本课程设计与实施的全过程。

鼓励和支持不同学科教师之间的合作与交流，保障校本课程能够打破学科界限，实现跨学科知识融合，培养学生综合素养。

（二）机制保障

建立课程反馈机制，根据学生的需求，结合新课程标准的变化以及教学实践中出现的问题，及时对校本课程进行动态调整和优化，保障课程的适应性和生命力。

构建与新课程标准相适应的多元评价体系，包括过程性评价与结果性评价相结合、定性评价与定量评价相结合等方式，全面、客观、公正地评价校本课程的教学效果和学生的学习成果。

（三）资源保障：与课程运行有关的资源保障情况

鱼台县实验小学是县内规模最大、教学水平最高、在校生人数最多的公办小学。我县第一批"市级规范化学校""县级规范化学校"，先后被评为

"市级规范化学校""市级教育教学先进学校""省级文明校园""遵纪守法光荣校""市级首批葫芦烙画技艺传承示范校"和"市级绿色学校"。除了必备的软硬件设施，鱼台县实验小学还顺应社会发展和时代进步要求，不断创新资源开发与利用。为满足教师上课需要，特建立一个葫芦烙画专用教室和一个师生葫芦烙画作品高标准展室；同时，对原有的葫芦种植基地进行了升级改造、扩建，形成了筑基园、丰盈园和圆梦园，面积达到了500平方米。为了对葫芦烙画技艺进行数字资源转化，学校建立了创客基地，帮助教师利用计算机、多媒体等设备开发信息化艺术课程资源，使传统技艺教学以视听结合的教学方式展现在学生面前，促进了教学方式和方法的创新发展。

"葫芦文化与烙画艺术"课程纲要

设计者：姚　辉　王　倩　王新华　张咏梅　张文娜

一、课程简介

　　葫芦烙画艺术又称烫画、火笔画等，是依据天然葫芦的外形，在其表面巧妙构思，用烙笔烙绘出或深或浅的各种褐色图案，表现出自然、古朴、典雅又独具特色的书画艺术效果。"葫芦文化与烙画艺术"课程是鱼台县实验小学自主研发的非遗技法课程，适合五年级使用，主旨是通过了解鱼台的葫芦文化、葫芦烙画的历史发展，传承和发扬葫芦文化，激发学生热爱民间传统工艺的热情；通过对非遗技法的学习，丰富学生的生活，提高学生的审美能力和艺术素养，从而促进核心素养的提升。

二、背景分析

　　鱼台实验小学构建"五育并举"育人体系，根据课程改革的需要，把中华优秀传统文化教育融入课程体系，引入了我县的非物质文化遗产葫芦烙画。为传承和发扬这项古老技艺，学校建立了葫芦烙画工作室和葫芦烙画展室，配备了最新的烙画设备。我县张黄镇强家村内有全市闻名的赵银钢工艺葫芦非遗工坊，学校依托非遗工坊建立了葫芦烙画艺术教学研学游基地。我校姚辉老师是鱼台县葫芦烙画非物质文化遗产传承人，研究出一套行之有效的葫芦烙画教学方法；我校的学生自小接触葫芦，更加热爱葫芦烙画。我校秉承"点亮孩子童年的梦，播撒幸福成长的种子，做最好的自己"的办学理念，以"学生习惯养成教育和学生兴趣培养"为重点，让非遗文化走进校园，走进课堂，让课程适应学生，培养学生的思维能力、动手能力和审美能力，努力促进学生综合能力的全面发展。

三、课程目标

（1）了解葫芦烙画的起源、发展及进程，感受其思想艺术内涵，增强民族自豪感，激发学习烙画的兴趣和热情。

（2）走访当地葫芦烙画艺人，认识葫芦烙画的特点及表现题材，与非物质文化遗产零距离接触，感受葫芦烙画的魅力，提高艺术感知与创作能力。

（3）在欣赏、感知与烙画制作的实践中，增强文化与艺术修养，培养终身学习、终身发展的理想，为做最好的自己打下坚实而良好的基础。

（4）通过葫芦烙画制作的学习，运用各种途径整合语文、劳动等各科的优势，提高艺术学习兴趣；通过赏析不同题材、不同造型的葫芦烙画作品，以及烙制以葫芦为载体的美好画面，提高感知能力和艺术修养，养成关注生活、发现美好、自主探究的能力。

四、学习主题/活动安排

第一单元：小葫芦大文化

第1课　确定课程任务

（1）学生以小组为单位调查县域内非物质文化遗产项目，搜集资料，并推出小组发言代表。

（2）学生参观鱼台县博物馆。介绍县域内非物质文化遗产项目，提升学生对于非物质文化遗产的保护和传承意识。

（3）了解"葫芦文化与烙画艺术"课程目标、内容、学习活动安排、考核评价任务。

（4）展示学生的"葫芦娃"图标设计，优化图标，用于日常的学习和奖励。

（5）教师帮助学生建立成长档案袋。

（6）布置任务：整理资料，准备工具，初步形成"葫芦娃"的学习意识。

第2课　葫芦的典故

（1）主题活动：3月12日是植树节，带领学生参观学校的葫芦种植基地，让学生了解基地建设情况，了解葫芦种植基地是为葫芦烙画社团服务的，可为葫芦烙画提供原材料。

（2）教师讲解民间传说故事、葫芦的历史渊源。

（3）观看视频了解葫芦文化。学生将课前搜集的资料在课上进行梳理汇报，并分享给其他同学，培养学生搜集资料的能力。

（4）用PPT课件展示葫芦的形状及结构，让学生明白龙头、龙须的重要性。教师分发葫芦，学生通过观察、讨论，认识葫芦的结构；通过触摸葫芦，感受葫芦的材质特点。学生近距离体验龙头、龙须的艺术效果。

（5）了解葫芦的用途，学生分组体验，把玩葫芦。

（6）布置任务：讲述葫芦知识给妈妈听，做个快乐的"葫芦娃"。

第二单元：初识烙画，感受非遗——烙画起源篇

第3课　烙画的起源与发展

（1）"葫芦娃"调查团展示自己搜集到的烙画资料，让学生明白烙画是非物质文化遗产。

（2）视频播放烙画的介绍及传说故事，感受烙画艺术的悠久历史，体会非物质文化遗产的博大精深。

（3）利用PPT课件图片欣赏烙画作品，学生分组讨论葫芦烙画作品给自己带来的艺术享受。

（4）布置任务：整理资料，"葫芦娃"简述学习收获。表现佳者奖励图标一枚。

第4课　电烙笔的使用

（1）利用PPT课件展示图片，介绍最早的烙笔是用磨尖的金属棒，插入火焰中烧红后在竹木上烫烙字画。

（2）展示最新技术的烙画机，利用实物展台演示开机、关机及控温旋钮的使用方法，了解数码显示框的作用。学生体验开机、关机及调节旋钮。

（3）展示烙画机附件的名称及使用方法。学生通过学习能分辨烙笔架、螺丝刀、合金锉及砂纸，并了解其作用。

（4）用PPT课件或实物展台展示不同的笔头，了解笔头的作用，并演示用螺丝刀更换笔头的过程。学生动手操作使用螺丝刀更换笔头，反复练习，直到熟练地使用螺丝刀更换笔头。

（5）在实物展台上演示烙画的握笔姿势。学生体验握笔姿势。

（6）观看视频了解笔头的磨制方法。学生练习用砂纸磨制笔头。

（7）本节课对表现积极、能熟练掌握烙画机的学生奖励"葫芦娃"图标一枚。

第5课　葫芦烙画的特点和表现题材

（1）主题活动："葫芦娃"过清明，教师带领学生深入葫芦种植基地，观察葫芦苗的生长过程，让学生体验耕地、除草、翻土，为移栽葫芦苗做准备。

（2）欣赏烙画作品，引导学生了解葫芦烙画的特点。学生分组讨论，小组长汇报讨论结果。

（3）对烙画作品的表现题材进行分类，并填写汇报单。

（4）通过连线游戏找出相对应题材的葫芦作品，巩固练习成果。

第三单元：走近烙画，学习非遗——烙画基础之技法篇

第6课　初步技法——线条练习

（1）教师在实物展台上演示直线、曲线的粗细变化的烙法。

（2）通过观察对比分析，找出使用合适的温度、力度、速度烙出的线条。同桌两人为一组，一人操作烙画笔练习，一人在旁边提醒监督，指出操作时的优缺点。

（3）在教师的指导下熟悉各种线条的烙制方法。利用连线游戏找出直线、曲线、粗细变化线。

（4）展示优秀作品，学生积极大胆地汇报自己的练习作品。同桌两人互相交换练习作品，互相学习，指出优缺点。

（5）对课堂中表现优异的同学奖励"葫芦娃"图标一枚。

第7课　初步技法——点画练习

（1）教师在实物展台上演示各种点的烙制方法。学生在教师的指导下练习烙制各种点画，注意烙制时的温度、速度及力度。

（2）学生通过游戏"连一连"分辨出大点、小点、短线点、揉搓点及粗线点。

（3）展示练习作业，让学生介绍自己的点画练习作业，交流讨论练习成果。

（4）对能熟练掌握烙制点画技法的学生奖励"葫芦娃"图标一枚。

五、评价活动/成绩评定

（1）本课程主要采取过程性评价和总结性评价相结合的方式，过程性评价在每节课教学时和单元结束时进行，总结性评价在课程结束时进行。

（2）多元评价方式：采用学生自评、同学互评、家长评价与教师评价相结合。学生自评、同学互评、教师评价在每节课和单元中体现，家长评价则是在课程结束时由学生将评价表带回家中由家长填写。

（3）灵活的等级评价。一共分为四个等级：A、B、C、D。A等级的数量获得占80%，可认定为A；B等级的数量获得占80%，可认定为B；C等级的数量获得占80%，可认定为C；D等级的数量获得占80%，可认定为D。

（4）建立课程"葫芦娃"成长档案袋。将每一单元的评价表成绩、学生葫芦烙画作品图片、主题活动图片、葫芦写生观察记录表等放入成长档案袋。以第一单元为例，过程性评价表如下表所示。

第一单元过程性评价表

过程性评价																	
单元评价																	
评价要点	素养指向	自我评价				学生互评				教师评价				家长评价			
		A	B	C	D	A	B	C	D	A	B	C	D	A	B	C	D
第一单元 "葫芦娃"讲解员讲解葫芦文化	文化理解审美感知																
我主动搜集葫芦的相关资料	文化理解艺术表现																
我能按老师的要求查阅资料	创意实践																

叁

"葫芦烙画的方法与步骤二：烙线"
课时教学方案

设计者：姚　辉　王　倩　王新华　张咏梅　张文娜

本方案为"走近烙画，学习非遗——烙画基础之技法篇"单元第二课时的教学方案。

一、课时目标

（1）了解烙线的深浅变化，可以根据温度、速度、力度的不同烙出不同质感的线条，感受线条之美。

（2）通过尝试体验、合作探究的方式，深入了解烙线技法，体会各种线条所表达的艺术语音。

（3）合作探究温度、速度、力度对葫芦烙画线条的影响，举一反三，提高艺术实践能力和创造能力。

二、评价设计

本课时的学习评价通过运用各类评价表（如学习习惯评价表、葫芦烙画作品评价表等）收集信息、分析数据，形成评价结果。此外，时时评价贯穿整节课，以评价促进教学方法的改进，及时调整教学。

学习习惯评价表

评价主体	课堂表现	葫芦娃图标
教师评价	① 在学习任务活动中主动参与交流葫芦烙画知识，并提出自己的想法与见解。 ② 在活动中培养发现问题、探究问题、解决问题的能力。	过程性评价

葫芦烙画作品评价表

"铁笔亦生花——烙线"作品评价表			
评价主体	评价内容与结果		
自我评价	① 我完成葫芦烙画作品用了 □五成功力 □七成功力 □十成功力。 ② 我能根据作业要求独立完成有创意的作品。□能 □不能 ③ 在烙线的过程中我遇到的难点是什么？我是怎样解决的？_____		
同学评价	① 我评价的是_____（姓名）的作品。 ② 我认为他/她的葫芦烙画作品 □很好 □一般 □不好		
教师评价	葫芦烙画作品	等级	评价标准	成绩
		A	画面的层次感和体积感很强，整体效果很美观。能烙出深浅不同而流畅的线条，具有节奏感、美感。构图合理，造型准确。	
		B	画面有层次感和体积感，整体效果美观。能烙出深浅不同而流畅的线条。构图合理，造型准确。	
		C	画面层次感和体积感一般，能烙出深浅不同的线条。构图一般，造型一般。	
		D	构图一般，造型能力欠佳。	
	评语			

三、教学活动设计

（一）组织教学，导入新课

（1）组织学生有序就座，提醒学生先不要动桌面上的工具，特别是电源开关。

（2）出示一组葫芦（白葫芦、烙好轮廓线的葫芦、烙好的成品葫芦），学生对比欣赏。

（3）学生拿起自己桌上的葫芦，找同学谈一谈怎样把起好稿的葫芦烙出形状（学生交流讨论）。板书课题：葫芦烙画——烙线。

（二）体验过程，探讨烙法

（1）播放烙画视频，了解由"卧烙"到"坐烙"的转变，着重欣赏"坐烙"姿势下烙出的线条，注意行笔速度。

（2）学生分小组讨论，各小组派代表汇报讨论结果。

教师提出问题：从视频中你看到了什么？烙笔的行笔速度有什么特点？学生观察讨论。

（3）学生尝试。

让学生戴好手套，注意安全，找到开关，打开电源在另一个小葫芦上尝试烙几笔，感受行笔的速度对线条产生的影响。

小组代表汇报，引导学生谈谈还可以用什么办法让线条产生深浅变化。

（4）教师示范（实物投影）执笔方法、行笔速度对线条引起的变化，以及烙笔在60瓦、80瓦、100瓦时，在相同速度下烙出的线条变化。

（5）学生再次尝试。小组内讨论线条的深浅变化还受什么因素的影响，并组织学生填写汇报单。

（6）让学生拿出工具包中的汇报单并填写：当行笔力度和温度相同而行笔速度不同、行笔力度和速度相同而温度不同、行笔速度和温度相同而行笔力度不同、烙笔行笔时快时慢时，线条分别会有哪些变化等。汇报单填写后，各小组分别汇报，并评价汇报内容。

（7）学生模仿"卧烙"和"坐烙"的姿势进行练习，并相互交流烙线体验（行笔快颜色浅，行笔慢颜色深）。

（三）学生操作实践

把起好稿的作品进行烙线，注意线条的虚实、粗细和行笔节奏。

（四）展示评价

教师运用学生自评、同学互评、教师评价、家长评价四元评价法，对学生作品进行评价。学生上台展示并介绍自己的作品以及烙线体会，相互交流欣赏。

（五）总结提升

学生总结：作为葫芦烙画的传承人，我们需要比常人付出更多的努力，积累更多的经验，才能创作出更好的作品。此外，还要学会认真欣赏，细心体会。

（六）拓展环节

欣赏其他类型葫芦工艺品，如葫芦雕刻、掐丝葫芦、堆彩葫芦等，还可以把葫芦制作成茶叶筒、葫芦灯等。

（七）板书设计

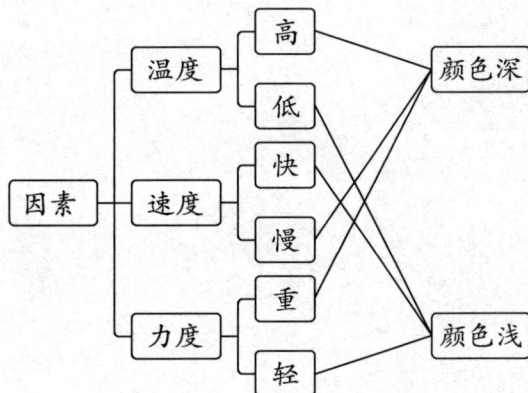

17

牡丹花香润童年

案例点评

　　家国情怀的培育需要具体、形象化的载体。亲切的家乡、熟悉的家乡牡丹成为课程的缘起与归宿。很多学校会基于地域特色开发校本课程，至于为什么选择、如何运用以及实现怎样的课程价值，其中很多值得借鉴。同时，也须思考如何避免课程设计流于肤浅、课程实施庸俗化，以免校本课程成为不同学科内容的拼凑。因此，如何建构循环或累积上升的课程逻辑，如何提取出跨学科的素养目标，如何能挖掘出"牡丹"这一类传统文化象征背后的文化意涵，如何引发学生的深度思考和探索，最终助力学生获得新能力、发现新意义，是这一类课程要持续追求的目标。

壹　菏泽市第一实验小学校本课程规划方案

设计者：赵晨光　李秀丽　黄彦勇　龚中豪　张　清

菏泽市第一实验小学地处菏泽市区，现有长江路校区、育才路校区和中山路校区，117个教学班，6071名学生，304名教师。学校以发展学生核心素养为导向，全面落实立德树人根本任务，大力推进素质教育。我们秉承"以人为本，与时俱进"的办学理念，树立了"美美与共，和而不同"教育信念，提出了"尚德、唯美、求真、致和"的校训，构建了"致和教育"五大课程育人体系，以培育新时代"和美少年"为目标，积极推动国家课程、地方课程、校本课程协同育人工作格局，推进学校可持续发展。

一、课程依据

（一）指导思想

学校课程建设坚持以学生发展为本，从满足学生需求出发，积极构建立足学校现状、适合学生身心发展的多元课程体系，将德智体美劳等方面的教育内容整合为"致和教育"五大育人课程体系，以"为学生的终身发展奠基，为教师的专业发展铺路，为学校的高品质发展而奋斗"为办学追求，积极落实国家课程、地方课程和校本课程三类课程建设，力求达到课程促进学生全面发展，课程成就教师专业发展，课程推进学校特色发展。

（二）学校愿景

培育"四有"好老师：有理想信念、有道德情操、有扎实学识、有仁爱之心。

打造"四有"好课堂：有序、有趣、有效、有用。

培育"五美十有"好少年：美德（懂礼貌、讲诚信）、美慧（会倾听、善思考）、美健（守规则、勤锻炼）、美雅（善合作、乐分享）、美行（爱劳动、懂感恩）。

（三）学生需求

为进一步了解学生对现有校本课程的满意度，学校对全体学生进行了问卷调查，共收到问卷4653份。由学校教导处汇总各班问卷后，再由教科室汇总情况做出数据统计。从调查结果来看，有98%的学生表示对已开设的课程有浓厚的兴趣，愿意积极参与和尝试。同时，学生还希望学校创设条件以满足对校本课程的多种兴趣需求。

（四）社区期待

通过对社区领导和居民的访谈与座谈，我们了解到社区对学校的校本课程建设充满期待，一是希望不断开发有利于学生个性发展的兴趣类校本课程；二是希望能与时俱进多开发适应时代发展需要的课程；三是希望提高现有课程实施质量。

（五）课程资源条件

1. 发展优势

学校拥有高素质师资队伍，在编教师300余人，分校区开设的校本课程各有40余个项目，几乎每位教师都承担一个班级的一门校本课程。学校功能室齐全，如图书室、书法室、国学室、舞蹈室、计算机教室、编程教室、3D打印室、科技馆、实验室、美术室、阅览室等，可满足校本课程建设的需要。

2. 存在的问题

学校课程建设整体发展不平衡，三类课程的实施还存在差异，有些自主课程（社团活动）开设质量还不高，部分师资缺乏，尚不能满足全体学生的需求。教师课程意识虽在不断增强，但课程的实施能力参差不齐，校内人力资源不足，影响部分校本课程建设。国家课程校本化实施的有效性尚待提高和完善，课程管理制度需进一步完善。

二、校本课程方案

（一）课程目标

以"提升每一个学生的学习生活品质"为核心理念，以培育"五美十有"好少年为总目标，校本课程教育目标具体可以归纳为五个方面：

（1）"和润"德育课程立根铸魂，以"爱国忠诚、诚实守信"为培养目标，养成懂礼貌、讲诚信的好习惯，培育"美德少年"。

（2）"和慧"智育课程启心启真，以"善思敏行、博学笃志"为培养目标，养成会倾听、善思考的好习惯，培育"美慧少年"。

（3）"和健"体育课程强健体魄，以"体魄强健、勇毅坚韧"为培养目标，养成守规则、勤锻炼的好习惯，培育"美健少年"。

（4）"和乐"美育课程陶冶情操，以"知美怡情、自信乐观"为培养目标，养成善合作、乐分享的好习惯，培育"美雅少年"。

（5）"和行"劳育课程寓教于行，以"力行砥志、无私奉献"为培养目标，养成爱劳动、懂感恩的好习惯，培育"美行少年"。

（二）课程结构与设置

1. 整体课程结构及其说明

借助"致和教育"理念的引领，学校在开足、开齐、开好国家课程和地方课程的基础上，聚集学生的核心素养和全面发展，立足"双减"工作，优化校本课程，适应学生成长需要，以国家课程为主体，以地方课程和校本课程为两翼，建构具有自身特色的、促进学生个性化发展与全方位成长的"致和教育"课程体系。充分利用教师专业优势，合理利用社会资源，积极探索套排课表、大小课、走班制等多种教学形式，实现课程价值的最大化。

学校整体课程体系结构表

课程门类	国家课程	地方课程及校本课程	育人目标
"和润"德育课程	道德与法治	传统文化、安全教育、环境教育、礼仪教育、童心向党、主题班会、国旗下演讲、牡丹文化等	以"爱国忠诚、诚实守信"为培养目标，养成懂礼貌、讲诚信的好习惯，培育"美德少年"

续表

课程门类	国家课程	地方课程及校本课程	育人目标
"和慧"智育课程	语文、数学、英语、科学、信息科技	经典诵读、书写有方、趣味数学、英语剧社、科学探究、少儿围棋、编程基础、智能机器人、3D技术等	以"善思敏行、博学笃志"为培养目标,养成会倾听、善思考的好习惯,培育"美慧少年"
"和健"体育课程	体育	快乐足球、花样篮球、曹州武韵、花样跳绳、跆拳道、旋转乒乓、心理教育等	以"体魄强健、勇毅坚韧"为培养目标,养成守规则、勤锻炼的好习惯,培育"美健少年"
"和乐"美育课程	音乐、美术	花乡筝乐、葫芦丝、舞蹈、丹韵墨香、掐丝牡丹、国画、剪纸、花乡戏韵等	以"知美怡情、自信乐观"为培养目标,养成善合作、乐分享的好习惯,培育"美雅少年"
"和行"劳育课程	综合实践、劳动教育	牡丹拓展课程(牡丹栽培养护)、主题研学(红色印记、志愿服务、热爱家乡、社会实践)、百业进课堂等	以"力行砥志、无私奉献"为培养目标,养成爱劳动、懂感恩的好习惯,培育"美行少年"

2. 地方课程和校本课程设置与课时分配、比例及其说明

地方课程根据省级教育部门的规划及要求,每周安排一节课。校本课程则采用套排课表、大小课、走班制等课堂形式,组织开展教学。其中,快乐足球、花样篮球、跆拳道、掐丝牡丹等课程安排在周一至周四的课后服务时间,每天一课时,学生以走班制的形式按时参加;各年级的礼仪教育、牡丹文化等课程安排在每周五下午第三节,采取套排课表的形式进行,每学期先进行礼仪课程8课时,再进行牡丹文化课程10课时;经典诵读和书写有方等课程安排在每天早读、午写时间,采取大小课的形式,学生在各班教室参加活动;其他校本课程则安排在每周五下午的课后服务时间,以社团活动的形式,学生以走班制的形式参加学习。

(三)课程实施

学校严格执行上级教育主管部门要求,开足开全国家、地方、学校三类

课程，建立健全课程实施的质量保障体系，按照分层管理的要求建立上下协调的教学组织系统。强化学校行政系统的质量管理责任，通过对课程实施的指导监督，落实教学计划的过程管理、教学质量的监控与评价，加强对课程实施质量的全过程管理。注重教师队伍建设，通过校本培训、实践指导、经验交流、专家辅导、教学沙龙等方式，加强教师团队建设，开发教师的多元智能，促进教师多元发展，不断提升教师的课程实施能力。

（四）课程评价

学校从方案评价、实施过程评价与学生满意度调查三个方面，加强对校本课程的评价与管理，并将此纳入年终绩效考核。每个学期结束前，学校相关部门负责收集上述信息；学年结束时，学校组织专业力量集中研讨这些信息，决定每一门课程是否保留、修订或淘汰。

三、课程保障

（一）组织保障

学校成立课程规划建设领导小组，课程规划建设领导小组承担课程建设方案的制订与实施、过程管理、实施指导、监督评价等职责。

（二）机制保障

1. 校本课程开发

学校全体教师均有权参加校本课程的开发与实施，在学校进行动员与培训后，可以自主申报。学校校本课程领导小组在进行综合分析研讨后，决定开发实施的科目类型、活动场地和实施人员。教导处每学期要安排专题督导，监控、指导教师的校本课程开发与实施的具体工作情况，做出科学的评价。每学期必须检查课程教学计划、教案、课堂教学、评价结果、学生满意度。

2. 选课机制

教导处会同教研组根据学校课程规划建设领导小组制订的学校课程计划，每学期初根据教师的专业特长和可引进的社会资源，确定本学年要开设的选修课程。学生根据自身的兴趣需求申报选修课程。学校根据学科特点、活动场地等教学资源筛选、调剂学生人数。每个学生原则上可申报选修两门校本课程，确定参加选修课程的学生原则上一个学年不能更改学习内容。

3. 制度保障

学校积极改革课堂教学评价方式，将过程性评价和终结性评价相结合，以团队捆绑评价和教师个体评价相结合的方式，客观、公正地进行量化评价，评价结果与教师荣誉推荐、评优评先挂钩。

4. 资源保障

加强与市、区两级教研部门的沟通交流，邀请各学科教研员到校指导工作；充分发掘本地社会资源、家长资源，尽可能为满足学生的发展需求开发更多、更好的课程资源。此外，利用学校周边社区研学基地开发校外课程资源。

<h1>贰　"牡丹花香润童年"课程纲要</h1>

设计者：赵晨光　李秀丽　黄彦勇　龚中豪　张　清

一、课程简介

菏泽市第一实验小学依托"中国牡丹之都"丰富的地方特色资源，组建富有相关经验的教师科研团队，结合本校学生学情和学校培养目标，深入挖掘具有鲜明地域文化特色的牡丹课程资源，探索出了"1231"特色课程实施模式，即落实一个中心任务，构建两类课程形态，协同三方资源，打造一个品牌，建设了多个校内外实践活动基地，形成了"牡丹花香润童年"校本课程体系，并研发了一套牡丹课程校本教材，打造出了个性化的学校形象，以促进学生全面发展、特长发展。

二、背景分析

菏泽牡丹历史悠久，牡丹文化底蕴深厚。菏泽不仅享有"曹州牡丹甲天下"的美誉，更是全球最大的牡丹种植基地，拥有最完整的牡丹产业链。菏泽市区有"曹州牡丹园""中国牡丹园""尧舜牡丹产业园""百花园""古今园""天香公园"等牡丹种植基地和社会实践基地，为学校课程开发提供了丰富的生态资源和人文资源。我校作为市直重点小学，切实贯彻新时代党的教育方针，落实立德树人根本任务，发展学生核心素养，充分挖掘地方资源，从提升"牡丹"育人功能入手，积极构建，多元开发，创建了"牡丹花香润童年"特色课程育人体系，努力探索出一条符合我校实际的特色教育新途径。

三、课程目标

（1）通过读一读、说一说、画一画、游一游等方式，认识家乡牡丹的花型、颜色，知道牡丹花会吉祥物和牡丹园的名称，初步了解家乡的牡丹元素，激发学习兴趣及对牡丹和家乡的情感。

（2）通过讲故事、演课本剧等方式，学习广为流传的牡丹传说和名人轶事，初步感受作品中鲜明的形象和口语化的语言，了解牡丹悠久的历史，传承勇敢、守信、诚实的牡丹精神。

（3）通过诵读、想象诗词描绘的情境、以画配诗词等方式，学习牡丹诗词，理解诗词大意，体会诗词表达的情感，提高品德修养和审美情趣。

（4）通过参观、调查、访问、动手实践、做小导游等方式，了解牡丹习俗和牡丹产业发展，全面认识家乡牡丹名片，发展表达和交流能力，增强热爱家乡的情感，树立建设美丽家乡的宏愿。

（5）通过画一画、折一折、剪一剪、做一做等方式，学习牡丹绘画、牡丹剪纸、牡丹掐丝、牡丹纸艺等，感受牡丹之美和牡丹文化之丰富，培育提升欣赏美、表现美、创造美的意识和能力，传承地方优秀传统民间艺术，促进非遗活化利用。

四、学习主题/活动安排

（一）牡丹文化课程

牡丹文化课程设置及实施要求

第一单元：初识牡丹	实施要求
年级：一、二年级 总课时数：40节 时间安排：第8—17周	1. 认识牡丹的花型、颜色，初步了解牡丹的形态特点和名称的由来。 2. 畅游菏泽知名牡丹园，学会区分牡丹与芍药，了解牡丹生长与节气的关系。 3. 认识菏泽牡丹花会吉祥物丹妮儿，学会画和做丹妮儿及牡丹。 4. 学会用简单的语言描绘自己认识的牡丹。

续表

第二单元：牡丹传说	实施要求
年级：三年级 总课时数：20节 时间安排：第8—17周	1. 了解牡丹传说故事大意及相应的牡丹品种。 2. 能用自己的语言讲述牡丹传说故事，了解牡丹悠久的历史，传承勇敢、守信、诚实的牡丹精神。 3. 通过小组合作表演由牡丹传说改编的课本剧，感受作品中鲜明的形象和口语化的语言。

第三单元：牡丹诗词	实施要求
年级：四年级 总课时数：20节 时间安排：第8—17周	1. 能熟练诵读牡丹诗词名篇。 2. 通过了解诗词的创作背景和作者，加深对诗词内容的理解。 3. 在诵读过程中，想象诗词描绘的情境，理解诗词大意，感受牡丹之美，体会诗词表达的情感。 4. 举办牡丹诗词大会，激发热爱中华优秀传统文化的情感。

第四单元：牡丹人文	实施要求
年级：五年级 总课时数：20节 时间安排：第8—17周	1. 学习名人与牡丹的故事，激发进一步探索牡丹文化的兴趣。 2. 通过讲述名人轶事，感受牡丹文化的丰富内涵。 3. 能以"牡丹之都"小主人的身份，面向游客用自己的语言较全面地介绍牡丹的习性、分类、故事等，增强作为花乡少年的自豪感。

第五单元：牡丹习俗	实施要求
年级：六年级 总课时数：20节 时间安排：第8—17周	1. 学习牡丹习俗相关知识，了解牡丹的美好寓意，感受千百年来人们对牡丹的喜爱之情。 2. 学唱《牡丹之歌》，感受牡丹之美。 3. 了解牡丹的实用价值，学习牡丹花茶、牡丹糕、牡丹插花等传统技艺，提高实践创作能力。 4. 了解菏泽牡丹产业发展概况，树立建设美丽家乡的宏愿。

（二）活动拓展课程

活动拓展课程设置及实施要求

第六单元：国画牡丹	实施要求
年级：三年级	1. 掌握基本的用笔、用墨、用水的方法，了解国画的基本技法和特点。
总课时数：36节	2. 学习国画的基本构图知识，能够自己构图进行简单的创作。
时间安排：第2—19周	3. 临摹牡丹国画作品，初步学习简单的牡丹国画的画法。 4. 牡丹园写生，创作以牡丹为主题的国画作品。
第七单元：剪纸牡丹	**实施要求**
年级：六年级	1. 知道剪纸是我国的传统民间艺术，了解剪纸的基本知识，初步掌握剪纸的基本技法。
总课时数：36节	2. 了解、掌握剪纸的基础知识和基本技能，能用不同的表现形式进行简单创作。
时间安排：第2—19周	3. 欣赏牡丹剪纸作品，了解牡丹形态特点。 4. 创作牡丹剪纸作品。
第八单元：掐丝牡丹	**实施要求**
年级：四、五年级	1. 学习掐丝珐琅画技术，结合牡丹形象，创作简单的掐丝珐琅画作品。
总课时数：36节	2. 根据对牡丹形象的认知了解，结合牡丹画稿，创作相对复杂的掐丝牡丹作品。
时间安排：第2—19周	3. 尝试自主创作牡丹形象作为画稿，进行掐丝牡丹制作。 4. 尝试在各种媒材上进行掐丝牡丹作品的创作。

叁 "掐丝牡丹"课时教学方案

设计者：彭庆伟

一、背景分析

菏泽市第一实验小学立足于菏泽的牡丹特色文化，充分发挥教师的专业优势开发了一系列的牡丹特色课程，"掐丝牡丹"就是其中之一。该课程将地方牡丹文化特色和传统工艺相结合，让学生在制作过程中受到家乡牡丹文化的感染熏陶，增强学生的家乡自豪感和文化自信。

本课时是在第二单元学生已经进行了简单的线条练习，初步掌握了掐丝珐琅画的绘图、上胶、掐丝、填沙技法的基础上进行的。学习重点是将掐丝珐琅工艺和牡丹形象相结合，创作牡丹主题作品，难点是用金丝灵动地表现出牡丹花瓣的特点（牡丹花瓣的外轮廓线条是曲折灵动的）。

二、教学目标

（1）通过观察欣赏掐丝牡丹作品，了解牡丹造型特征。

（2）学习用工笔线稿勾勒牡丹花瓣、叶子、花茎的轮廓。

（3）能运用掐丝技法完成掐丝牡丹作品创作。

（4）在创作掐丝牡丹作品的过程中，学生生发出热爱家乡、热爱传统文化的情感。

三、评价设计

（1）观察作品，说出牡丹造型特征。

（2）完成绘制，用铅笔流畅地勾勒出形态逼真的牡丹图案。

（3）完成作品，用规范的掐丝技法完成牡丹作品创作。

（4）在交流过程中，表达家乡牡丹带给自己的感受。

四、学与教活动设计

活动一：了解牡丹文化

师生活动：教师播放学生课前搜集的牡丹资料视频集锦（包括种植史、品种、文人墨客对牡丹的赞誉等）。学生交流在日常生活中大家见过哪些运用牡丹元素的艺术形式，了解牡丹文化的多样性。

活动二：学习掐丝牡丹线稿技法

1. 欣赏

教师引导学生欣赏精美的掐丝牡丹作品，了解其特征。学生思考怎样将牡丹的形象表现得栩栩如生。

2. 探究牡丹造型特点

教师引导学生观察牡丹和其他花卉的叶子。学生在辨认中抓住牡丹叶子的外形特征。然后用同样的方法掌握花瓣外轮廓线的特点，以及花茎、花蕊等的外形特征，并尝试以速写线稿形式画一画。

教师巡视，选取典型问题作品和优秀作品投屏对比展示。学生实时修改。

3. 借鉴工笔线稿表现手法，绘制掐丝牡丹线稿

教师展示工笔牡丹线稿。学生小组内交流讨论组员所绘线稿的不足之处，提出修改建议。学生参考单瓣型牡丹照片，借鉴工笔牡丹画稿优势，绘制牡丹底稿。

学生所绘线稿可能会出现过于写实的现象。教师可引导学生通过观察、对比工笔牡丹线稿和牡丹实际形象，发现线稿需要进行适当的简化和艺术处理。

活动三：创作掐丝牡丹

教师提前录制并倍速播放创作过程，对于掐丝部分尤其是牡丹花瓣外轮廓，需要着重近距离拍摄，并讲述注意事项。

学生带着问题观看掐丝牡丹创作视频。提出问题："掐丝时花瓣外形以

及花蕊的表现手法是什么？填沙时过渡色是如何处理的？"学生交流后，在底稿上进行掐丝、填沙制作。教师巡视指导，对于普遍存在的问题投屏着重示范。

教师投屏展示学生作品。学生根据评价标准进行评价交流。

"创作掐丝牡丹"评价表

评价项目	评价标准
金线造型	形态逼真、弯曲自然
彩沙填涂	过渡自然、沙面平整

后续活动：学习上胶技法

作品大约阴干3天后，学习上胶技法。

18

创意丝绵

案例点评

    当前，校本课程开设中存在"多而全，浅而滥"的情况。其实，校本课程切忌浅尝辄止，应在"深"与"特"上下功夫。我们要让学生通过几年持续不断地努力，掌握一项有深度的特色技能、一种有深度的特别方法、一个有深度的特殊素养。该案例中提到的校本课程"创意丝绵"是非常有特色的，课程选择普通平凡的棉花作为研究对象，通过孩子们的巧思、巧手，从撕拉、搓捻，最终到丝绵成画，在这个过程中，学生不仅习得了知识和技能，也提升了审美水平，锻炼了意志品质。如果说国家课程是大众菜，那么校本课程就是特色菜。校本课程的目标应当是通过学习本校特有的课程让学生体验学科课程所无法体验到的思想深度与技能水平。当然在选修校本课程时，还是要坚持以学生自愿申报为主，而不应指定科目。

壹 威海市草庙子小学校本课程规划方案

设计者：姜　涛

威海市草庙子小学始建于1943年，地处风景秀丽的正棋山脚下。2001年9月，由镇党委政府投资380余万元，新建了一座建筑面积4800平方米、集办公与教学一体化的综合性教学大楼，目前学校拥有15个教学班，在校学生531人，教职员工46名。学校遵循"根植多彩教育，成就精彩人生"的办学宗旨，开设"学思启智、点滴润习"的多彩课堂，培养"天天进步、天天精彩"的草小学子。为切实落实《基础教育课程改革纲要》，更好地实现国家、地方、学校三级课程管理，学校着力构建校本课程建设的新模式。

一、课程依据

（一）学生素养需求

当今社会需要国际化高素质的综合性人才、高科技人才、创新型人才。为适应社会需求，学校亟须构建符合学生综合发展要求的校本课程体系，为综合性人才培养搭建平台。社会的不断进步与发展要求学校课程不但能发展学生的身心素质、科学文化素质、社会实践潜力、动手操作潜力，也要促进学生的个性化发展。

学校地处临港中心区，无论是生源、师源，均来自临港这个新兴城市体，学校充溢着多元的文化气息。孩子通过知识认知世界，知识的多样性是新时代对人才的要求。实施"多彩教育"，就是为孩子们创造一个多彩乐园，让他们享受童年快乐，编织童年之梦，让他们的童年拥有美好的回忆和感动。通过构建多彩的国家、地方、学校、家庭、社会五位一体的学校课程网络，让每个孩子获得与其全面成长及个性发展相匹配的多样化教育。

（二）学校发展需求

2009年学校经历了区域的变革和重划，所处区域已逐步褪去农村印记，成为生机勃勃、异彩纷呈的新兴城市体。2014年经历校舍翻新后，草庙子小学迅速蜕变成一所充满现代气息的学校，学校发展迫在眉睫。在充分走访和调研后，学校就"阳光""体育""绿色"等特色关键词不断进行深入而广泛的探讨，确定走"多彩教育"的特色之路，以"阳光教育多彩童年"作为学校特色理念的核心内容，通过构建极具草小特色的校本课程来实现"多彩教育"。因此，"为孩子的精彩人生奠基"就成为学校开发校本课程的宗旨。

（三）课程资源条件

学校有民主开放的校本课程开发组织领导机构，以校长为组长，带领教务处、班主任、骨干教师共同研发校本课程。学校的网络资源环境也为学生的发展带来广阔的发展空间。学校有科学的校本课程管理机制、先进的办学理念，有一支师德高尚、业务突出、锐意进取的教师队伍，为学生个性化发展提供了有力保障。

二、校本课程方案

（一）课程目标

校本课程的开设是落实国家"三级课程，三级管理"课程思想的具体体现，我们在课程目标制订与课程开发时，为了有效发挥各种课程资源的育人价值，促进学生的主动学习、综合学习、探究学习、实践学习，培养学生快速适应社会变化的能力，依据学生终身发展的需要、社会发展的需要以及科学技术发展的需要，通过学生、教师和学校的共同努力来设计和实现课程具体目标。

1. 课程总体目标

紧紧围绕"多彩教育"办学理念，以学生发展为本，尊重学生身心发展特点和教育规律，关注学生的终生发展、全面发展和个性发展，注重转变教育观念，由老师扶着学、学生尝试学，逐步达到自己主动学。学生在宽容的发展空间中学习、成长，更有利于其核心素养的提升。

2. 课程具体目标

学生通过5年的校本课程学习后，能够达成以下目标：

（1）修德课程目标

学生能遵守公民基本道德规范，能够关心集体、社会和国家，具有主人翁意识、责任感和集体主义精神，主动承担对自己、家庭、学校和社会的责任，有维护民族团结的意识，能把个人发展和国家命运联系起来，自觉维护国家利益、祖国统一和国家安全；能够遵守社会规则和社会公德，依法依规有序参与公共事务，具有公共意识和公共精神，主动参与志愿者活动、社区服务活动，形成良好的个人品行和个性品质，具有为人民服务的奉献精神，勇于担当；培养爱党、爱国、爱家、爱人民、爱自然的博爱之心和关心时事、关爱生活、热心公益的现代公民素养，初步具有国际视野和人类命运共同体意识；敬畏自然，保护环境，形成人与自然生命共同体的意识。

（2）健体课程目标

学生能享受运动乐趣，掌握各种体能的学练方法，积极参与各种体能练习，改善体形，保持良好的身体姿态；认识体能和运动技能发展的重要性，掌握所学运动项目的基础知识和基本原理，了解并运用所学运动项目的规则；形成积极的体育态度，提高分析问题和解决问题的能力；增强体质，掌握和应用基本的体育与健康知识与技能；培养运动爱好和专长，养成坚持锻炼的习惯；发展良好的心理品质，提高人际交往能力与合作精神；发扬体育精神，形成健康的生活方式，养成积极进取、乐观开朗的生活态度。

（3）怡情课程目标

初步感知、发现、体验和欣赏艺术美、生活美、自然美，提升审美感知能力；丰富想象力，会用独特的艺术语言进行表达与交流，可以创作生动、健康的艺术作品，提高艺术表现能力；积极参与创作、表演、展示、制作等艺术实践活动，学会发现问题并解决问题，提升创意实践能力；感受和理解我国深厚的文化底蕴和党的百年奋斗重大成就，传承和弘扬中华优秀传统文化、革命文化、社会主义先进文化，坚定文化自信，铸牢中华民族共同体意识，理解文化与构建人类命运共同体的关系。

（二）课程结构与设置

1. 整体课程结构及其说明（关系）

学校发展核心是课程。课程越来越成为一所学校内涵发展的关键要素，也是深化课堂教学改革的关键点。我们按照"多线并进，学科融合，整体规划"的课程开发理念，构建了"修德、健体、怡情"三大板块的多彩课程体系。修德课程：让学生修德明理，求真至善，内容涵盖头脑风暴课程和巧思明辨课程两类课程。健体课程：充分体现校园生活的丰富多彩，内容以阳光体育课程为主。怡情课程：让孩子的艺术素养锦上添花，包含艺韵舞动课程和五彩创意课程两类课程。

2. 课程设置与课时分配、比例及其说明

课程设置以提升学生"艺术、体育、创新、思维、语言"五大素养为主题，包含"魅力剪纸、炫舞童梦、水墨飘香、鱼骨妙想、创意丝绵"等22门校本课程。所有老师人人参与课程指导，人人参与学生管理；所有学生人人都有发展机会，人人都能找到适合自己发展的校本课程。这些课程横有宽度、纵有深度，既满足学生不同需求，又促进学生多元发展。其中"创意丝绵"是"五彩创意"课程的一个分支课程，旨在让孩子在欣赏和创作中能不断发现美、创造美，形成独具特色的审美情趣、创新素养。每周四下午两节课为校本课程活动时间。

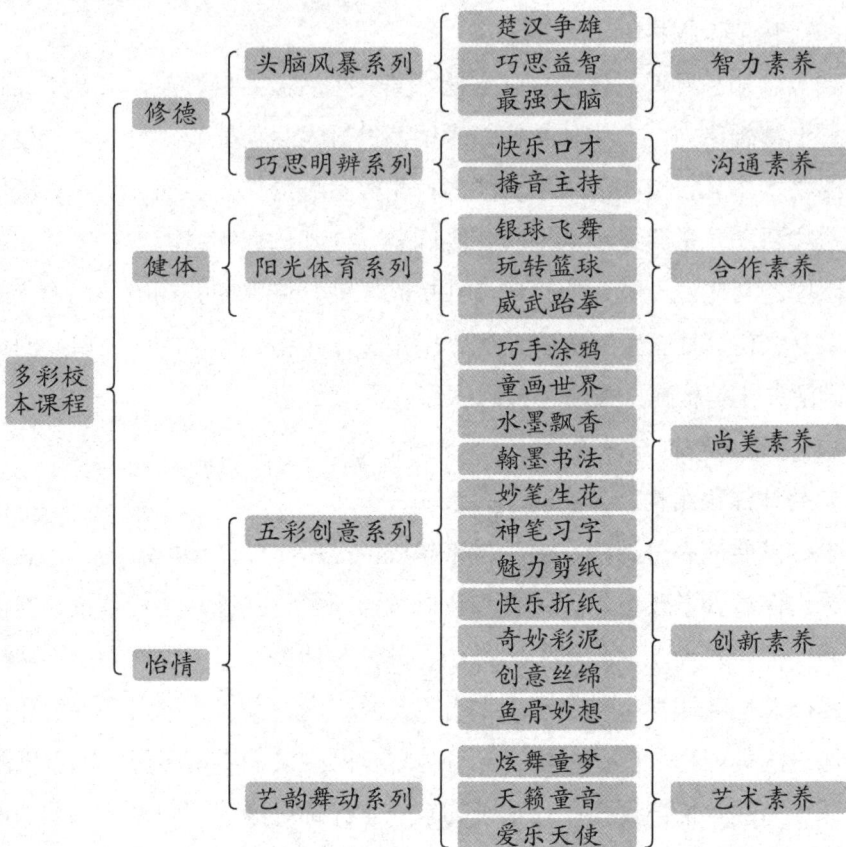

威海市草庙子小学多彩校本课程框架图

3. 校本课程开设的具体内容与说明

多彩校本课程设置情况

课程	课程类别	课程名称	招生范围	负责老师	活动地点	报名要求
修德	头脑风暴课程	楚汉争雄	一至五年级	王垣铜 侯书状	四（3）教室	每班报2人
		巧思益智	一、二年级	方芳 张华艳	二（1）教室	每班报5人
		最强大脑	三至五年级	安宗香 姜玉波	三（2）教室	每班报4人

课程	课程类别	课程名称	招生范围	负责老师	活动地点	报名要求
修德	巧思明辨课程	快乐口才	四年级	李玉影 江丽丽	四（1）教室	老师挑选
		播音主持表演	一、二年级	丁雪艳 马华英	一（1）教室	每班报5人
健体	阳光体育课程	银球飞舞	一至五年级	关向阳 刘丽	四楼乒乓球室	老师挑选
		玩转篮球	三至五年级	高柏 焉盈治	篮球场	老师挑选
		威武跆拳	三年级	丛培成 许竹青	操场	老师挑选
怡情	五彩创意课程	巧手涂鸦	一年级	何艳芳 姜涛	一（3）教室	每班报11人
		童画世界	二年级	高霞 柳银平	二（3）教室	每班报11人
		水墨飘香	三至五年级	李香茗 刘新梅	四楼美术教室	每班报3人
		翰墨书法	三至五年级	栾朋莎 马丽	四楼书法教室	每班报3人
		妙笔生花	二至五年级	石友娟 董洁	三（1）教室	每班报3人
		神笔习字	一年级	隋永红 江淑芹	一（2）教室	每班报10人
		魅力剪纸	二年级	刘晓静 张玉青	三楼巧手坊	每班报10人
		快乐折纸	一、二年级	刘新楠 房玉娇	一（3）教室	每班报11人
		奇妙彩泥	一、二年级	丁丽娜 关璐	二（2）教室	每班报5人

课程	课程类别	课程名称	招生范围	负责老师	活动地点	报名要求
怡情	五彩创意课程	创意丝绵	三至五年级	于玮玮 宋丽君	四楼丝绵创作室	每班报3人
		鱼骨妙想	三至五年级	丛龙芬 刘淑玲	四楼鱼骨创作室	每班报3人
	艺韵舞动课程	炫舞童梦	一、二年级	林晓君 许道莲	二楼舞蹈教室	老师挑选
		天籁童音	三至五年级	李妍 陈晨	四楼音乐教室	老师挑选
		爱乐天使	三年级	宋强 蔡丽伟	四楼音乐教室	老师挑选

（三）课程实施

每周四下午两节校本课，实行"双向选择+导师培养"的授课方式。

在学生自愿报名参加的基础上，要挑选各班有一定美术基础的学生参加，兴趣小组要在教师的指导下充分发挥学生骨干的力量。

以社团为载体，推进课程实施，安排好活动时间和活动地点。根据学校的统一安排，校级校本课程每天训练，其他课程一般情况下每周活动一次，对于课后想继续创作的同学，要给予大力支持。

（四）课程评价

课程评价遵循主体性、过程性和发展性原则，强调评价目标多元和评价方法灵活。

自评：由任课教师先确立目标与评价方式，学生对自己的课堂表现进行自我评价。

互评：同学之间或小组之间通过多种途径评价。

师评：教师评价采用过程性评价和终结性评价相结合的方式，与我校"阳光少年评价体系"相结合，以量化的形式体现。最终成绩由过程性评价和终结性评价两方面组成，达到一定分数，即可获得"阳光少年才艺卡"，学期末有资格参加"阳光少年"评选。不定期举行各校本课程基本功大比武，以各种比赛形式激励学生不断进步。

三、课程保障

（一）组织保障

成立以校长为组长的课程建设领导小组和课程开发研究小组。课程建设领导小组主要负责课程体系的构建、课程方案的编制；制订教师培训计划；承担课程实施的管理、监督和评价工作，把握课程实施的方向；负责为课程的开发与实施提供理论指导、专业支持和经费保障。课程开发研究小组主要负责课程的开发与实施；制订切实可行的工作方案，组织各科教师开展课程开发与实施的实践研究活动；广泛听取教师意见，及时提出调整意见；收集课程实施案例，做好课程实施成果的收集、分析和整理。

（二）机制保障

1. 借鉴国家课程运作机制

借鉴国家课程的运作机制，每周二下午第一节课设置艺韵舞动课程、阳光体育课程和五彩创意课程三大类校本课程的教研时间，每周三下午第一节课为头脑风暴课程和巧思明辨课程两大类校本课程的教研时间，同类型课程教师在一起互通有无，互相借鉴好的授课经验。

2. 创新校本课程运作机制

制订《草庙子小学校本课程开发方案及奖励制度》，鼓励创新。对教师改编或自主开发的课程资源、教学设计、教学实录及教学反思，给予适当论文加分奖励。对获得好评并在市级以上教育教学杂志上发表的，适当给予物质奖励，并作为考核、晋级、评优的重要条件；对积极参加集体研讨及校本培训的教师，给予精神和物质奖励；为执教校本课程的教师提供外出学习和参与培训的机会，不断提高校本课程教师的专业素养。

3. 校本课程选课机制

突出人本性、发展性原则，学生可自主选课。班主任合理引导学生选课；全体学生均需参加校本课程学习，中途如要退出则需填写退课申请及重新选课申请；选课结果以班级为单位，填写选课表，报教务处存档。

4. 制度保障

建立健全学校校本课程评议制度，制订《草庙子小学校本课程管理岗位职责》《草庙子小学校本课程教师培训制度》《校本课程教育教学管理条例》《校本课程师生评价制度》以及《校本课程开发奖励制度》等系列规章制度，保障校本课程开发的顺利推进，取得实效。

5. 资源保障

师资方面，教师的数量、结构和质量满足校本课程教学要求，不断提高校本课程教师的素质，建立完善的教师聘任、培训、考核和奖惩等机制。校本课程教学经费的投入不低于学费收入的30%，确保教学经费专款专用，使用合理、有效、公开、透明。持续更新教学设施，确保教学设施的硬件和软件能满足教学的需要并正常运转。

"创意丝绵"课程纲要 貳

设计者：姜　涛　于玮玮

一、课程标准、教材及学情综合分析

校本课程是我国"三级"课程管理体系中以学校为主体开发的课程类型，在拓展学生发展空间、提高教师专业素养、提升学校办学特色等方面发挥着举足轻重的作用。"创意丝绵"课程是校本课程和国家、地方课程的整合。在《草庙子小学课程方案》中，提高学生的审美技能是放在首要位置的。虽然审美技能是一个综合概念，但从普通平凡的棉花，通过孩子们的巧手撕拉、搓捻，最终到丝绵成画，孩子的各种技能在这个过程当中都得到了综合提升。在2018年9月召开的全国教育大会上，习近平总书记指出"美育是主要教育手段，没有美育的教育是不完整的教育"。我校多彩校本课程体系中的五彩创意系列作为草庙子小学对学生进行美育的重要组成部分，其中的"创意丝绵"课程正是我校众多校本课程中的佼佼者。

二、课程目标

"创意丝绵"校本课程设计理念：以生为本，让孩子成为课程开发的主人；立足本土，让工艺美术走进孩子心中；提高审美，让孩子拥有发现美的眼睛；激发潜能，让孩子绽放艺术创意之花。开发原则：实践性、趣味性、综合性、递进性、系统性。

（一）技能目标

（1）学习丝绵画撕、拉、搓、捻、组等基本技能。

（2）掌握丝绵画的造型、装饰及制作要领，运用美术要素的构成规律，完成欣赏和创作丝绵画的主题学习活动。

（3）能够临摹完成丝绵画作品，高年级的同学可独立分析平面构图，说出作画步骤。

（4）了解丝绵画的表现方式和方法，会用丝绵画表达自己的情感和思想，美化环境与生活。

（二）素养目标

（1）学生以个人或集体合作的方式参与美术活动，激发创意；学会利用各种丝绵工具、媒材进行创作。

（2）学习用美术的眼光欣赏丝绵画作品，会用美术语言评价自己和他人的作品。

（3）能主动参与、乐于探究、勤于动手，具有初步的创新精神和实践能力。学习美术欣赏和评述的方法，形成美术基本素养。

（4）学会从平凡的生活中去感知美、发现美、创造美、表达美，体验生活给我们所带来的无限乐趣，产生对生活的热爱之情。

（5）通过欣赏、学习、创作和评价丝绵画的系列主题活动，提升创新和审美能力，增强环保和合作意识。

三、学习主题/活动安排

本课程适合三至五年级学生使用。

（一）课程内容和课时安排

"创意丝绵"课程内容及课时安排

单元名称	单元目标	课时安排	日期	周次
第一单元 丝绵画的初步 了解	学生初步了解丝绵画，认识丝绵画的各种制作材料及过程。	第1课时：欣赏丝绵画作品		
		第2课时：认识丝绵画的各种制作材料	9.9	第二周
		第3、4课时：认识丝绵画的制作过程	9.16	第三周

续表

单元名称	单元目标	课时安排	日期	周次
第二单元 丝绵画的基本技法	学习丝绵画的基本技法：撕拉、搓捻。	第5、6课时：撕拉棉花	9.23	第四周
		第7、8课时：搓捻棉花	9.30	第五周
		第9、10课时：复习所学的撕拉、搓捻技法	10.14	第七周
第三单元 集体制作《绽放》	能主动参与、乐于探究、勤于动手，具有初步的创新精神和实践能力。	第11—14课时：集体制作丝绵画《绽放》	10.21	第八周
			10.28	第九周
第四单元 集体制作《秋》《向日葵》	体验湿贴法，能制作出具有立体感的简单丝绵画作品。	第15—22课时：集体制作《秋》《向日葵》	11.4	第十周
			11.11	第十一周
			11.18	第十二周
			11.25	第十三周

……

（二）课程实施要求

依据总体课程框架设定，学校设置专业的丝绵画创作教室，配备各色棉花、专用胶水、剪刀、镊子等基本材料，以及丝绵画底板、装裱画框等专业材料。丝绵画创作是很花时间和精力的实践活动，所以班级的人数应控制在35人左右，每周课时不少于2课时。由于课时的局限和课程的性质，教师对学生的要求应有别于美术专业教学，以鼓励学生创作为主。

每周四下午两节连堂课，实行"双向选择+导师培养"的授课方式。从选图、制版到撕毛、入画，最终到丝绵成画，实际教学中的每一课时都有既相互独立又紧密联系的教学目标和内容。在学生自愿报名参加的基础上，要挑选各班有一定美术基础的学生参加。要选出有工作能力的学生担任组长。兴趣小组要在教师的指导下充分发挥学生骨干的力量。一般情况下每周活动一次，每次两节课。对于课后想继续创作的同学，要提供各种便利。

四、评价活动/成绩评定

（一）对教师的评价

（1）将任课教师实施本课程的工作态度及实效纳入个人业务考核档案，定期检查、督促、考核。

（2）鼓励教师对自己的教学工作进行分析与反思，不断提高自身业务水平，按时完成教学任务，教学中注意保护和激发学生自我成长的愿望。

（3）教师授课有计划、有进度、有教案、有反思，并有考勤评价记录。

（4）学校通过听课、查阅资料、调查访问等形式，每学期对教师考核，并记入业务档案。

（二）对学生的评价

课程评价遵循主体性、过程性和发展性原则，强调评价目标多元和评价方法灵活。由任课教师先确立目标与评价方式，学生对自己的课堂表现进行自我评价。

教师评价采用过程性评价和终结性评价相结合的方式。对于学生丝绵画校本课程的学习情况，教师每次活动都要给予评价，对学生进行表扬和鼓励；每节课结束，发动家长给予学生评价，增强学生对校本课程的信心与兴趣。

"向日葵"课时教学方案

叁

设计者：姜　涛　于玮玮

一、课时目标

（1）尝试用捻、贴、撕、拉等形式来表现向日葵花。

（2）通过欣赏、学习、创作和评价丝绵画作品，提升审美能力。

（3）学习用美术的眼光欣赏丝绵画作品，会用美术语言评价自己和他人的作品。

（4）能主动参与、乐于探究、勤于动手，具有初步的创新精神和实践能力。

二、评价设计

（1）学生对自己在课堂中运用捻、贴、撕、拉等表现技法的熟练程度进行自我评价。

（2）同学之间针对小组内成员集体合作的默契程度以及别人的作品进行综合性评价，并提出改进意见。

（3）概括向日葵的特征，制作丝绵向日葵。

三、学与教活动设计

（一）创设情境，激趣导入

由"春天花园里都有哪些花""其他季节还有哪些花"等问题导入本课。引发学生讨论和交流。出示向日葵，思考向日葵名字的由来，学生讨论交流后，教师总结。

（二）技法引领，突破难点

创设草地寂寞而想和花宝宝交朋友的情境，引出本环节学习内容：学生用学过的丝绵画技巧"捻、贴、撕、拉"做出一朵向日葵花送给草地。

1. 讲解向日葵的基本构造

教师指出，花都是由花瓣、花蕊和花萼这几部分组成的。出示向日葵图片，学生观察并思考：它是由哪几个部分组成的？学生小组讨论后交流，并总结。

2. 抓住向日葵的主要特征

学生探究后发现：只有突出向日葵花的特点，才能把向日葵形象而生动地制作出来。教师提问：观察向日葵的花瓣是什么形状？每片花瓣的颜色是怎么变化的？在制作的时候要注意什么？小组讨论，教师随机指导。学生交流，教师总结。

3. 讨论向日葵的制作方法

（1）提问引发思考：可以用以前学到的哪些技法来制作呢？学生探索后总结。

（2）播放视频，了解向日葵制作步骤。学生们回顾视频里制作向日葵都有哪些步骤。

（3）师生总结：构图—调色—塑型—装裱。

①构图　　②调色　　③塑型　　④装裱

向日葵制作步骤示意图

4. 合理分工，学会合作

学生对制作的步骤有了基本的了解，下面以小组为单位，讨论：你们准备如何分工来制作向日葵？哪个小组来交流一下你们的想法？

指导组长分工时要考虑每个学生的特点，合理分工。学生动手制作。

（三）学生制作，教师指导

在制作之前先看提示（PPT出示要求）：注意安全；随时调整作品，最后再粘贴；可以给自己的作品起一个好听的名字；小组合作，共同完成；在创作的过程中，如有任何困难，小组成员商量解决，也可以找老师帮忙。

（四）展评作业，共同进步

学生介绍自己作品的优点，其他学生发表自己的看法，谈作品优点或提出改进建议。

（五）课堂小结，拓展延伸

学生谈自己本节课的收获，教师小结并出示生活中的创意图片。

总结：只要大家能够多观察、多思考，大胆想象，敢于创新，每个人都能从生活这个老师的身上挖掘出更美的艺术品，我们每个人都会成为才华出众的艺术家！

19

琅琊八景

案例点评

  课程纲要的内容框架应采用单元化设计、模块化布局，这样既有利于学生的学习，也有利于课程的开发。该案例从知景、探景、寻景、展景等方面设计了四个单元，让人对课程的框架结构一目了然。评价活动要有针对性，才确保评价的效果。该案例在设计课程纲要的评价活动时，每个单元都设计了不同的评价指标与评价方式，具有较强的针对性，有利于课程目标的达成。校本课程的开发，也讲究即小见大，从小处见到大道理。在进行单元目标的设计时，应围绕一两个主要的核心素养进行多角度、阶梯式的设计策略展开。过多的目标可能会导致学生在学习上感到困惑，无法集中精力，学习效果难以得到保证。因此聚焦目标，深入挖掘主题意义，克服学习"里宽寸深"的弊端，是本课程进一步提升的方向。

壹 临沂第五实验小学校本课程规划方案

设计者：范　娜　孙连玲　孙庆华

临沂第五实验小学始建于1955年，前身是一所村级小学，2009年更名为罗庄区第一实验小学，2010年更名为临沂第五实验小学。学校地处八块石社区，拥有103个教学班，5000多名学生，教职工260余人。为深化课程改革，推进学校的可持续发展，学校秉承"给人生最坚实的起步"的办学理念，致力于培养"秀外慧中、身心两健"的慧心学子。学校根据《基础教育课程改革纲要（试行）》和课程标准中的相关精神，在对学生的兴趣与发展需要进行科学评估分析的基础上，制订本校慧心课程规划方案，旨在指导全校教师进行校本课程的开发与建设，在规范的基础上形成具有本校特色的课程体系。

一、校本课程建设的现实审视

学校的教育哲学、学生的发展需求、学校拥有的资源及当地社会经济的发展需求将决定校本课程开发的方向与质量。

（一）学校教育哲学解读

据《琅琊乡音》记载，八块石社区有一个八块石头的美丽传说，村名由此而来。2006年，学校基于对"石头"精神——"坚实、厚重、本真、执着"的诠释和传承，提出了"给人生最坚实的起步"的办学理念，以培养"诚实、博学"的人才为己任。明朝学者高濂曾有"开其窍，慧其心"之说，其意在于人接受教育，不仅要育"身"，更要育"心"，要通过开启官能，来培育慧心。2011年，学校明确提出"慧心教育"这一教育品牌。

慧心教育以"给人生最坚实的起步"为办学宗旨，遵循"健体、启慧、润心、尚真"的育人内涵，贯彻"启迪智慧、润泽心灵"的办学理念，成就师生的智慧人生和美好未来价值追求，造就学校的内涵特色发展。在慧心教育办学理念的引领下，努力开发慧心课程，构建慧心课堂，实施慧心管理，落实慧心教育，打造慧心校园。六年间，我们要给学生哪些坚实的起步？学校要培

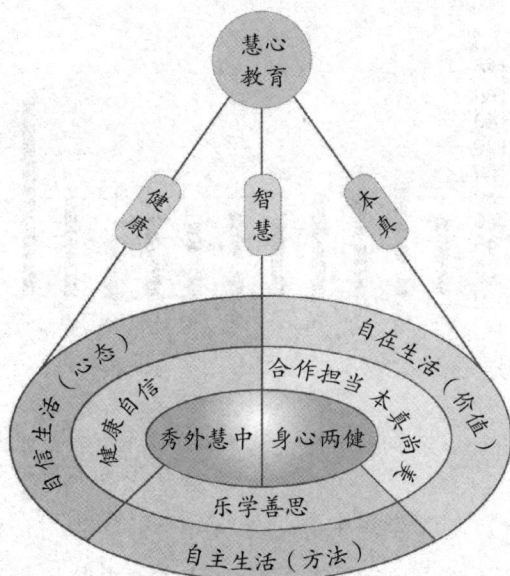

学校培养目标与核心素养表达图

养什么样的人？基于上述分析，我们在区域课程改革的引领下，邀请专家、学校师生和部分家长经过反复论证，最终形成了自己的教育哲学——秀外慧中、身心两健，其慧心学子的特质定义为：健康自信、乐学善思、合作担当、本真尚美。

（二）学生需求分析

从几年的课程实践发现，我校的学生具有学习扎实、成绩优异、个性张扬等特质素养。同时，在一定程度上也存在学业负担过重，行为习惯、实践创新和合作担当等有待提升。为此学校根据学生的年龄特点和认知水平，为学生提供满足兴趣爱好、个性发展需求的不同课程。学校采取问卷方式，以半开放形式为主，由学生发展中心、教学研究中心联合对学生进行了需求评估。具体内容涉及体育与健康、实践、创新等领域，从"你想参加哪一门课程""你希望学校再开设什么课程"两方面进行调研。学生需求评估结果如下。

人数

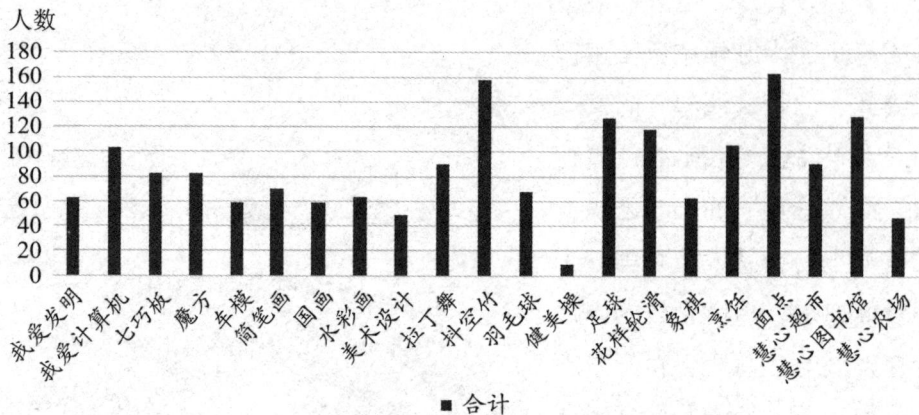

■ 合计

学生需求评估分析图

对学生需求评估分析如下：学生对户外运动类课程和高科技类课程比较感兴趣，如轮滑、足球、武术、电脑；学生对已接触过的领域比较感兴趣，对未接触过的领域，如排球等无课程开设需求；学生对课程的需求受原有课程状态的影响。由于我校的社团已开设了两年，社团成功与否极大程度上影响了学生的课程需求结果。如演讲与主持、文学社、英语小记者等，由于活动形式单一，致使许多学生失去兴趣。

（三）教师专业发展需求

我校现有任课教师300余人，学校名师云集，教师整体结构呈现年轻化、高学历化，学校教师凝聚力强、工作积极认真，但在专业成长方面有遭遇瓶颈之感，部分教师缺乏深厚的理论素养与课程研究能力，缺乏个人特色的锤炼与教学理念风格的形成，急需专业成长方面的引领与突破，而校本课程开发无疑为教师专业成长的成功飞跃搭建了理想的平台。

（四）本地社会发展的需求

学校的发展与教育离不开周围的环境和社区，学校教育必然要关注区域地方特色，并充分利用社区资源，进而提高教育教学质量，为当地的文化发展和经济建设服务。因此，拓展教育空间和利用好区域教育资源是形成学校办学特色，培养满足社会所需的多元个性发展人才的基础。本校学生中外来务工人员子女占较大比例。本区域紧邻区政府驻地，由于自然景观优美、人文环境优越，近几年开发迅猛，主要以房地产为主，另有罗庄区医院、青少年宫等，但其他配套设施尚不到位，面向青少年开展活动的场所较少。

（五）课程可用资源评估

面向周围社区及学校资源，通过调查、考察、申报、面谈、盘活等形式，对人力、物力、财力、时间、空间与信息进行了评估，评估结果如下：学校硬件资源配备符合省规范化学校的配备标准；学校软件资源，从对其中190位一线教师的兴趣特长进行的问卷调查来看，师资在体育及综合类方面比较充足，形式多样，美术类师资基本能满足学生需求，音乐类师资欠缺；社会资源丰富，一是家长特长资源涉及范围广，二是学校周边有罗庄区青少年宫、护台遗址、双月湖公园等，可作为学生的校外实践基地。

（六）生成资源

课程在实施和优化的过程中会形成大量的资源，这些资源既是课程开设可利用的资源，也是校本课程再开发的重要资源。因此，在课程实施过程中，我们最大化地收集、整理校本课程开发过程中学生的学习探究过程以及教师的教学反思，形成校本课程案例、文本图片、视频等资源，这些都是后续课程开发与建设的宝贵资源。

二、校本课程开发目标

校本课程开发与建设的目标直接决定了课程实施的走向和课程开设的效果，能够保证校本课程开发与建设的规范性、有序性和有效性。我校根据中国学生发展核心素养的要求，从学生作为个体、学习者和社会人三个维度出发，在学校前期充分分析和评估基础上，着眼学生成长规律和发展的需求，经过专家、教师、学生的多次论证，主要关注三个方面：从学生作为个体是身心健康的，指向体育与健康领域；学习者应会学习、会思考、会创新，指向科学创新、乐于学习、实践创新等领域；社会人应会合作、有修养、敢担当，指向人文底蕴、艺术修身等领域。因此，我们在严格落实国家课程方案的基础上，主要从健康、智慧、本真三个维度确立课程开发的总目标。

（一）健康目标：自信生活（心态）

通过课程学习，能感知传统体育运动的文化魅力，体验快乐，享受成功，能够快乐地进行自我展示和自信生活。

（二）智慧目标：自主生活（方法）

通过课程学习，能主动地参与学习与活动，学会质疑，能有主见、会批判、有创新、出作品，能探究学习和自主生活。

（三）本真目标：自在生活（价值）

通过课程学习，能够发现美、创造美，能艺术性地拓展升华生活，感受到生活的艺术美和经典文化浸润的向善生活。

通过课程学习，会与家人、同学、老师、朋友友好交往和合作，会沟通，乐合作，敢担责，做到诚实、明礼、有修养，做最好的自己，追求自在生活。

三、校本课程的结构和门类

（一）课程结构

学校依据课程的基础性、多样性和可选择性，进行课程结构设计。根据对学校发展实际及资源的系统分析，目前我校校本课程主要规划为奠基课程和发展课程两大类。奠基课程是发展课程的基础，发展课程是促进学生个性发展的资源。奠基课程由基础课程（国家课程和地方课程必修课程）、拓展课程（国家、地方必修课程的补充和拓展）、活动课程（校本限定必修课程）三部分组成；发展课程由兴趣需求类和特长发展类组成，均为校本选修课程，主要涉及四大领域。学校的课程规划是三级课程的整体规划，是奠定学生坚实起步的基石，是培养学生个性发展的平台，是慧心教育的办学特色。

（二）课程门类

聚焦于学生特质素养的培养，学校将课程目标渗透到五大领域中：体育与健康、语言与人文、科学与创新、艺术与修身、生活与实践（合作与担当），共开设60余门校本课程，内容如下。

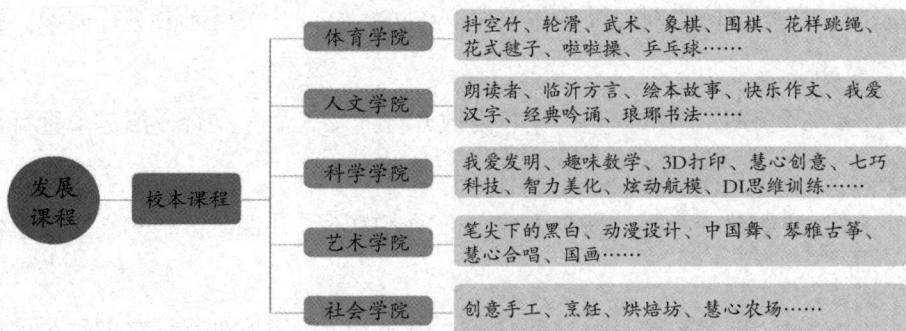

体育学院　抖空竹、轮滑、武术、象棋、围棋、花样跳绳、花式毽子、啦啦操、乒乓球……

人文学院　朗读者、临沂方言、绘本故事、快乐作文、我爱汉字、经典吟诵、琅琊书法……

科学学院　我爱发明、趣味数学、3D打印、慧心创意、七巧科技、智力美化、炫动航模、DI思维训练……

艺术学院　笔尖下的黑白、动漫设计、中国舞、琴雅古筝、慧心合唱、国画……

社会学院　创意手工、烹饪、烘焙坊、慧心农场……

临沂第五实验小学校本课程体系结构图

四、校本课程的实施与管理

（一）校本课程的实施

"校本课程的真正价值是为促进学生学习方式的转变而开展的学习活动。"要将校本课程延伸到生活中，给学生的学习、生活、成长奠定坚实的基础。校本课程在贯彻学校育人目标和课程目标的前提下，以转变教师的教和学生的学为主，遵循"以学定教""会而不教"的原则，生成具有"主动、互动、生动"特质的灵动课程，采用活动式课程的实施策略，全面尊重学生、信任学生，以学生自主、合作、探究的方式全面实施课程。

（二）校本课程的课时安排

校本课程为选修课，学生选课走班，每周课时数为1课时。

（三）校本课程的管理

（1）每学期课程开发领导小组和审议小组要对规划课程进行梳理和优化。

（2）每学期开学第一周，教师要撰写课程纲要。

（3）教师要注意每次开课前做好备课、上课、评价、资源等方面的充分准备。在实施过程中注重资源的收集、归类、整理。尤其是对学生的过程性评价材料和作业作品等，建立齐全的档案，以形成精品课程档案。

（4）每学期末撰写课程开设总结，并从学生出勤、态度、表现等各方面对学生进行终结性评价，评出本课程的"课程之星"。

（5）为保障课程开设的有效性，教师要遵循"总量不变、减负增效"

的原则，按照学校的课程设置和课时安排进行上课，不得无故进行调课、替课、停课等。

（6）每学期学校向学生、家长发放开课通知，学生结合发展需求进行自主选课。

（7）校本课程原则上报名人数少于10人的不予开课，多于60人则视学校资源进行分班。

（8）每学期学校要对教师课程开设和学生参与情况进行不定期的跟进指导、检评展示、总结反思等，推进课程的有效实施。

五、保障措施

（一）组织保障

（1）聘请课程开发顾问，使课程开发趋于科学、规范、发展、完善。

（2）成立课程开发领导小组，由校长任组长，主要负责校本课程开发的决策工作。

（3）成立以教研中心、学生中心为主的课程规划小组，负责统筹规划校本课程，并制订课程规划方案；成立以教研中心人员、教研组长、年级组长、学生代表、家长代表为主的课程审议小组，负责审议课程项目的设置和纲要等；还成立课程管理与评价小组，负责建立相配套的各项制度，加强组织管理与实施评价等。

（4）成立课程研究小组，负责校本课程的具体开发及实施后的管理和评价等常规管理工作。定期对校本课程的开设情况进行评估、检查、反馈、评价，及时调整和改进，确保校本课程的开课质量，保证校本课程开发与建设的有序性、科学性。

（二）制度保障

（1）学校课程研究小组在课程开发顾问的指导及课程开发领导小组的支持下，制订《临沂第五实验小学校本课程规划方案》，由课程审议小组进行审议并公示。

（2）教师每年暑假期间在《临沂第五实验小学校本课程规划方案》的指

导下，根据自己的个人兴趣特长制订校本课程纲要，并上报至课程研究小组进行课程申报。

（3）审批。学校课程审议小组负责初审，并提出意见。通过审核后，全校公示。组织学生在规定时间内进行课程选择。试行两周后，学生可以申请继续选修或改修。

（4）一旦审批通过并完成学生选修报名，教师必须如期开课，不得无故废止课程或随意更改既定课程内容计划，以免影响学生的课程选择。申报审批时限截止后，不再受理该学期课程申报项目。

（5）学校出台《临沂第五实验小学校本课程开发制度》《临沂第五实验小学校本课程评价方案》《教学成果奖励制度》等一系列管理制度，对校本课程开发工作实施周通报、月总结制度，保障校本课程的开发与实施。

六、课程评价

主要包括对课程本身的评价、对课程实施过程的评价、对课程效果的评价。具体见《临沂第五实验小学校本课程评价方案》。

贰

"琅琊八景"课程纲要

设计者：范　娜　孙连玲　黄　萍　孙庆华

一、课程简介

本课程适用于小学五、六年级，总课时32课时。琅琊八景是古代琅琊（今山东省临沂市）的八处自然风景，因为景色秀美被古人称为"琅琊八景"。"琅琊八景"这门课程围绕"知景—探景—寻景—展景"的单元主题脉络建构，将带领大家一起了解"琅琊八景"的前世今生，以研学旅行的形式实地考察琅琊八景所在地；同时，我们也将寻找现今琅琊（临沂）新的风景地，推举评选出我们心中新的"琅琊八景"，在一系列实践活动中培养既有人文底蕴、科学精神，又富家国情怀、责任担当的新时代接班人。

二、背景分析

琅邪，今作"琅琊"，读"lángyá"，是山东东南部的古地名。今山东省的临沂、青岛、诸城等地尚拥有较多琅琊文化遗存遗迹，现琅琊已成为山东省临沂市的别称。古时琅琊八景是指"沂水托蓝、泥沱月色、苍山叠翠、平野晓霁、野馆汤泉、孝河凝冰、神峰积雪、普照夕阳"，作为琅琊文化的一角，能很好地展现我们临沂古文化的魅力。随着城市的不断发展与规划调整，琅琊八景有的已经消失，有的已经旧貌换新颜。我校地处临沂城区边缘，随着城市化的推进，我校生源中的外来务工人员子女比例持续上升，有些学生对本地人文地理环境不熟悉、认同感低。同时，我校学生在社会实践活动中探索家乡人文、地理环境的经验普遍不足，学生有研究热情。

"琅琊八景"这门课程的开发是基于我校"慧心教育"的育人理念。我校致力于培养"秀外慧中、身心两健、志趣高远"的慧心少年，让每个学生具有"美好的心灵、智慧的头脑、灵巧的双手、强健的体魄"。该课程是我校校本课程体系下的社会与实践类课程，通过整合，突破学科界限，围绕主题将各学科知识融合在一起，在一系列主题活动中实现学生综合能力的发展，以促进学校育人目标的达成和学生素养的提升。

三、课程目标

（1）通过搜集、整理、分享，初步了解琅琊八景的相关基本信息及其背后的文化历史，达到"知景"，感受家乡美景背后的文化底蕴和文化内涵。

（2）通过实地考察琅琊八景所在地去"探景"，加深对琅琊八景的认识，了解琅琊八景的地理成因及其在当今所经历的变化，在"探景"过程中提升问题解决能力和理性思维。

（3）通过信息搜集、交流等途径去了解近年来琅琊大地涌现出的新的景观，并通过实地考察、小组交流、全班讨论等形式"寻"找出新的琅琊八景，在活动中学会观察与记录、交流与表达、合作与分享等，提升实践创新素养。

（4）通过本课程的综合学习了解琅琊八景所蕴含的独特地域文化，感受家乡美景的变化与城市的变迁，增强责任担当意识和家国情怀。

四、学习主题/活动安排

（一）单元主题脉络

本课程的单元主题脉络为：

知景 ⇒ 探景 ⇒ 寻景 ⇒ 展景

（二）课程内容框架

"琅琊八景"课程内容框架

单元主题	单元主题背景	课时主题	素养目标
第一单元 琅琊八景初知晓（知景）	该课程开设伊始，学生对"琅琊八景"只存在于偶尔的听闻中，对于"琅琊八景"的具体所指、前世今生与历史传说等尚不明晰。	分享课程纲要 字解琅琊八景 琅琊八景"前世今生"之简说 琅琊八景里的历史传说	人文底蕴
第二单元 琅琊八景深体验——主题研学（探景）	在上一单元我们对琅琊八景有了大概了解后，本单元将开启我们的主题研学之旅，依次走进琅琊八景现今所在地，实地考察了解琅琊八景的现今面貌与形成机制等。	琅琊八景主题研学之"沂水拖蓝" 琅琊八景主题研学之"泥沱月色" 琅琊八景主题研学之"苍山叠翠" 琅琊八景主题研学之"平野晓霁" 琅琊八景主题研学之"野馆汤泉" 琅琊八景主题研学之"孝河凝冰" 琅琊八景主题研学之"神峰积雪" 琅琊八景主题研学之"普照夕阳" 景观消亡与重生之我思 琅琊八景研学成果整理与汇报	科学精神
第三单元 探寻琅琊新八景（寻景）	随着城市的不断发展，现今的琅琊大地上又出现了诸多新的自然人文景观，旧的景观已经消失或者换了新颜，那么在我们临沂大地上哪些可以成为新的"琅琊八景"呢？	周边新风景 畅游琅琊新景 琅琊新八景——标准制订 琅琊新八景——我来推荐 琅琊新八景——我来评选 琅琊新八景——我来代言	实践创新
第四单元 新旧琅琊八景主题成果展示汇报（展景）	通过前几个单元的课程实施，我们深入探索了古琅琊八景，也评选出了新琅琊八景，让我们展出实践的成果，推介新的琅琊风景。	古琅琊八景研学成果展示汇报会 新琅琊八景推介会	责任担当

（三）课时安排及实施要求

第一单元：琅琊八景初知晓（4课时）

第1课时：分享课程纲要。明确学习目的，共同修订社团常规；了解自我，初步制订个人学期《学习规划》；调整课程纲要；分小组，四人一组，共八组，与"八景"相对应，便于以小组为单位开展实践活动。

第2课时：字解琅琊八景。分享对琅琊这一古地名的了解和资料；交流所知道的琅琊八景有哪些以及大概地理位置；共同总结，明确琅琊八景具体所指及景观特点。

第3课时：琅琊八景"前世今生"之简说。课前搜集资料；分享搜集到的琅琊八景古今图片对比照，明确哪些景观仍旧存在，发生了怎样的变化；看图片、读诗词猜测琅琊八景的名称。（借助流传下来的对琅琊八景分别描写的诗词。）

第4课时：琅琊八景里的历史传说。通过网络、书籍、访问等形式，了解琅琊八景相关的历史典故、文化名人、民间传说等；讲述琅琊八景里的历史传说。（例如：孝河凝冰——王祥卧冰求鲤的故事，普照夕阳——王羲之故居的变迁。）

第二单元：琅琊八景深体验——主题研学（18课时）

第二单元为主题研学单元，前16课时分8次实施，每2个课时对琅琊八景中的一处景观进行研学考察。八处景观的考察时间顺序可根据具体情况调整，必要时可与其他课程合并实施，进行跨学科学习。主要实施步骤：

（1）制订研学旅行计划，研究考察重点。

（2）研学走进景观所在地，考察其现今面貌。

（3）走访调查，了解与思考景观的由来及变迁、形成原理、开发与保护、传承与发展等。

（4）小组合作完成研学考察报告。

第21课时：景观消亡与重生之我思。以茶话会形式分享畅谈研学感受；以"景观消亡与重生"为题写一篇研学体会。

第22课时：琅琊八景研学成果整理与汇报。各小组分别认领一处景观进行研学成果的整理；借助多媒体手段，各小组进行研学成果的汇报；将各小组整理的成果材料编辑成册——《琅琊八景的"前世今生"》，并赠予当地档案馆收藏。

第三单元：探寻琅琊新八景（7课时）

第23课时：周边新风景。小组合作交流课前收集到的有关临沂周边新景点相关信息；各小组推举1～2位同学全班分享小组汇总信息；教师利用多媒体给学生补充一些临沂的新景点；小组内同学交流各自收获。

第24、25课时：畅游琅琊新景。综合上节课同学们的分享以及自己所了解到的信息资料，选择几处临沂新景观与父母一起畅游；畅游后撰写一篇游记。

第26课时：琅琊新八景——标准制订。小组合作讨论什么样的新景观能代表当代琅琊新景观；各小组推举1～2位同学在全班分享小组意见；共同制订评选琅琊新八景的评定量表。

第27课时：琅琊新八景——我来推荐。小组内分享畅游感受，每小组拟订2～3个认为能够称为琅琊新八景的景点。各小组分工合作，借助多种方式阐释所选取的2～3处景观可当琅琊新八景的理由。

第28课时：琅琊新八景——我来评选。各小组根据指定的评定量表为其他组所推荐的景观打分（本组不评定自己组推荐的景观）；八个小组再通过抽签或者游戏的方式认领新八景，并作为新景点的推广大使。

第29课时：琅琊新八景——我来代言。小组内合作设计景点的标志、宣传画（可以是手绘，也可以是电脑制作，各种形式都可以）；撰写宣传稿；小组商讨推介会分工及需要借助工具等。

第四单元：新旧琅琊八景主题成果展示汇报（3课时）

第30课时：古琅琊八景研学成果展示汇报会。在学校课程展示月展示古琅琊八景研学成果：各小组按之前分工做相应景观的展板、摆展台；借助多媒体手段和相关材料现场解说古琅琊八景的前世今生。

第31、32课时：新琅琊八景推介会。以小组为单位分别展示推介新琅琊八景（如对标志、宣传画、广告语的解读以及朗读解说词等，可以借助多媒体进行展示）；小组间互评，并进行"最佳推广小组"的评选；各小组内互评推举出1名"最佳推广大使"；颁发慧心奖章。

五、评价活动/成绩评定

本课程采用过程性评价和终结性评价相结合的方式进行评价，并针对不同的单元学习任务开发出不同的评价量规进行相关评估。

"琅琊八景"课程评价表（节选）

"琅琊八景"之"知景"评价				
评价要点	素养指向	评价等级（学生自评+师评）		
		很好 （5分）	一般 （3~4分）	不太满意 （1~2分）
能做出一份清楚的学期学习计划（5分）	信息整合			
能说出琅琊八景具体的景观信息（5分）	交流			
能主动搜集、分享琅琊八景的信息（5分）	主动分享			
能够讲述琅琊八景有关的历史典故和传说（5分）	表达			

叁 "新琅琊八景推介会"课时教学方案

设计者：范 娜 孙连玲 黄 萍 孙庆华

一、背景分析

"琅琊八景"这门课程围绕"知景—探景—寻景—展景"的单元主题脉络建构，第四单元"新旧琅琊八景主题成果展示汇报"是在前三个单元的"知景""探景""寻景"的基础上，让学生作为他们所选出的新琅琊八景的代言人，推介宣传"琅琊新景"，做美丽家乡的代言人！

二、课时目标

（1）运用多媒体等各种工具手段呈现或介绍所代言新琅琊景点的推广方案。

（2）在推广介绍中学会交流与表达、合作与分享，感受分享的快乐，增强合作分工的意识。

（3）在完成任务的过程中提高学习和研究能力。

三、评价设计

课程教学评价表

评价要点	素养指向	评价操作说明
能够在推介会中大胆交流、汇报展示。（5分）	表达	根据汇报展示情况评定：自信大方5分；较自信大方3~4分；一般1~2分。
能够主动宣传新旧琅琊八景，具有保护家乡美景的意识。（5分）	沟通合作	根据沟通合作情况给予相应的等级：很好5分；较好3~4分；一般1~2分。

四、学与教活动设计

（一）导入活动

通过前几节课对本主题单元的探索交流，学生已经了解到近年来随着城市的发展和规划调整，临沂大地上涌现出了众多吸引大众的景观（如：滨河大道、竹泉村、武河湿地、皇山公园、兰湖水岸、五洲湖公园等等）。学生在收集资料了解与实地游玩了部分景点后，又一起评选出了能代表临沂新时代风貌的新"琅琊八景"。它们是滨河大道、武河湿地、五洲湖公园、皇山公园……

完成课前任务，每小组认领一处景观作为需要推介宣传的景点。学生课上展示。

（二）交流与展示

学生欣赏歌曲："人人那个都说哎，沂蒙山好……"学生讨论：随着历史的变迁与城市的不断开发建设，一个个独具特色的新景点成了当代临沂人争相前往的新去处。那么，这些景点都具有哪些特色呢？

学生分组展示他们所推介的景点。

小组1：我们首先为该景点设计了一个标志（手工绘制），可以在任何的宣传材料以及文创产品中使用，以增加该景点的品牌辨识度。同时，我们还为该景点画了一幅主题宣传图……在这幅画上，还写上了我们为这个景点想到的宣传主题语……

小组2：PPT展示电脑制作的景点主题标志和景点照片，同时朗诵小组撰写的该景点宣传稿……

小组3：播放拍摄剪辑的景点宣传片……

……

（三）交流与评价

（1）主持人（学生）：刚才各个小组的分享让我们似乎还沉浸在各个美景之中。哪个小组的推介让你印象最为深刻呢？哪位同学的创意让你最为钦佩呢？大家都来说一说吧。

学生各抒己见。师生共同创建评价标准，并使用评价标准评选新琅琊八景。

（2）各小组投票选出"最佳推广小组"。

（3）各小组讨论推举小组内的"最佳推广大使"。

（4）教师为"最佳推广小组"和"最佳推广大使"颁奖。

（四）总结与拓展

教师：同学们，本学期"琅琊八景"这门课程已结束。在这门课程中，我们一起走进了历史中的琅琊八景，了解了它们的前世今生，也一起寻遍琅琊大地，探寻我们家乡新的地标景点。我们一起感受了家乡的历史悠长，也一起领略了家乡的旖旎风光。我们为这片热土感到骄傲，让我们都成为家乡美景的代言人！

（注：此课时活动是"琅琊八景"课程最后的展示评价活动之一，各小组均需要展示评价，所以该课需要两课时。在实施过程中，整个活动主要由学生负责组织策划，教师协助。）

20

天边有个威海卫

案例点评

  很多课程的设计看似合理，但很难真正实施，究其原因，多是方案较为理想化，缺少实际的措施与办法。该案例最大的不同之处在于其课程实施和评价方面都十分详细。除此之外，在实施方面，对选修与必修的关系、校本课程的开设时限与开设方式、课程要求与毕业条件等进行了详细的规定；在评价方面，明确提出其评价的目的是改进，而非甄别选拔。对于学有困难的学生，则采取给学生鼓励，给学生出"好招"，与家长交流的办法。这些都是十分中肯的做法。在具体的课时活动设计方面，要进一步解放思想，大胆放手让学生个人或小组独立地去读、去悟、去反思、去表达。

壹

威海市第一中学校本课程规划方案

设计者：訾敬钊　郭红珊　宋平平

山东省威海市第一中学坐落于威海市文化中路75号。它命运多舛，由英国人在威海卫兴建的学校——安立甘堂转化而来，栉风沐雨，至今已经走过了124载的漫漫征程。学校的办学目标是"建设理念先进、文化浓厚、管理规范、质量一流，具有国际化、现代化特色的品牌高中"。学校的培养目标是："培养行为规范、举止优雅，学业优异、特长鲜明，身体健康、心态阳光的优秀高中毕业生；为培养具有中国精神、国际视野、志向高远、勇于担当的杰出中国人奠定基础。"学校的办学理念是"唯一唯美"。为进一步落实学校"唯一唯美"的办学理念，深化课程改革，实现学校的可持续发展，使教育、教学质量进一步得到保证，培养身心健康、学业优异、具有家国情怀的高中毕业生，我们制订了本课程规划方案。

一、课程背景

基于"让每个人都有人生出彩的机会"，我们学校的教育观是"为培养具有中国精神、国际视野、志向高远、勇于担当的杰出中国人奠定基础"。但目前学生学业比较繁重，"内卷化"现象严重。十六七岁的年龄，对于祖国的使命和对家乡的热爱还不是非常清晰，同时知识面也不够广博。在寒暑假学生去社区参加社会实践活动，动手能力弱，同时不知道该如何向外地人宣传家乡。威海一中作为百年老校，历史底蕴深厚，课程资源丰富，同时又有一批具备特长的教师，基于此，学校从本校课程资源条件出发开设了多门校本课程。

二、校本课程方案

（一）课程目标

充分落实《普通高中课程标准》（2020年修订）课程目标内容要求，通过校本课程三年的学习，学生能成为品德高洁、爱党爱祖国爱家乡、有一技之长的人。学生能提高学习的兴趣，增强自信心，发展自主学习的能力，并树立敢于质疑、善于思考、严谨求实的科学精神；同时，提高实践能力，提升创新意识。学生不断加深对校本课程的科学价值、应用价值、文化价值以及审美价值的认识（体现国家课程方案的基本要求）。校本课程突出"活"，强调个性自由，注重生成和发展，更致力于拓展性和开放性，重视发展学生的特长与个性（凸显校本特色的超越）。

（二）课程结构与设置

1. 课程结构

普通高中课程由必修、选择性必修、选修（校本）三类课程构成。其中的选修课程，由学校根据实际情况统筹规划开设，学生自主选择修习。一部分是在国家必修和选择性必修课程基础上设计的拓展性、提高性及整合性课程；另一部分是根据学生的多样化需求和威海社会、经济、文化发展的需要，以及我校办学特色等设计的校本课程。

2. 校本课程设置

为了体现我校"唯一唯美"及"做最好的自己"的办学理念，学校给学生充分的发展空间，更好地体现学生的自我价值。目前我校的特色校本（或地方）课程涉及科技创新、人文社科、数理实验、军事体育、艺术视界五大课程类别，包括13个学科的81门课程及社团活动。

（三）课程实施

（1）课程设置立足于校内外课程资源的充分利用，尽可能满足学生的发展需要。所有必修课程由学校学部、学科教研组统一安排，选必修以及选修课程（校本）由学生自主选择。

（2）必修课程与选必修课程之间关系：涉及系列之间、模块之间、专题之间有递进关系的课程，按顺序开设，教师按照逻辑顺序的先后进行讲授；系列之间、模块之间、专题之间没有递进关系的课程，选修模块优先开设，教师根据"先易后难"的符合学生心理习惯的方式进行讲授，以便学生选择。

（3）遵循学生的学习规律并考虑到高三备考的需要，选修（校本）课程主要在高一、高二开设，并且使学生选课率逐渐达到100%，高三时期选修（校本）课程不定期开设，满足学生的个性化需求。比如艺术和体育社团，通过展演的方式，展现学生的个性之美。

（4）相同的选修模块在高中三年的不同学段可以重复开出三次，以便学生选修、换修或重修。

（5）选修模块（校本课程）开设要求：同一学段选择同一模块选修的学生超过30名必须开设；15~30名学生选修，学校依据教室的实际情况尽可能开设；少于15名学生选修，原则上不开设。

（6）有能力希望在多方面得到较大发展的学生，除了获取已选学科的较高（或最高）学分外，还可以向学校申请以自学方式完成其他学科选修课程（免修必考），但是申请必须经学分认定委员会审核通过（一般条件为：该学科的成绩不低于90分）。

（7）学生满足每学年在每个学习领域都必须获得一定的学分，三年内必须获得必修学分88个，选择性必修学分44个以上，选修至少获得14个学分，三年总学分达到144个，方可毕业。鼓励学有余力或希望多方面发展的学生自修更多选修课程，获得更多学分。

（8）积极创设条件，努力开发学校课程，建立高校联合育人机制，联合名企、名家、名校，由家长配合并提供协助素材，尽可能满足学生选课需求，开设丰富多样的、高质量的选修（校本）课程。

三、课程评价

针对必修课程、选必修课程以及选修课程（校本）这三种不同的评价对象（内容），采取不同的评价方式。具体如下：

（一）考试安排

各学科的必修课程和选必修课程应该进行期中考试、期末考试。每次考试严格按照模块进度来进行，可以作为本模块笔试部分的成绩记入档案。考核最终成绩应为笔试（学科知识）和面试（综合测试）以及课堂表现力的综合评价。

选修（校本）课程应该在课程结束时进行考核。选修（校本）课程的考核方式可以是多样的，例如论文、调研报告、讲座、实物展示等等，要注重对学生能力的考察。

考试要求内容科学、方法恰当、管理严格，保证考试结果公平、公正，真实反映教学状况。考试既要考核基本理论、基本知识、基本技能，又要考核学生综合运用所学知识的能力，体现科学素养和创新能力培养的要求。

（二）成绩登记

每科教师提供学生的考核成绩和相应学分给教务处和班主任，班主任负责给每位学生建立单独的一整套成绩档案，以便于记录参考并核算学分。成绩应该以等级的方式呈现给学生，并记入《山东省普通高中学生综合评价系统》当中。

（三）走课流程及实现方式

选择性必修系列课程因为师资力量、授课质量和管理的需要，根据学生选课情况，采用学科走课形式进行。

选修（校本）系列课程采用年级走课方式，依据学生和教师的要求提供足够的课时和教室。

（四）校本课程评价

针对校本课程的特点，我们从以下两个层面进行课程评价：

一是发挥其形成性功能。对正在实践中的校本课程方案进行价值评价，以使其更好地服务于课程目标或检验课程目标的达成度，从而体现校本课程的独特价值。

二是发挥其总结性功能。通过搜集有关校本课程学习成果的实际证据，对校本课程的实施效果做出价值判断，以验证课程的成功程度和指明改进的方向。

根据以上认识，我们采用多元评价、自主评价等方式，从课程、学生、教师三方面进行评价的实验探索。

（1）对课程的评价。课程实施的各个阶段，要求学生用学习体会、总结、调查问卷等形式，将学习过程中的各种收获和体验反映出来。

（2）对学生学习的评价。对学生实施多元评价，不仅关注学生学到的知识、技能，更注重评价学生的态度、价值观，评价方式多样化，有学生自评、小组互评、教师评价等，评价的表达方式有等级、成绩、荣誉证书、评语等。

（五）评价实施要求与评价策略

我们在具体的实施过程中，应该注重过程性评价，所以对学生的学习评价应该全面看待，目的是改进，而非甄别选拔。同时要注重公正性、客观性，并接受学校领导、家长以及学生的监督。对于评价结果的处理，侧重于帮助学生改进和提高。特别是对于学习有困难的学生，我们要采取多方面的举措：一个是多位教师"联合会诊"，给孩子出"好招"；一个是与学生当面交流，鼓励为主；还有一个是与家长沟通交流。

"天边有个威海卫"课程纲要

设计者：訾敬钊　郭红珊　宋平平

一、课程简介

在新课程改革热潮的推动下，校本课程的研发与建设早已提上议程。为了构建国家课程、地方课程、校本课程相结合的立体课程结构，落实教育部《中小学德育工作指南》《国家基础教育课程改革指导纲要》的要求，我们根据学校办学理念和威海地方特色，特别选定"天边有个威海卫"作为课题来研究，抓住课程改革契机，找准切入点，把弘扬和培育学生爱国爱乡的民族情感以及对威海历史文化遗存的保护纳入历史校本课程的开发与实施之中。本课程适用于高一年级，总课时34课时。

二、背景分析

（1）课程目的。历史教科书是历史教育资源的核心。在充分发挥教材功能的基础上，融合历史、政治、地理、军事、国际关系和档案学等多个学科的知识，开发校内外一切可利用的资源，优化学习效果，更好地实现课程目标。

（2）课程意义。利用乡土史资源开发校本课程，弥补了国家课程的不足，发挥了乡土史资源的教育功能，有助于激发学生的乡土情感。通过了解家乡的历史文化，促进学生形成对祖国和家乡历史文化的认同感，确立为祖国、为家乡现代化建设做贡献的人生理想。

（3）开发基础。威海是古代著名的莱子国，又是甲午战争的落幕点，具有深厚的历史资源；它位于黄海之滨，具有丰厚的自然资源；威海原属胶东革命老区，抗日战争时期涌现出许多可歌可泣的英雄事迹，革命资源丰富。威海作为国家园林城市，又具有丰富的旅游资源。威海一中1899年建校，拥有丰富的校史资料。故我们结合学校特点和威海地区的学生实际，以乡土史资源为基础，以开发校本课程为途径，促进校本教研工作的开展。

三、课程目标

（1）通过搜集威海古代时期、甲午战争时期、抗战时期以及新中国成立初期乃至1987年后的地图，形成时空观念。

（2）通过搜集甲午战争时期、抗战时期人民群众抵御外侮以及威海人民支援南方的资料，总结出唯物史观中的群众史观的科学评价方法。

（3）通过搜集甲午战争时期清政府的官方资料以及日本人的描述资料，知道同一历史事物会有不同解释，归纳出去伪存真的史料鉴别方法。

（4）通过上网和去档案馆、图书馆、城市书房以及咨询求助家长的方式，搜集各个时期的实物、图片、视频、文史资料等，能够熟练说出史料的多种类型以及搜集的途径与方法。

（5）对甲午战争时期北洋舰队的损失、抗日战争时期环翠区人民的损失以及改革开放时期威海人民的成就列出数据类表格，概括出国际上的计量史学研究方法。

（6）通过阅读和研究威海杰出人士的爱国主义事迹并谈感想，树立正确的世界观、人生观和价值观。

四、学习主题/活动安排

高一上学期的校本课程安排：

第一单元：从莱子国到威海卫（第二周教学第一节"莱子国风光"，第三周教学第二节"威海卫所的形成"）

第二单元：甲午喋血（第四周教学第一节"威海海军基地建设"，第五周教学第二节"威震海疆的北洋水师"，第六周教学第三节"北洋海军对本地文化的影响"）

第三单元：强租威海卫（第七周教学第一节"英国强租由来"，第八周教学第二节"威海民众奋起抗争"，第九周教学第三节"抗英运动的成因及影响"）

第四单元：北洋军阀统治下的威海（第十周教学第一节"北洋军阀的黑暗统治"，第十一周教学第二节"一战期间的威海华工"，第十二周教学第三节"威海卫的习俗变迁"）

第五单元：国民政府统治前期的威海（第十三周教学第一节"威海卫国民经济的迅速发展"，第十四周教学第二节"改订新约和外交上的胜利"，第十五周教学第三节"威海卫教育的近代化"）

第六单元：战争烽火下的苦菜花（第十六周教学第一节"侵华日军在威海卫的滔天罪行"，第十七周教学第二节"威海卫民众的不屈斗争"，第十八周教学第三节"威海卫人民投奔八路军"，第十九周教学第四节"中国共产党在威海卫领导的武装起义"）

高一下学期的校本课程安排：

第七单元：解放战争时期威海的对外支援（第二周教学第一节"国民党军围困山东解放区"，第三周教学第二节"官僚资本主义的压榨与威海卫人民的生活"，第四周教学第三节"对外支援的排兵布阵"）

第八单元：威海解放初期的政治经济（第五周教学第一节"威海卫的曙光——政治上的初步解放"，第六周教学第二节"威海卫人民手中的宝——粮票"，第七周教学第三节"威海卫建筑遗存——老洋房"）

第九单元：十年"文革"时期的威海（第八周教学第一节"红卫兵在威海卫的打砸行动"，第九周教学第二节"威海一中守护教育资源"）

第十单元：改革开放时期的威海（第十周教学第一节"威海农村土地经营方式的改变"，第十一周教学第二节"威海乡镇企业的涌现"，第十二周教学第三节"威海国有企业的改革"，第十三周教学第四节"威海对外开放格局的形成"）

第十一单元：威海社会生活的变迁（第十四周教学第一节"衣着从青绿色到五彩斑斓"，第十五周教学第二节"威海的第一家肯德基"，第十六周教学第三节"海草房从住宅到商用"，第十七周教学第四节"威海人民出行方式的变化——公共交通"）

五、评价活动/成绩评定

（1）以过程性评价为主，将学生的个人活动纳入整个小组进行评价，轻个体、重集体。从参与学生的出勤情况、学习态度、合作探究意识、搜集资料的能力、积极性等方面，列出详细的评价标准。通过学生自评、小组内互评、小组间互评、师生合作等民主评价方法，确立"优秀""良好""一般"三个等级。

（2）成绩评定：通过撰写调查报告、竞赛、演讲等形式展示后，由师生民主投票定出学习成果等级，并定出具体的学分，记录于学生的成长档案中。

"一战期间的威海华工"课时教学方案

设计者：訾敬钊　郭红珊　宋平平

一、背景分析

近代中国面临着帝国主义、封建主义和官僚资本主义的多重压迫，民族危机空前严重，近代威海人民不断践行着求民主求独立的时代主题。一战期间的威海华工，是中国劳工大众的代表。他们对协约国做出的重大贡献，提高了中国在国际上的形象，有利于维护中国的国家主权。同时，他们的民族意识和国家意识对近代中国思想界产生了重要影响。

学生通过高一上学期的历史课学习，对整个中国近代历史有所了解，而近代威海卫是时代的缩影，在这样的基础上，学生易于理解乡土文化的内涵与外延。

二、教学目标

（1）通过历史事件时间轴和图片，思考中国参加一战、加入协约国的原因。

（2）通过解读史料，分析威海卫成为华工最佳招募地的原因。

（3）通过角色扮演，知道威海卫华工招募的相关历史并评述。

（4）通过观看视频，掌握一战期间威海卫华工出洋的路线，感受华工做出的贡献及对世界历史产生的重大影响。

三、评价设计

（1）通过学生课下自主搜集相关资料，参考教师提供的史料和角度，根据学生语言描述的准确性、规范性和思考问题角度的全面性等评价因素，对小组合作进行评价。

（2）通过设定两个威海华工角色让学生进行角色扮演，根据学生主动参与度、对角色的诠释程度和对其他同学知识的普及性等评价因素，进行评价。

（3）让学生通过视频、图片等直观教学手段，感悟华工对一战做出的重大贡献，以及对之后的国际关系和国内革命进程的重大影响。

四、教学活动设计

导入：教师展示2022年3月威海疫情期间医务工作者和志愿者工作的图片，用他们的奉献精神联系历史上的一战时期威海华工。学生观看图片，讨论华工出国的原因，锁定研究问题。

第一篇章：世纪大变局

教师播放一战爆发视频，并提供"1840—1915历史事件时间轴"。学生小组合作研究：中国远离欧洲战场，为何要参加一战、加入协约国？观看视频，根据"1840—1915历史事件时间轴"，思考之后，小组合作探究问题的答案。

第二篇章：最佳招募地

教师提出问题：为什么招募华工的最佳招募地是威海卫？教师提供与原因相关的史料。学生根据教师提供的史料，小组合作寻找答案。

教师提出角色扮演的任务，角色一：威海市环翠区北竹岛村华工王炳文；角色二：威海市环翠区南竹岛村通译姜仁儒。学生进行角色扮演，介绍威海华工招募的过程。

教师出示1917年1月—1918年3月威海卫、青岛出发华工数据图，提问：出洋之后的华工到底经历了什么？学生观察表格数据，总结出威海卫是当时较大的华工输出地。

第三篇章：万里赴戎机

教师播放学生制作剪辑的视频，云游一战华工纪念馆地下展览馆。学生观看视频。讨论：第一次世界大战以协约国胜利而告终。华工该何去何从？

第四篇章：遣留向何处

教师展示华工纪念馆地下展览馆的图片，介绍华工的归宿。播放国外认可华工的照片、视频。学生通过图片和视频，了解一战时期华工对一战做出的重大贡献，感悟华工对国内革命进程产生的影响不容忽视。

第五篇章：大潮起东方

教师引用史料，明确华工对五四运动、新民主主义革命、中国共产党成立的推动作用，并展示中国精英知识分子对华工的评价。学生结合图片思考一战华工对国内革命进程产生的影响，进而感悟到改革开放以来，中国已成为不容忽视的世界大国。教师播放2022年军事实力视频材料，展示2023年3月5日十四届全国人大一次会议上所作的《政府工作报告》内容节选，对学生提出期望。

教学反思：

本节课的创新之处在于：充分发挥了学生个体差异性，融合了历史、地理、政治、国际关系和档案学等方面的知识；教学过程情境化，综合运用了一手和二手多种史料。学生通过实地考察纪念馆、图书馆、档案馆及上网搜索，在有限的时间里，比较充分地了解一战华工的情况，掌握了一战华工对历史进程的重大影响。

通过这节课，也提醒我们在课程开发与实施中，不仅要满足趣味性、直观性、知识性，还要注意实践性、参与性和学术性，以助力学生更好地成长。

21

马克思主义·少年说

　　该案例在校本课程设计方面，从"和合"概念入手，进行颇具特色的设计，给人以整齐划一的美感，具有一定的创新性和借鉴意义。小学阶段是意志品质发展的重要时期，是对学生进行思想政治教育的关键阶段。当前国与国之间的关系越来越复杂，意识形态领域的斗争更加显性化，面对这种形势，我们的新生代只有掌握深厚的理论素养和坚定的理想信念，才能在未来的竞争中处于不败之地。如何把马克思主义的理念和观点，深入浅出地介绍给小学生，让学生逐渐理解并最终将其作为人生追求的最高目标，这个案例从课程设计的各个方面给了我们很多启示。

　　当然，在校本课程设计方面，不是千篇一律的，更不是只有一种形式。我们倡导百花齐放、百家争鸣。具有整齐划一的美感固然很好，但能够体现学校的办学特色，打造社会需要的个性化人才，才是我们的课程设计的初衷。因此在课程设计时，不必过于追求形式上的统一，而应更加关注内容上的适切。

临沂第四十中学校本课程规划方案

设计者：刘　峰　主父国情　高纪娟　王春梅

一、校本课程依据

（一）国家要求

《国家中长期教育改革和发展规划纲要（2010—2020年）》提出要"深化课程和教学改革、加强教师队伍建设、提高教育质量、坚持改革创新的目标"；《关于加强中小学地方课程和校本课程建设与管理意见（2023年）》要求各中小学要在学校党组织统一领导下，切实履行校本课程建设与管理的责任，严把政治关和科学关，确保三类课程协同育人；教育部《关于全面深化课程改革落实立德树人根本任务的意见》（教基二〔2014〕4号）明确规定，"全面深化课程改革，整体构建符合教育规律、体现时代特征、具有中国特色的人才培养体系，建立健全综合协调、充满活力的育人体制机制，落实立德树人的根本任务"。

（二）教育哲学：和合教育

1. 历史依据

"和合"理念作为中华优秀传统文化的一个重要标识，富有极其深刻的哲学思辨与中国智慧，体现了中华民族的价值追求与民族性格，是新时代推动构建人类命运共同体的重要思想基础与价值支撑。学校首先确立了"为人由己，斯文在我"的校训，努力实现"打造精品名校，成就幸福人生"的办学目标；随着办学时间的增加、办学实践的丰富，学校不断审视，不断反思，不断析离，结合所积累的办学经验、所涌现的办学成果，不断发现"和谐发展""和美与共""合作共赢"是促进学校发展的巨大精神力量。学校

"和合文化"雏形得以显现。

2. 政策依据

党的二十大报告中提出，要让"中华优秀传统文化得到创造性转化、创新性发展"；《义务教育课程方案（2022年版）》中提出，要让学生"学会交往，善于沟通，具有基本的合作能力、团队精神"，"关心时事，热爱和平，尊重和理解文化的多样性，初步具有国际视野和人类命运共同体意识"。这些要求从课程建设、实施等环节，为落实"和合"理念提供了保障，为培养具有家国情怀、世界视野的新时代少年指明了方向。

3. 基本内涵

和合教育以"和"为价值导向，以"合"为途径和手段，坚持"和生、和处、和立、和达、和爱"五大基本原则，按照"和合"思想的整体性、辩证性、和谐性要求整合资源，建设和合队伍、建构和合课程、催生和合课堂，培根铸魂，启智增慧，为"和美人生"奠定良好基础。

（三）学生需求

随着城镇化进程的不断加快，现代文明呈现出日新月异的进步。作为培育现代公民的学校，其生源结构、生源成分异常复杂，一方面他们在学习基础、学习方式、生活方式、行为习惯等方面有着千差万别；另一方面他们的好奇心、求知欲强烈，渴望成长为有理想、有本领、有担当的德智体美劳全面发展的社会主义建设者和接班人。

（四）社区发展需求

学校地处特殊的城乡接合部，处在城市与乡村交汇点。近年来，学校所在地生源急剧膨胀，逐渐成为罗庄区教育中心城区。学校周边社区文化场所匮乏、文明设施短缺，迫切需要学校在文体生活、价值观和生活观建设等方面发挥引领作用。

二、校本课程方案

（一）课程目标

通过构建和善课程、和真课程、和健课程、和美课程、和富课程等五大课程群，依据"和生、和处、和立、和达、和爱"五大和合教育原则，引导学生逐渐成长为具有"学问、德行、艺术、身心、生活"等五大文化素养的时代新人，即实现德行善、学问真、身心健、艺术美、生活富的和合少年的培养目标。

（二）课程结构与设置

1.整体课程结构

在和合教育理念指导下，根据学生全面发展的需求，国家课程、地方课程、校本课程（和合课程）三大课程并行实施，结合教学内容和课程目标，构建和善课程、和真课程、和健课程、和美课程、和富课程等五大课程群。

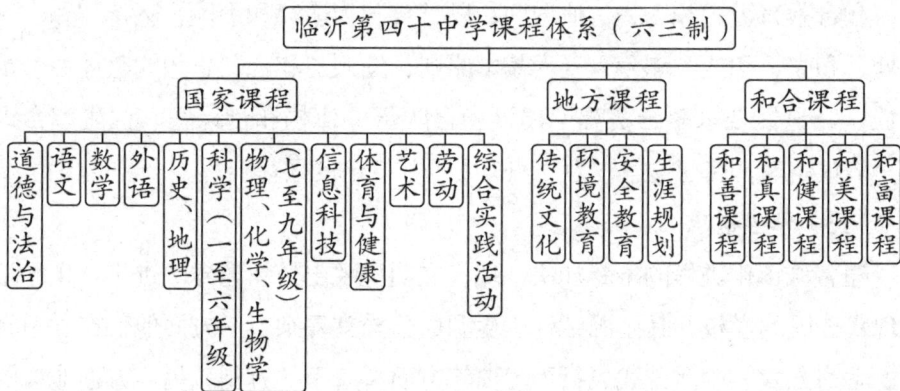

临沂第四十中学课程体系

（三）校本课程实施

学校统筹规划成立课程研究中心，构建五大课程群，以学部为主要实施阵地，全员全方位落实立德树人的根本任务。

（1）坚持核心素养导向。建立以人为本、以核心素养为导向的"和合"型育人模式。变革教与学的关系，以学科实践为抓手，倡导"做中学""用中学""创中学"，注重真实情境创设，强调亲身经历，彰显学科独特育人价值，构建和合课堂的教学范式，落实立德树人的根本任务。

（2）积极探索大单元教学，统筹跨学科主题学习。

（3）校本课程主要以选择性、项目化、融合型的课程形态实施。学校根据现有的资源和条件，对劳动内容进行整体规划、系统设计，建构项目化的课程内容。通过学分制的形式，学生修满学分，达成核心素养。

（4）艺术、体育与健康课程以必修项目与选修项目为实施方式，学生根据自身条件和兴趣爱好，自主选择1~2个项目，进行选课走班。

（四）校本课程评价

基于对和合少年的培养，构建"四位一体"评价体系，即以"以学论教"为基本理念，对教学过程、教师发展、教学管理和学生德育评价进行改革，形成基于和合文化特色的教育新架构："以学论教"的教学过程发展性评价、"以学论教"的教师评价新模式、"以学论教"的学校教学管理发展性评价和"以学论教"的学生德育发展性评价。

注重过程性评价，注重多元化评价，注重综合性评价。依托学分制管理，实行过程性评价与终结性评价相结合，在班级内评选不同层面的和合少年，并推荐参加上一级和合少年的评选。

建立和合少年的评价工具。借助立体晋级评价工具，评价和发展学生的核心素养。学校创设真实情境，采用游戏进阶理念自主研发了基于课标的晋级制评价系统《临沂第四十中学和合少年成长评价系统》，形成了以积分币、成长存折和素养档案袋为载体的校本化评价机制。开发制订了《和合少年成长评价使用及兑换指南》，让评价与学生素养提升结合起来，将评价分为积分、勋章进阶式评价制度，即"和善勋章、和真勋章、和健勋章、和美勋章、和合勋章"五级晋升，纳入九年一贯的素养档案袋。

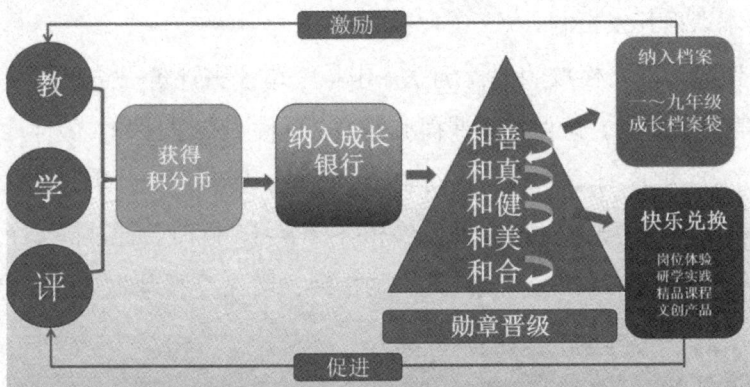

和合少年成长评价机制

三、课程保障

（一）组织保障

学校组建成立学校课程发展管理委员会，构建课程研究中心、教师发展中心、信息创客中心、艺体中心、教学研究指导中心、学生发展指导中心，重构学校组织机构系统。学校课程发展管理委员会负责制订课程整体方案，及时引领、研究、调控和改进课程建设和实施工作，保障课程的科学性、民主性和发展性，确保校本课程建设的顺利实施。课程研究中心负责校本课程的开发、指导、实施和评价反思。教师发展中心负责组织教师进行课程、课题的研究以及教师专业发展规划、名师培养。

（二）机制保障

1. 学生的课程选修机制

学校形成了《选课指导制度》，包括基本程序、选课的基本要求、教师指导学生选课要点等；制订了学分制、选课制、走班制以及综合素质测评制度，通过个性化的制度与管理，给予学生自主选择、自我负责的学习权，培育学生的课程主体意识，创造学生更加完整的成长空间。

2. 教师的校本研修机制

建立校本化研修制度。教研组以校本研修为平台，立足课堂教学改革，加强教育科研，积极探索高效的课堂教学策略，逐步提升教研品质和教师专业化水平，形成了具有特色的校本研修方式。

3. 校本课程开发机制

校本课程开发严格按照课程确立—申报—审议—评价—结果反馈—评价结果应用等环节要求，确保校本课程流程的合理性、科学性和实效性。按照和合教育特色办学的要求，对课程进行整合、统整，逐步形成体现和合文化特色的课程群，更好地促进学生的全面发展和终身学习。同时，通过搭建个体和团队、校内和校外、同行和跨界支持的广阔平台，增强教师为学校发展献策献力的责任感。

4. 制度保障

研究制订《临沂第四十中学学校章程》《临沂第四十中学发展纲要》《临

沂第四十中学三年行动规划》《临沂第四十中学名师发展共同体建设实施意见》等方案，进一步明确教师岗位职责、教师培训培优制度、特色教师培养制度、校本研修制度、课程激励制度、特色课程开发、首席教师负责制等制度，将校本课程建设与课堂教学改革、教师评优树先、职称评聘相结合，促进形成和合教育发展共同体，确保学校课程体系的整体构建。

5. 保障机制

（1）资源保障。学校地处沂蒙山区，拥有丰富的沂蒙文化、沂蒙精神等课程文化资源；罗庄是一个开放性城市，工业经济发达，被称为"南工重地""陶瓷之都"；社区周围有双月湖公园、护台遗址、八块石传说、武河湿地等历史传说和名胜古迹，周边有罗欣制药厂、花谷基地、雅明园、费县后乡土劳动基地、职业院校等区域资源，为学校开展校本课程建设、研学活动等提供了丰富的课程资源。

学校师资力量雄厚，家长中间也蕴藏着丰富的课程资源，每个年级均成立了家长委员会及志愿者团队，为课程在内容广度、深度的拓展和挖掘上，提供了坚实的保障。

（2）经费保障。通过争取上级专项经费、师资培训经费、社会赞助、学校自筹等渠道，保证教师课程开发培训与学习、教学设备设施、学生课辅及实践活动、课题研究经费等投入，保证课程实施与开发工作顺利进行。

（3）软硬件保障。学校先后建成多功能报告厅、图书馆、体育馆、录播室、校园电视台、剪纸工作室、陶艺工作室、版画工作室、科学探究室、创客室、合唱室、民俗民乐研究室、音像资料室、生物实验室、化学实验室等功能室。

（4）制度保障。一是对教研组建设进行文化改造，改变原来"空心型"教研的弊端，充分发挥教研组对教师的培养作用。二是创建名师俱乐部，构建教师学习共同体。共同体以共同志趣、共同追求为愿景，用教师成长、教育改革主题凝聚教师课改力量。三是发现特色教师资源，通过学科特色名师的发现与培养，提炼教师学科教学思想和教学主张，释放教师的主体性和创造性，为校本课程建设贡献力量。

贰 "马克思主义·少年说"课程纲要

设计者：刘　峰　主父国情　张红艳　李伟娜　王春梅

一、课程简介

本课程面向小学五、六年级学生，以马克思、毛泽东、周恩来、习近平等伟人以及沂蒙革命先烈的系列故事为主要学习内容，把伟人故事、社会主义核心价值观和沂蒙红色精神校本化实施融入其中，根据学生认知规律和课程的特点，融阅读、观赏、写作、演讲、实践研学于一体。课程实施采用创设真实情境、问题引导、多种思维工具、评价量规、真实表现性任务等方式，引导学生思考、表达、记录、分享，促进五育融合，落实立德树人根本任务，从小培养学生适应未来发展的正确价值观、必备品格和关键能力。

二、背景分析

青少年阶段是人生的"拔节孕穗期"，最需要精心引导和栽培，厚植爱国主义情怀，把爱国情、强国志、报国行自觉融入坚持和发展中国特色社会主义事业、建设社会主义现代化强国、实现中华民族伟大复兴的奋斗之中。结合我校五、六年级学生尚缺乏理想信念与奋斗目标，部分学生抗挫折能力差，以自我为中心，缺乏感同身受与换位思考的能力，特开设本课程，让理想价值观教育、信仰教育在我校落地，让习近平新时代中国特色社会主义理论校本化落地。

三、课程目标

（1）通过欣赏阅读马克思、毛泽东、周恩来、习近平等伟人以及沂蒙革命先烈的故事和名言，提高阅读的速度，感受伟人的魅力。

（2）通过围绕四个主题内容的演讲、写作，提高围绕中心观点搜集与整合材料的能力，掌握演讲的技巧，提高口语表达能力、写作能力和合作能力。

（3）通过阅读沂蒙抗战、革命先辈的故事，了解、传承沂蒙精神，增强自豪感，坚定革命信仰。

（4）通过欣赏、阅读、写作、演讲、研学实践等活动的开展，接受励志教育，形成正确的价值观，逐步成长为具有信念信仰、理想价值、劳动奋斗、团结友谊等核心素养的和合少年。

四、学习主题/活动安排

（一）信念信仰

1. 走进信仰课程

内容："马克思主义·少年说"课程纲要分享。

实施要求：教师通过问卷调查的形式引领学生了解"马克思主义·少年说"课程纲要，明白课程的开设背景、内容、实施要求等；组内交流对课程纲要的认识；提出对于课程内容的意见或建议，及时调整内容。

2. 感受伟大一生

内容：观看马克思的部分微视频或电影、马克思简介。

实施要求：利用多媒体，播放介绍马克思一生的纪录片，并介绍马克思的一生，利用思维导图，绘制马克思的一生。学生交流感受，拉近与伟人的距离。

……

（二）理想价值

5. 点亮理想之灯

内容：阅读《一篇出色的毕业论文》等文章，了解马克思的理想价值。

实施要求：学生自主阅读《一篇出色的毕业论文》等文章，勾画关键句，找出马克思的理想价值。组内交流搜集的名言和时代背景，再次深入理解马克思的理想价值。

6. 笃立鸿鹄之志

内容：阅读《少年立志出东山》《为中华之崛起而读书》等文章，观看《中国共产党从这里出发》等微视频，以"我的理想价值"为主题，进行演讲。

实施要求：阅读文章，观看视频，根据出示的表格，明确毛泽定和周恩来的理想，并梳理出他们为理想所做的努力，感受理想价值的力量。以"我的理想价值"为题，围绕"是什么""为什么""怎么做"等问题，进行演讲。

……

（三）劳动奋斗

9. 奋斗故事回音壁

内容：阅读《贫困中的奋斗》等文章及劳动名言。

实施要求：课前小组内确定人物，并搜集他的劳动故事。课上默读《贫困中的奋斗》等四篇文章。小组选定人物，并绘制劳动奋斗漫画像，分享背后的故事。分享搜集的名言，并说明分享理由。

10. 奋斗吹响新号角

内容：阅读《在延安插队的时候面临过"五关"的考验》等文章，观看《公仆之路》等微视频。

实施要求：课前录制家人或者陌生人的劳动奋斗故事微视频，师生共同总结拍摄注意事项。

……

（四）团结友谊

13. 友谊之树常青

内容：阅读《马克思与恩格斯的友谊》等文章，积累马克思关于友谊的名言。

实施要求：默读《马克思与恩格斯的友谊》等三篇文章，说说感想与收获。

14. 深深浅浅话友谊

内容：以"我的朋友们"为题，进行演讲。

实施要求：提前准备一件与朋友有关的物品、照片或者微视频。课上展示，并介绍展示的缘由，引出自己与朋友间发生的故事。评选出最打动人的故事。

……

五、评价活动/成绩评定

（一）评价方式

包括过程性评价和终结性评价等方面。

（二）评价内容及评价量规

1. 过程性评价（占80%）

"马克思主义·少年说"校本课程评价量表

评价指标	A（1~0.9）	B（0.8~0.7）	C（0.6~0）	自评	互评	师评
阅读（20分）	1. 能在规定时间内完成资料的阅读。2. 能够准确清晰地表达自己的感受与体会。3. 每堂课发言2次以上。	1. 能在规定时间内基本完成资料的阅读。2. 能够较准确清晰地表达自己的感受与体会。3. 每堂课发言1次。	1. 在规定时间内，不能完成资料的阅读。2. 表达自己的感受与体会不够准确清晰。3. 不发言。			
欣赏（20分）	1. 主动录制劳动奋斗视频，准备劳动图片。2. 能对电影内容、人物形象等进行合理的评价，口语表达能力强。3. 乐于助人，尊重他人，能主动和同学、老师交流。	1. 劳动奋斗视频与劳动图片，只准备了一种。2. 能从电影内容、人物形象等方面简要评价，口语表达能力较强。3. 能和同学、老师交流。	1. 未准备劳动奋斗视频与劳动图片。2. 口语表达能力较差。3. 不主动和同学、老师交流。			

续表

评价指标	A（1~0.9）	B（0.8~0.7）	C（0.6~0）	自评	互评	师评
演讲（20分）	1. 每次都能够按要求准备图片或物品，提前搜集、整理演讲素材。 2. 观点明确，选材恰当，声情并茂，语言流畅，富有感染力，精神饱满，肢体语言使用恰当，演讲效果好。	1. 偶尔按要求准备图片或物品，有时会提前搜集、整理演讲素材。 2. 观点较明确，选材较恰当，语言较流畅，较有感染力，精神较饱满，肢体语言使用较恰当，演讲效果较好。	1. 不按要求准备图片或物品，不提前搜集、整理演讲素材。 2. 观点不够明确，选材不够恰当，语言基本流畅，感染力缺乏，精神不够饱满，缺乏肢体语言，演讲效果一般。			
写作（20分）	主题突出、鲜明，用词准确，语句通顺，内容充实，感情真挚，结构合理，字迹工整。	主题较突出、鲜明，用词较准确，语句较通顺，内容较充实，感情较真挚，结构较合理，字迹较工整。	主题不够突出，用词基本准确，语句基本通顺，内容不够充实，未能表达真情实感，结构基本合理，字迹不够工整。			
常规表现（20分）	1. 按时上、下课，不迟到、早退和旷课。 2. 遵守课堂纪律。 3. 能按照要求完成课程任务。	1. 每学期迟到、早退、旷课2次以下。 2. 基本遵守课堂纪律。 3. 能基本完成课程任务。	1. 迟到、早退、旷课3次以上。 2. 不遵守课堂纪律。 3. 未能完成课程任务。			
总评						

2. 终结性评价（占20%）

依据学生的动手实践、作品和行为表现等，进行具体评价。

"时代劳模进校园"课时教学方案

设计者：主父国情　张红艳　李伟娜　王志娟

一、课时目标

（1）通过认识劳动模范，知道劳动是物质财富和精神财富的创造活动，在实践中领会劳动的意义和价值。

（2）通过对劳动模范经历的学习，能够体会到劳动的艰辛与光荣，有劳动奋斗的欲望。

（3）学习劳模精神，领会劳动的意义和价值，尊重劳动和普通劳动者，热爱勤劳勇敢的人民，爱护人民创造的劳动果实。

二、评价设计

（1）课前了解身边的劳动模范人物和劳模故事。

（2）通过对劳模和劳模故事的了解，学讲劳模故事。

（3）撰写劳模故事调查报告。

三、学与教活动设计

活动一：身边模范大调查

学生完成"劳模是怎样练成的"调研报告的撰写，调查身边的劳模人物和劳模故事。学生讨论劳模身上的共同点，以及产生劳模的关键影响因素有哪些。教师提出撰写和汇报的具体要求：故事推介理由充足，实例典型，条理清晰，语言流畅，富有真情实感。教师提出评价标准，学生参照评价标准完成调查报告。

活动二：模范故事分享会

小组交流劳模故事，模拟排练，同学提出改进建议，修改后，小组讨论、推荐一名学生进行班级交流。学生听劳模事迹，交流他们的感受。学生反思后修改报告。

活动三：模范进校园

邀请劳模进校园分享典型劳模故事，学生听报告、感悟劳模精神，使用可视化思维工具，表达"过去我认为……""现在我认为……"，撰写学习体会。

活动四：学模范做模范

学生畅谈未来打算，能够自己的事情自己做，不会的事情学着做，从小爱劳动。欣赏诗朗诵《热爱劳动》，倡议宣誓，绘制清单（制订劳模争当清单），践行小劳模。

学生总结：弘扬劳模精神，尊重劳动者，把劳动作为生存的第一需要，从身边的小事做起，用汗水描绘自己的理想，用双手创造美好的未来。

拓展活动：把听到的劳模故事讲给爸爸妈妈听，每天帮助家长做力所能及的家务劳动。

活动五：活动参与我评价

根据本课的评价量表，进行评价。